社会工作专业
课程思政
教学设计与实践

顾永红 等 》 编著

中国人民大学出版社
·北京·

序 言

党和国家提出"立德树人"是社会主义教育的根本任务，大学教育承载着为国家培养接班人、为党培养政治正确人才的使命。2016年12月，习近平总书记在全国高校思想政治工作会议上强调专业教育与思政教育的协同效应，指出要利用好课堂教学这个主渠道，提高思想政治教育亲和力和针对性，其他各门课都要守好一段渠、种好责任田，使各类课程与思想政治理论课同向同行。2020年5月，教育部颁布了《高等学校课程思政建设指导纲要》，明确提出要把思想政治教育贯穿人才培养体系，全面推进高校课程思政建设，发挥好每门课程的育人作用。党的二十大报告更从国家战略指导层面提及科教兴国、人才强国的重要性，课程思政体系的建立为教育现代化赋予新动能和新优势。

社会工作是以利他主义价值观为指导的专业助人活动，通过提供各种服务和援助，解决个人所遇到的困难，协助调整人与社会的关系，努力化解那些阻碍社会健康发展的矛盾与问题，在确保现代社会和谐稳定中发挥着重要作用。其中，社会工作从业人员的职业道德水平、伦理判断和抉择能力直接影响到与服务对象专业关系的建立及助人效果，社会工作专业伦理价值作为社会工作专业的行动指南，与课程思政的要求高度契合。而社会工作专业课程思政建设，应探索形成知识育人与价值育人相协同的特色化、系统化的课程建设生态系统。社会主义核心价值观融入课程思政教学，能够帮助学生塑造正确的世界观、人生观、价值观，通过显性专业教育与隐性思政教育相结合，从而实现社会工作专业知识传授与价值引领的相统一，实现思想政治教育从单纯德育导向到综合性思政导向的转变，最终达到为党和国家培养社会工作专业人才的目的。

随着我国"课程思政"改革的深入，社会工作专业课程思政的建设与发展面临新的机遇与挑战。一方面，通过传统单向传授专业知识的教学实现课程思政的育人效果欠佳，且传统教学对学生个别化成长的关注不足。社会工作专业课程的传统教学模式多采用以教师为中心的原则，忽视了学生课堂参与的积极性和课程中的情感体验，导致学生对理论课程提不起兴趣，思政价值入脑入心存在阻力。另一方面，社会工作专业课程思政建设中课程设计难度较大。"课程思政"改革需要社会工作专业教师对相关课程进行重新设计，将思想政治教育与社会工作专业知识有机融合，而社会工作专业的发展汲取了诸如社会学、心理学、社会保障学等各类学科专业理论知识，构筑起融合型的社会工作专业学科知识体系，因而"课程思政"改革需要专业教师进行跨学科的协同和合作，但在实践中发现各学科领域的专业化程度不同，跨学科课程设计存在一定困难。

《社会工作专业课程思政教学设计与实践》从社会工作专业建设目标与课程思政目标，课程思政建设的实施思路、步骤、重点措施等层面对专业课程思政建设的具体实施做出设计，并提出了实践路径和方法，详细阐述了"社会工作概论""社会调查方法""个案工作""小组工作""社区工作"等社会工作专业核心课程的课程思政融入实施方案。《社会工作专业课程思政教学设计与实践》充分发挥社会工作价值伦理引领的核心优势，力图促成超越课程建设层面的专业课程思政转向。具体而言，《社会工作专业课程思政教学设计与实践》重点围绕社会工作专业课程思政建设，提出了"以生为本""学科综融""价值注满""服务驱动""多维复合"的专业课程思政价值目标，对高校社会工作专业教学形成良好的思想政治教育氛围，实现课程思政全方位、深层次育人目标，具有重大实践价值与学科意义。《社会工作专业课程思政教学设计与实践》将社会工作学科"立德树人"的根本任务具体化、操作化，探讨了社会工作专业课程思政建设的有效途径，实现了专业知识传授和思政价值引领的有机融合，对解决和克服当前社会工作专业"课程思政"改革中遭遇的一系列困难挑战提出了针对性建议。

由于专业价值的助人属性，社会工作专业具有天然的思政育人优势和独到之处，与课程思政教育改革理念具有本源的一致性，也即在改革过程中需要明确"专业课程思政"不是当前社会工作专业课程建设的"负担"，而是实现社会工作专业高阶目标的现实形式，在学校、社会服务机构、服务对象等不同主体的协同作用下，发挥教师的教学主体作用，跨学科链接与整合多元教学资源，创新教学形式，坚决落实"三全育人"，为社会工作专业课程的育人过程注入"灵魂"。课程思政与专业教育融合的宗旨是为了促进人的全面发展，通过"立德树人"的课程载体培育"完整的人"。在社会工作专业课程中，通过教育唤起社会工作专业学生的主体性，多维度建构学生专业价值与人格本真，并通过思想政治教育夯实社会工作专业学生的职业价值伦理，让学生成为专业价值的践行者和专业精神的推广者，打通以学生发展为中心的"最后一公里"。

中国社会工作教育协会副会长兼秘书长　马凤芝

前　言

　　课程思政是党和国家对新时代高等教育提出的新要求，2020年教育部提出课程思政建设要结合专业特点分类推进，各个专业课程都要守好一段渠、种好责任田。"课程思政"理念自提出以来，迅速得到高等学校和教师的广泛认同和积极响应。当前，随着学科教育教学的不断深入，"课程思政"相对粗浅泛化的融入模式逐渐无法满足教学实践与时代所需，亟须在转型增效中回归专业建设本位。社会工作是以利他主义价值观为指导的职业助人活动，由于专业价值的助人属性，社会工作专业具有天然的思政育人功能属性。思政元素与社会工作专业学科教学的融合既遵循了习近平总书记提出的将"立德树人"作为教育根本任务的理念，又有利于提高高校社会工作类专业课的教育质量和培养高素质的社会工作专业人才。

　　《社会工作专业课程思政教学设计与实践》是华中师范大学社会学院教师基于社会工作专业本科生课程思政教学实践撰写的专业课程思政教学设计与课程实践案例。本书从课程思政目标、课程思政理念、课程思政内容与融入点、课程思政步骤和措施、课程思政教学设计五个方面对社会工作专业课程思政建设的具体实施做出设计，详细阐述了社会工作专业课程思政融入实施方案，充分发挥社会工作价值伦理引领的核心优势，促成超越课程建设层面的专业课程思政转向。总体而言，本书的编写主要贯彻以下原则。

　　1. 思想性原则

　　本书自觉以我党"为人民服务"的根本宗旨为指引，主动贯彻落实习近平新时代中国特色社会主义思想，紧扣中共中央、国务院《关于深化教育教学改革全面提高义务教育质量的意见》、教育部《高等学校课程思政建设指导纲要》等文件精神的要求，充分发挥专业课堂主渠道作用，把思政工作贯穿于教育教学全过程。本书在编写的过程中，呈现了社会工作专业课程思政教学中关于培养什么人、怎样培养人、为谁培养人的具体措施，引导学生意识到党建引领是社会工作创新发展的重要抓手，以人民为中心是新时代社会工作的根本价值遵循，增强学生对"为人民服务"根本宗旨的深度理解和准确把握，全面推进社会工作专业"课程思政"建设，确保高等教育"立德树人"根本任务的达成。

　　2. 专业性原则

　　本书突出社会工作的专业性，所涉及的专题基本覆盖社会工作专业主干课程。本书强调社会工作专业课程的理论、方法、体系及专业技巧，在专业课程教学中实现学科知识传授与思政价值引领相统一，并不断在教学实践中积极提炼总结课程思政渗透的方法和模式，丰富专业课程思政的理论系统和方法体系，不断推进社会工作专业课程思政建设与更新进程。

3. 标准性原则

本书在专业课程教学目标、方法、手段等方面突出思想政治教育的要求。社会工作专业课程思政教学大纲、教案的编制，精准把握国家思想政治教育方向，将思想政治教育的内容与原则渗透其中。社会工作专业课程思政教学方法的选择与运用，注重多种方式方法的综合运用。既有教师讲授法、案例法、讨论法、读书指导法、网络教学法，也有学生自主学习、合作学习和探究学习等形式；既有传统课堂教学方法，也有案例分析法、小组讨论法等新颖的教学方法；既有面对面交流沟通的传统课堂教学方式，也有通过网络等现代信息技术进行交流沟通的线上教学方式。多种方法的综合运用使课程更好地被学生接受，为专业课程思政教学质量提供保障。

4. 主体性原则

本书的重点是以学生全程参与教学活动过程为主，将学生和教师共同视为教学活动的主体。其中，教师既是主体，也是主导者，对于课程思政教学内容与方式进行合理的选择和主动的创造，将课程思政要点经过加工后传授给学生，为学生主体能动性的发挥创造条件；学生在课程中的主体地位则建立在与教师共同围绕教学内容进行沟通对话的基础之上，学生能对课程思政的内容自主吸纳、内化，并转化为"为人民服务"的自发实践行动。

5. 时代性原则

本书顺应新时代教学技术方法更新要求，因时制宜，妥善运用互联网技术和信息化手段开展社会工作专业课程思政实践。社会工作专业课程思政实践充分发挥互联网的便利作用，积极开展理论＋实践、线上线下教学，充分运用互联网思维，推动现有社会工作专业课程思政理念、方式的转型与升级。

本书参照依《社会学类教学质量国家标准》修订的华中师范大学社会学院社会工作专业 2021 年最新人才培养方案及方案对专业课程的安排进行编写，是社会工作专业课程教师开展课程思政教学实践探索的成果，编者虽然对此进行了十分认真的探讨，但受每门课程思政建设时间长短、课程思政挖掘深度不一的影响，在课程思政理念、核心内容、结构体系等方面还有待进一步深入研究，特别是每门课程的教学大纲与教学章节点在对教学目标或知识目标和思政目标的表述上，有的教师倾向于完全保持一致，有的教师则处理为前略后详，在此一并说明。本书中的错误与不妥之处，敬请学术同仁批评指正。

本书编写组
2023 年 6 月 8 日

目　录

社会工作专业课程思政概要

顾永红

一、社会工作专业课程建设目标

社会工作专业响应国家社会工作专业人才队伍建设的战略需求，回应社会治理体系和社会服务体系现代化的迫切需要，旨在培养具有民生情怀、专业能力、本土根基、国际视野的理论素养高、实践能力强的复合型社会工作拔尖人才。

本专业学生需要熟练掌握社会工作专业基本理论知识和实务模式，树立牢固的社会工作专业价值观，接受严格的专业方法训练，具备较强的社会工作实务能力。

本专业学生应获得以下几方面的知识和能力：

（1）具备丰富的社会科学与人文底蕴，熟悉社会工作相关的国家政策、法律和法规。

（2）具备坚定的社会工作专业价值观，践行社会工作专业伦理。

（3）系统掌握社会工作的理论和方法，具备综合运用多学科知识分析社会问题的能力、整合运用社会工作专业方法开展专业服务的能力。

（4）掌握社会研究与评估的基本方法与技能，具备运用现代信息技术获取相关信息并进行深度分析和处理的能力。

（5）树立团结协作的精神，善于与他人交流与合作，具有良好的表达和沟通能力。

（6）能较为熟练地用一门外语进行口语交流、阅读和写作。

（7）了解社会工作学科发展方向及学术前沿研究，具备一定的前瞻性思维。

二、社会工作专业课程思政目标

社会工作是一门涵盖社会学、心理学、哲学等多学科交叉的专业，也是一门注重人本主义、重视实践、服务社会的专业，它主要是通过向需要帮助的人提供各种服务和支持，帮助他们克服困难、适应社会环境、实现自我发展和社会发展的双赢。在社会治理、社会安全、社会公平和社会发展等方面，社会工作都扮演着不可或缺的角色。

社会工作专业推进课程思政建设，旨在充分挖掘社会工作专业课程蕴含的思政元素，将思想政治教育融入专业教学的各个环节，以构建全员、全程、全课程育人格局，使社会工作专业课程与思政理论课同向同行，在专业教育中体现德育导向，形成协同效应，把"立德树人"作为教育的根本任务，使学生在接受专业知识教育的同时，接受思想政治理论的洗礼，引领学生内化思政价值观，实现寓德于教，培养高素质社会工作专业人才。

（一）"以生为本"，发挥学生主体性

在社会工作专业教学和课程思政的构建过程中，要突出"以生为本"即"以学生为本"的教育理念，将"主体性"思想融入课堂教学和实践活动，尊重每位学生的个体差异，因材施教，实现每位学生的个性化发展。社会工作是一门实践性较强的专业，"助人自助"是社会工作专业的核心价值理念，而"以生为本"的教育理念与社会工作专业的核心价值理念高度契合。教师在专业教育中要充分激活每一位学生的学习能动性，凸显学生在专业学习中的主体地位，关注其知识能力、职业伦理与思想道德的全面发展。

（二）"学科综融"，构筑厚实知识基础

在社会工作学科的发展中，从"助人艺术"到"助人科学"的转变经历了很长的发展过程，吸收了多种学科的专业理论。社会学、心理学和哲学等学科，是社会工作学科不断成长和发展的养料，也是其"学科综融"的知识基石。众多的学科理论为社会工作专业的学科知识体系提供了坚实的基础，与此同时，多学科所包含的社会认知、积极的社会心态、公平的管理秩序、友善的伦理关怀、科学的研究态度，是社会工作专业课程思政的主要构成要素，为社会工作专业课程思政建设奠定了坚实的知识基础。

（三）"价值注满"，担当社会责任

社会工作专业价值观是社会工作专业的核心，社会工作者被视为"价值注满"的个体。"社会工作价值与伦理"是社会工作专业课程的重要知识点，在"个案工作""小组工作""社区工作"等专业核心课程中均有单独篇章进行价值观教育。爱岗敬业、尊重他人、担当社会责任、维护公平正义等社会工作专业价值伦理是社会主义核心价值观的重要层面，也是社会工作专业价值伦理的核心内容。在社会工作专业价值伦理教育中，将职业道德建设与专业价值观教育有机融合，既能够促进社会工作专业伦理内化，又能够发挥思政课程的价值引导和思想教育功能。专业价值伦理教育与课程思政的思想道德引导融合，体现了显性教育与隐性教育相结合的课程思政建设方略，符合我国高等教育发展趋势。

（四）"服务驱动"，提升服务能力

社会工作专业起源于贫民救助和慈善事业，以解决社会问题为己任，以实现人的全面发展为终极目标，其初心使命与本质特征是服务他人。近年来，社会工作专业人才培养坚持"服务驱动"取向，持续加大力度推进专业设置、课程体系、师资队伍、实践教学等方

面的改革创新。一是通过课程实践教学的方式，培养学生的社会服务能力。在课程实践教学中，教师会组织学生进行社会服务活动，锻炼学生的实践能力。二是充分利用校内外各种资源，积极组织开展志愿服务活动，引导学生投身公益实践，参与社会治理，进一步提升学生的责任感、使命感和社会服务意识。社会工作专业课程思政建设依托专业实践，将专业教育与思想政治教育紧密结合，通过课程实践、专业实习与志愿服务等多种形式，引导学生体察社会，把社会工作的基本理论、核心价值理念与方法运用到实践中，提升学生的社会服务能力。

（五）"多维复合"，全方位育人

社会工作专业教育包含价值伦理、理论政策、实务方法以及研究能力等多重培养任务，致力于培养具有社会政策理解能力，具备社会工作专业知识与实务技能，能够洞悉社会问题、熟练运用社会调查方法，拥有人文情怀、社会责任意识的复合型社会服务人才。社会工作专业课程思政是贯彻"三全育人"的重要途径，也是专业教育落实"全方位"育人要求的具体体现，而社会工作专业"多维复合"的人才培养目标，正是"全方位"育人在专业教育中的具体映射。

三、社会工作专业课程思政实施思路

（一）教学理念方面

社会工作专业课程是以社会工作理论、价值、体系、方法为核心的知识体系，强调以人为本，注重人的需要。作为专业课程，不仅要传授社会工作专业的理论、价值、体系、方法等内容，更要向学生阐释其背后蕴含的精神、价值理念和哲学思想等，以"润物无声""潜移默化"的方式，将正确的价值追求和理想信念传递给学生。[①] 在社会工作专业课程教学过程中，教师需要充分认识到社会工作专业课程的"知识传授"功能、"能力培养"功能与"价值塑造"功能的统一性，在进行课程设计时对社会工作专业课程内容逻辑进行深入剖析。一方面要向学生清晰阐述社会工作专业中所体现的国家责任；另一方面要培养学生宏观政策解读能力。只有在知识体系构建和能力体系建设过程中帮助学生树立正确的价值观，才能真正做到在知识传授和能力培养过程中立德树人。

（二）内容设置方面

社会工作专业课程思政体系建设，不仅对学生进行专业知识教育，还要对学生进行思想政治教育。在课程教学中，教师应充分挖掘思政资源，与科学精神、社会公德、职业道

---

① 韦福，王晓波，邱惠婷. 课程思政示范课程建设的基本目标、主要内容及实现路径探讨：以"社会政策"课程为例 [J]. 河池学院学报，2020（6）：118-122.

德、个人品德等具有教育性的内容相结合，需要意识到思政价值融入是一项十分必要的工作。社会工作专业课程思政内容设置，不仅要体现出与思想政治理论课的差异，还要将政治认同、国家意识、制度自信等思想政治教育的内涵融入其中，将"立德树人"的根本任务凸显出来。教师以课本为依据，对教学内容进行优化，把思政要素贯穿于整个教育教学过程，使学生的知识、能力和思想得到全面的提高。

（三）建设标准方面

社会工作专业课程思政建设，要不断优化课程质量标准，特别是在教学目标、方法、手段等方面突出思想政治教育的要求，即要求将思想政治教育的内容与原则渗透进社会工作专业课程思政目标、课程思政理念、课程思政内容与融入点、课程思政步骤和措施、课程思政教学设计等课程思政体系的各个方面，从全局把握课程思想政治教育方向。社会工作专业课程思政教学方法的选择与运用，是专业课程思政建设的另一标准，多种教学方法的综合运用是符合新时代教育要求的课程思政重要走向。社会工作专业课程思政教学中，既有教师讲授法、案例法、讨论法、读书指导法、网络教学法，也有学生自主学习、合作学习和探究学习等形式；既有传统课堂教学方法，也有案例分析法、小组讨论法等教学方法；既有面对面交流沟通的传统课堂教学方式，也有通过网络等现代信息技术进行交流沟通的线上教学方式。多种方法的综合运用使课程更好地被学生接受，为课程思政教学质量提供保障。

（四）建设成果方面

课程思政的建设成果目标，一方面，对标课程思政的要求修改课程教学大纲，撰写出有明确思政教育导向的教案，制作出能够体现课程思政核心要义的课件、特色示范课堂教学录像、教学微视频等，同时收集配套的教学资源，构建课程教学网站，对课程思政教学改革项目进行立项，在课程教学中充分挖掘和利用所授课程蕴含的思想政治教育资源，发表相关课程思政教研论文，创造契合专业教学的社会实践成果。另一方面，通过课程学习，进一步提升学生的思想政治素质，使他们成长为中国特色社会主义事业的合格建设者和可靠接班人。课程思政建设依托学校官方网站、校园文化建设平台、专业建设活动等，充分展示课程思政建设成果，形成良好的思想政治教育氛围，以期真正实现"知识传授"和"价值引领"有机统一、"专业教育"和"思想教育"有机统一，达到全方位、深层次的育人目标。

四、社会工作专业课程思政推进步骤

（一）制定课程思政总体规划

学院跟随学校的步伐，充分领会社会工作专业在课程思政推进方面的职责、明确课程思政推进的最佳方式，结合社会工作专业特点，指导各类课程的设计与实施，形成科学的建设管理办法。同时，基于思政元素的一体化专业课程体系设计和精细构思，将思想政治教育融入专业课程体系设计，从思政教育元素选择到内容设计、实施、考核、评价等环节进行整体策划，设计专业课程思政人才培养方案、创新课程体系。

（二）提升教师思政教育意识与能力

教师是课程思政实施过程中的关键主体，在课程思政教学设计与实践的过程中，教师是引导者，是推进课程思政建设的重要力量，教师的思想政治教育意识与能力的提升对于保证课程思政教学质量至关重要。因此，专业教师需要具备较高的思想政治理论水平，一定的育人责任意识以及课程思政教学技巧。对于学校而言，可以通过开展相关专题讲座、技能培训、教学竞赛、研讨沙龙等方式，为教师提供更多学习交流专业课程思政教学经验的平台，营造良好的课程思政建设氛围，促进教师自觉树立专业课程思政教育意识，主动提升教育能力，形成"教师全员育人"的良好局面。从教师自身出发，通过关注时政热点新闻，阅读相关思想政治论著，与思想政治专业教师交流学习等多种方式加强自身思想政治修养，提升思政教育意识与能力。教师要学会挖掘课程专业知识体系所隐含的社会主义核心价值观、中华民族伟大复兴、爱国主义等思政教育内容，通过精心设计教学内容和教学环节，灵活运用启发式、参与式、案例式、情境式等教学方法，在潜移默化中培养学生的家国情怀、社会责任和担当意识，激发学生专业学习兴趣和提升课程思政效果。

（三）有效利用课程实践教学

课程实践包括课堂实践和课外实践两部分，是高校开展思想政治教育的一种重要形式，在社会工作专业教育中的重要性尤为突出。社会工作专业课程的特点是理论与实践紧密结合，社会工作专业课程内容涉及教育、医疗卫生、住房、养老、妇女儿童及特殊人群保障等民生问题，与每个人的生活和利益息息相关。因此，在专业课程实践方面，可以将学生分成若干小组，由学生结合课程内容及生活中的个人体验，选择感兴趣的群体和主题，为不同处境下的服务对象设计并提供相应的服务，最后在课堂上集中展示和交流，对服务过程中所涉及的理念、面临的伦理困境和价值冲突问题进行分享和讨论，使学生更加近距离地接触和了解到党和政府关注的民生问题以及为解决问题所做的大量工作，从而实现专业教育与思政教育的双重目标。在课外实践方面，要将分布各地的社会工作实践基地及周围的学术资源充分利用起来，在组织学生开展社会工作专业实习、见习，以及举办社会工作学术讲座等过程中，主动融入社会工作专业课程思政教学内容，提升学生思想政治素质。

（四）引导师生积极参与服务地方项目

高校作为一种特殊的社会组织，具有服务地方的功能。高校师生共同参与地方科研与服务项目，不仅有利于促进地方经济社会发展，而且有利于向师生贯彻思想政治教育理念，提高师生思想政治素质。社会工作专业与社会问题联系十分紧密，社会工作的学科特点、服务领域及专业特色都是影响课程设置的重要因素。

目前，多数院校将社会工作专业课程教学局限于课堂教学或者以实习、认知为主的实践活动，但在专业特色化发展的今天，课程教学不应局限于课堂，而要鼓励和引导高校师生更多地参与与课程教学相关的服务地方发展的科研项目（这些项目既可以是教师的科研项目，也可以是学生的实践项目），诸如社会问题调查研究、社会政策实施效果调研、志愿服务活动、社会工作服务等。通过对这些与课程教学相关的科研与服务项目进行探讨，可以让师生更好地了解我国国情和社会现状，理解各专业课程学习内容和目标，从中磨砺意志，升华思想，实现课程思政的目标。

（五）充分运用地方典型案例和校政校行校企合作成果

在进行课程思政教学的过程中，要充分利用当地典型案例，结合当地的历史文化和红色文化，在进行思政教育的过程中融入当地特色。通过有效利用当地典型案例，使教学内容更加具有可信度、说服力和吸引力，让教学内容更容易被学生接受，提高课程思政的针对性和有效性。例如，在"社会政策"的课堂上，可以通过搜集并展示当地在脱贫攻坚、改善民生、实施乡村振兴等方面取得的一些具有代表性的社会政策成果，使学生认识到党和国家对人民的关心，增强学生的家国之情和民族自豪感，从而激发学生热爱党、热爱社会主义的热情，进一步增强当代大学生在全面建设社会主义现代化强国新征程中的使命与担当，为实现中华民族伟大复兴的中国梦做出自己应有贡献的信心和决心。

五、社会工作专业课程思政重点措施

（一）完善课程思政教学体系

为充分发挥专业课程思政的育人作用，应对其进行科学的设计。从制定和修订专业课程的教学目标、制定和修订教学大纲、编写教案、制作课件、设计案例、确定教师的角色等几个方面来对社会工作专业课程的教学体系进行更深层次的探索和实践。专业课程思政的目标是把"专业技术"和"思想政治"有机地融合在一起，从而造就"德才兼备"的人才。[①] 所以，在制定、修订教学目标时，不应该仅仅注重学生对专业知识和技能的掌握，还应该考虑到学生的思想道德素养的培养。在制定、修订教学大纲和编写教案时，要将社会工作专业课程的思政元素充分挖掘出来并加以融合，把握好课程思政方向。在教学课件的制作过程中，要自觉地融入思想政治教育的内容，选择具有积极正面意义的事例，这有利于学生思想政治素养的提高。在"思政课"中，教师既是"传授者"，又是"传道者""引导者"和"示范者"。教师对自己的角色要有一个正确的理解，并积极地、充分地履行自己的责任，以确保专业课程思政的教学效果。

---

① 张萍. 课程思政的思考：以高职会计教学为例［J］. 青年与社会，2019（23）：206－207.

（二）丰富课程思政教学资源

开展社会工作专业课程思政教学，要为学生提供丰富优质的思想政治教育教学资源，需要在教学过程中不断地积累，确保资源在数量和质量上的提升，以促进社会工作专业课程思政教学目标的实现。首先，可以选择和利用与社会工作专业课程直接相关的规范性政策文件，比如民政部、中国社会工作联合会等部门和机构发布的最新通知和指南。这些政策文件既有针对性又有普适性，在一定程度上能有效补充社会工作专业课程思政教学资源。其次，要积极发挥地方高校的特色，结合本地社会工作的实际情况，弥补地方高校社会工作专业教学资源不足的情况，如充分利用各地的社会工作实践基地、社会服务机构、政府部门、社区等。最后，社会工作专业课程还可以与思政课程的教学资源进行整合，实现课程联动和资源共享，在知识传授与价值引领的同向同行中推进专业课程与思政课程的共同发展。

（三）创新教学方法和手段

教学方法和手段的创新能够有效提升社会工作专业课程思政建设效果，深化学生在专业课程思政教学中的主体性，有效整合多元教学资源和社会资源融入课程教学。首先，开展社会工作专业课程思政建设，要增加实践教学环节，强化实务训练。一方面，以"做中学"的理念为指导，引导学生将专业知识学习、运用和反思有机地结合起来；另一方面，通过实践教学，让学生获得更多参与实习的机会，在对实习经历的反思和实习经验的总结中，加深对社会工作专业价值观的认同，并借以提升学生对社会工作专业的认识。进而，让学生在与服务对象直接接触和服务过程中，通过亲身体验、深入学习、广泛交流，不断深化对社会责任和担当意识的理解和体会，进一步提高思想政治素养和道德修养。其次，构建"互联网＋"教学方法。借助互联网信息技术，构建社会工作专业教学资源库，对学校、院系、学生、教师、实践基地、相关社会组织等方面的各种信息进行收集、整合和加工，促进资源共享和教学互动，从而实现教学相长的培养目标。与此同时，持续地开发或者适时地使用诸如"小雅平台"之类的教学 App，达到师生之间的实时互动，以及课堂内外的资源共享，最大限度地发挥教学资源的效用，在课内课外进行全程教育。

（四）推进专业教育与思政教育融合常态化

课程思政要求所有高校、所有教师、所有课程承担育人责任，坚持全员全程全方位育人，使各类课程与思想政治理论课同向同行，形成协同效应。① 这一要求表明，社会工作专业教师在进行课程教学活动的时候，要提高自身政治敏锐度，强化课程思政意识，积极承担起育人的职责，使专业教育与思政教育的融合成为常态。学院教学管理部门要按照习近平总书记在全国高校思想政治工作会议上的重要讲话精神以及教育部有关文件精神，结

---

① 程德慧. 产教融合视域下高职院校"课程思政"改革的探索与实践 [J]. 教育与职业，2019 (3)：72 - 76.

7

合学校实际，认真研究和制定教学管理实施方案，明确工作要求，落实责任分工，切实推进常态化工作。教研室要利用集体备课、听课评课、教学竞赛、教学检查与评价等方式，让教师之间能够更好地进行交流和学习，取长补短，积极发挥自身作用，将课程教学中的专业教育与思政教育紧密地结合在一起，从而达到课程教学的双向目标。

（五）完善教学效果评价体系

社会工作专业教学评价一般以考核理论知识与实务能力为主，对于课程思政效果的考核关注较少。在社会工作专业课程思政实践中，须采用"过程性考核＋结果性考核"的综合性考核模式，即通过过程性考核（课程教学任务完成情况、课程理论知识的掌握程度、课程参与度、课程学习态度与学习热情等）和结果性考核（实践报告的撰写情况、论文撰写情况等）对学生的德育表现进行全面评价，从而使社会工作专业课程思政效果更为客观、真实、有效，丰富社会工作专业教学评价体系。形成有针对性的德育评价考核体系，将学生的社会责任感、专业使命感、专业价值内化、人文情怀、职业道德等纳入教学效果评价体系中，有助于使学生树立正确的专业价值观和人生价值观，提高学生综合素养，最终达到培养符合时代要求的高素质专业人才的目的。

六、社会工作专业课程思政特点

（一）深化教学联动平台：多方协同，实现教学联动发展

社会工作专业课程思政教学模式的改革创新，离不开多层次的制度保障和多元主体的平台联动。因此，社会工作专业课程思政从行业与教学联动、行业与教师联动以及学生与社会服务联动三个层面实现联动机制。

1. 行业与教学联动

从学科属性来看，社会工作是一门服务于社会、具有极强服务性的学科。在高校产教融合背景下，要想实现社会工作专业与行业发展的良性互动，在教学方面就必须要厘清高校与社会之间如何有效地合作，专业建设如何与行业发展持续互利共赢等问题。① 与此同时，学院要完成专业群建设、实践基地建设、教学资源库建设等工作，为教师提供有力的教学实践保障，激发教师进行专业课程思政教学改革的动力和决心。

2. 行业与教师联动

通过已有行业、政府等协作平台，建立行业与教师协同思政培育平台。首先，鼓励"走出去"策略。通过政府购买社会服务、社会组织专项培训等形式，鼓励教师到社区、街道、学校等一线实践，并制定过程管理与考核方法，建立约束机制。其次，根据教学发

---

① 罗云南，王婷，袁志岭．"三维驱动"：服务学习视角下高职院校教学模式改革：以社会工作专业为例［J］.科教导刊，2022（21）：19-21.

展需要，通过政策支持与激励，鼓励教师在一线实践，强化其教学能力，为学生提供更好的服务。再次，采取"引进来"的战略，利用"技能大师工作室"和"产教联盟"等平台，建设高素质的师资队伍，构建有利于教师专业成长的平台载体，满足他们的技术和科学研究需要。最后，大力鼓励并支持教师进行课程教学创新，对于那些有勇气和创新意识的教师，可以根据他们的工作量比例，将服务学习指导的工作量纳入额外的课时量中，以此来激发教师进行课程改革的积极性。

3. 学生与社会服务联动

社会工作专业课程践行思想政治教育的实践育人理念，探索"学校-社区"相互衔接的综合德育模式。一方面，将思想政治教育、专业学习、公益服务实践有机融合，建立课内课外一体化思维。例如，通过设立单独的公益项目主题课程，以活动促合作、以合作促学习、以学习促成长，使学生积极主动地与社区达成合作，开展服务学习实践活动，不断谋求学生、学校与社区的共同发展。另一方面，通过在社会工作专业课堂中融入社会工作专业价值观，促进社会工作"公平""助人"等专业价值观的渗透。比如，通过在服务中学习的方式，组织学生开展以义教、义诊、环境保护、妇女发展、生命教育等为主题的服务活动，进一步提升学生主动服务社会的意识和能力，最终实现社会公平正义理念的内化。

（二）强化教学资源：与时俱进，教学资源综合化建设

1. 充分利用线上教学资源系统

"线上"与"线下"的混合教学，是"互联网＋"条件下，将现代信息技术与传统的课堂教学有机结合起来的一种新型教学方式。在建设教学资源时，要坚持"线上"与"线下"相结合的智慧教学理念。一方面，借助信息平台，打造出一个移动化、智能化的学习端口，借助所搭载的教学资源库，让学生可以实时学习、即时反馈；另一方面，以线下课程为载体，教师在授课过程中通过课堂提问、小组讨论、个人展示等多种方式，针对学生线上学习的难点、重点问题进行查缺补漏，针对学生出现的困惑进行经验交流，同时对实务操作技能进行补充讲解等，使学生对所学内容做到"温故而知新"。

2. 加强社会实践基地建设

社会工作专业课程思政有效实施的前提是具备相关的社会服务实践环境，只有学院提供具备社会服务实践的土壤，学生才能顺利进入实践活动场所进行学习。因此，学院从社会工作专业建设层面改变传统的重理论轻实践、重课程轻服务的现状，与社区、社会服务机构等建立良好的合作关系，将社会工作专业课程思政从专业建设层面推进到社会实践基地建设层面，找到学校与社区、社会服务机构等的合作共赢点，达成一致的合作机制。

参 考 文 献

易艳阳. 社会工作专业课程思政建设的"生态化协同"路径与策略［J］. 重庆科技学院学报（社会科学版），2023（1）：90-96.

韦福，王晓波，邱惠婷．课程思政示范课程建设的基本目标、主要内容及实现路径探讨：以"社会政策"课程为例［J］．河池学院学报，2020（6）：118–122.

张萍．课程思政的思考：以高职会计教学为例［J］．青年与社会，2019（23）：206–207.

程德慧．产教融合视域下高职院校"课程思政"改革的探索与实践［J］．教育与职业，2019（3）：72–76.

罗云南，王婷，袁志岭．"三维驱动"：服务学习视角下高职院校教学模式改革：以社会工作专业为例［J］．科教导刊，2022（21）：19–21.

"社会工作概论"课程思政课程设计

黄 君

一、"社会工作概论"课程思政目标

为应对城市的贫困、失业、犯罪和人际关系疏离等问题，19世纪末20世纪初英美等国家出现了运用专业方法帮助有困难的群体解决其基本生存问题的职业活动，这就是社会工作。社会工作是一个世界性的概念，它指的是一个专门的职业领域，是一种职业的、专业化的助人活动，也是一个学科。从事社会工作的人被称为社会工作者。社会工作是以利他主义的价值观为指导，以科学的知识为基础，运用科学方法助人的职业化的服务活动。

"社会工作概论"作为社会工作专业必修课，积极响应党的号召及高校教学改革的要求，深化课程思政改革的思路，目的是在向学生传授课程知识的同时帮助他们树立正确的价值观。从社会工作的理论和价值伦理出发，本着"以人为本"的价值理念，通过社会工作理论的理念和方法的讲授，帮助学生掌握社会工作专业技术，内化社会工作专业价值理念，将德育与智育相结合，既帮助学生了解社会工作，也能够使其更加清晰地认识自己和社会。

（一）内化社会工作专业价值理念和操作原则，培养学生为人民服务的良好道德情操

作为一门服务人、帮助人的专业和职业，社会工作价值观主要包括基本信念和实践原则两个方面。在基本信念方面包括尊重、独特性、相信人是可以改变的等；实践原则包括接纳、非评判、个别化、保密、服务对象自决等。通过课堂的学习，让学生掌握并内化社会工作专业价值理念，培养学生为人民服务的良好道德情操。

（二）认识社会工作的功能，提升学生为人民服务的责任感和意识

通过对社会工作功能的讲授，使学生了解认识到，社会工作对生活上有困难的人给予

必要的帮助，能够促进服务对象正常生活。社会工作的服务还能恢复服务对象弱化的功能，并促进人的发展。同时社会工作的服务能够促进人与社会环境的相互适应，社会工作者帮助服务对象解决问题，不仅仅是提供简单的服务，而且是把服务对象能力的发展、外部环境的改变作为工作目标，从而增强学生为人民服务的责任感和意识。

（三）掌握专业的理论和方法，奠定学生为人民服务的基础

学生通过"社会工作概论"课程内容的学习，掌握社会工作的基本理论，形成能够运用社会工作的方法解决实际问题的能力，并能够组织和开展各项社会工作实践活动，提高理论运用能力。具体而言，学生了解和掌握社会工作的基本理论与基础知识，熟悉社会工作的个案工作方法、小组工作方法、社区工作方法、社会工作行政方法及一般的社会工作实务流程，对社会工作实务领域有较全面的了解。教师通过对社会工作价值体系的传授，培养学生的社会人文关怀和专业价值观，为人民服务奠定基础。

二、"社会工作概论"课程思政理念

"社会工作概论"课程围绕专业人才培养目标，从社会工作的概念、伦理价值、理论流派、专业方法和技术等方面出发，深入挖掘蕴含在课程中的思政元素，将社会工作的专业价值理念和为人民服务的责任感结合起来，增强学生对社会的认识了解，强化学生为人民服务的价值理念，提升学生为困难群体服务的责任感，推动社会的进步。

（一）历史脉络梳理：让学生了解社会工作专业产生的背景，培养学生关心社会的意识

社会工作是从实践中产生和发展的专业和职业，社会工作是回应社会关切、解决社会问题的专业。在教学过程中，通过详细梳理社会工作专业产生的背景脉络，使学生了解社会工作专业产生的历史，掌握社会工作产生的社会背景，培养学生关心社会困难群体、积极参与社会发展的责任心。

（二）内化价值理念：在讨论与实践中内化社会工作的专业价值理念，践行社会工作信念

社会工作是非常注重价值理念培养的专业。社会工作专业价值理念的培养不仅仅依靠课堂上的传授，更重要的是在平时的实践中内化社会工作的理念和价值观。通过课堂的讲授，引导学生在职业活动中自觉践行社会工作专业价值理念。让学生从身边的事情做起，不断内化社会工作专业价值理念，践行社会工作服务困难群体的理念。

（三）掌握方法技巧：不断掌握社会工作服务方法和技巧，提高为人民服务的专业水平

社会工作是一门方法和技术，为有需要的服务对象提供专业的服务。通过课堂内容的讲授、模拟练习、平时的实践，不断提升学生社会工作专业的技术水平，同时将课程思政

的理念嵌入实践中，引导学生关心社会困难群体，分析造成社会问题的结构性因素，激发学生改变社会、推动社会进步的思想和动力。

（四）反思社会工作的实践：将社会工作的理论知识与当前的社会工作实践相结合

在"社会工作概论"课程思政课堂上，引导学生结合现实的国情和当下社会发展的状况反思社会工作的实践，启发学生思考学科和专业的发展要与当前中国的国情和实际相结合，同时也要实事求是，认清社会工作服务落地的实际，不断推动社会工作的本土化发展。

三、"社会工作概论"课程思政内容与融入点

"社会工作概论"课程主要是帮助学生了解社会工作发展的脉络，培养并不断内化社会工作专业价值理念；熟悉并掌握社会工作的基本理论和方法，形成运用社会工作的方法解决实际问题的能力，能够组织和开展各项社会工作实践活动，提高理论运用能力。并通过对社会工作价值体系的传授，培养学生的社会人文关怀和专业价值观，为学生增强为人民服务的意识奠定基础。社会工作与思政教育、道德品质和人文素养培养紧密相关，主要体现在以下几点：

（一）需求为本

社会工作强调以群众的需求为出发点。社会工作服务开展过程中需要对服务对象的需求进行评估，认清服务对象的现状，准确把握服务对象的需求。社会工作需求评估的过程，跟思政课程"从群众中来到群众中去"的实践方法是相互映射、互为一体的。

（二）利他主义

社会工作以利他主义为指导，坚持助人自助的原则，强调在服务中要尊重、接纳服务对象，遵循服务对象自决的原则，激发服务对象潜能。"社会工作概论"课程在教学过程中需要不断培养、激发学生的利他主义价值取向，并培养学生的共情思考能力，同时在教学过程中不断塑造集体主义的价值情感，注重展现社会主义制度的优越性。

（三）个案工作方法

个案工作、小组工作、社区工作是社会工作常用的三大方法。个案工作是指运用专业的知识、方法和技巧，通过一连串的专业工作，帮助遭遇困难的单个个人或者家庭发掘和运用自身及其周围的资源，改善个人与社会环境之间的适应状况，实现对人的尊重和肯定的过程。个案工作方法强调要把服务对象看成是独特的个体，强调个别化的原则，每一个服务对象都是独特的，需要重视服务对象面临的具体困难和问题，注重个体的感受。这与辩证唯物主义强调的具体问题具体分析一脉相承，引导学生针对服务对象的具体问题进行具体分析，并找到具体的解决办法。

(四）小组工作方法

小组工作强调民主合作和团队参与的精神，通过把具有相同问题的服务对象聚集起来，应用小组工作方法，鼓励小组成员表达问题与需求，发挥团体动力的作用，在积极氛围中解决组员面临的共同问题，实现小组目标。小组工作方法的使用表明，社会工作服务对象的问题具有矛盾的特殊性与普遍性。在课堂的讲授实践中，结合马克思主义辩证法深入探寻服务对象同质性问题根源，找准解决问题的方法。

(五）社区工作方法

社区工作是以社区为对象的社会工作介入手法。通过组织社区居民参与集体行动去界定社区需要，合力解决社区问题，改善居民生活环境及生活质量。在社区居民参与的过程中，让他们建立对社区的归属感，培养自助、互助与自决的精神，加强他们在社区参与及影响决策方面的能力和意识，发挥其潜能，以形成更有活力、更和谐的社区。社区工作的地区发展模式强调参与，鼓励社区居民通过自助或互助的方式，广泛参与社区事务，解决社区问题，推动社区发展，这与思政教育中重视群众的力量，鼓励群众参与社区治理和共同缔造具有一致性。

同时，强调专家的意见和知识，通过运用专业的力量对整个社区的发展进行规划，课程思政中也强调专家的力量，发挥专家的示范引导作用。

四、"社会工作概论"课程思政步骤和措施

(一）课程思政的实施步骤

（1）统筹设计"社会工作概论"课程思政大纲，根据课程的内容，详细寻找课程思政点。通过多次反复研读教材，将课程思政有机地嵌入本课程的教学中。

（2）在教学过程中，不断尝试、探索、总结课程思政的点，并与当下的中国实际相结合，更好地推动学生认识中国的社会工作发展脉络，熟悉中国当下的社会工作发展概况，并对社会工作发展进行反思。

（3）发挥学生主动性和积极性，让学生在学习过程中努力探索，与教师不断融合思政教学的内容，达到教学相长的目的。同时通过课堂讨论、小组汇报等形式丰富课程思政的形式和内容。

(二）课程思政的主要措施

1. 课堂教学中的讲授与讨论相结合

"社会工作概论"课堂的教学过程分为两个层面，一是讲授知识点，二是对思政点的分享、讨论、分析。同时结合当下中国社会工作发展的议题进行深入的专业与思政融合探讨。

2. 课后作业布置与探究

通过布置课后作业，发挥学生的积极性和主动性，与学生共同梳理社会工作发展的脉络，并结合当下的情境，发挥学生的积极性和主动性，分析社会工作在中国当下现实社会中发挥的作用。同时通过微信、QQ等通信工具，指导学生进行思考。

3. 课后阅读的研讨性与扩展认知

第一，推荐学生研读经典文献。教学过程中，向学生推荐经典文献，要求学生仔细研读，写出读后感，强化相关认识。推荐的主要有社会工作发展的经典文献，改革开放四十年以来国家社会建设和福利发展的顶刊文章，脱贫攻坚社会政策的实践等。

第二，扩展学生认知。推荐社会工作相关的纪录片、电影等，让学生课余观赏，使其把握不同社会环境下社会工作发展的多样性，同时拓宽学生的社会工作国际视野。

4. 不断认识自己，内化社会工作专业价值理念

引导学生反思自己的生命历程，看到生命中重要事件和重要他人对自己的影响。引导学生回顾自己的生命历程，通过生命曲线的形式，认识自己的成长和发展，同时分析曾经遇到的问题，以及回顾对问题采取的调适方法，反思如何改善自身心境、家庭氛围、同学关系等。同时引导学生就自己关注的议题，设计社会工作服务方案，凸显社会工作服务的价值。

5. 针对学生个别的心理问题、突发问题，个别辅导，给予帮助

上述措施是针对全体学生的设计，实际上，个别学生会遇到一些特殊情况，需加强个别辅导。

首先，帮助个别有心理问题的学生，跟他们谈话，纠正错误认知。关爱他们，给他们温暖。缓解学生的心理问题。

其次，应急服务。学生中总会偶尔出现一些生活难题，比如失恋、家人去世、家人生病或遭遇灾祸等。知晓情况后，教师应主动给更多的帮助，改善学生的心理环境。

五、"社会工作概论"课程思政教学设计

(一)教学大纲

"社会工作概论"课程是针对社会工作专业本科生于一年级上学期开设的专业主干课程之一，4学分，共计64课时。本课程共分为三大模块十章，具体如表1-1所示。

表1-1   "社会工作概论"课程思政教学大纲

课程模块	课程章分布	教学目标[①]	思政目标[②]
社会工作的概念、价值与理论体系	第一章 社会工作的内涵、原则及主要领域	(1)	(1)(2)
	第二章 社会工作价值观与专业伦理	(1)(2)	(1)(2)
	第三章 人类行为与社会环境	(1)(2)	(1)(2)
	第四章 社会工作理论	(1)(2)	(1)(2)

续表

课程模块	课程章分布	教学目标①	思政目标②
社会工作的实务方法	第五章 个案工作方法	(1)(2)(3)	(2)(3)
	第六章 小组工作方法	(1)(2)(3)	(2)(3)
	第七章 社区工作方法	(1)(2)(3)	(2)(3)
	第八章 社会工作行政	(1)(2)(3)	(2)(3)
社会工作的发展	第九章 社会工作督导	(2)(3)(4)	(4)
	第十章 社会工作研究	(2)(3)(4)	(4)

①教学目标：

(1) 掌握社会工作的基本概念以及各种概念之间的关系，熟知社会工作产生和发展的历史，并掌握社会工作的专业价值观和专业伦理，增强专业认同感。

(2) 掌握社会工作的基本理论，能够运用社会工作的理论视角去看待问题和分析问题，进而运用社会工作理论开展各项社会工作实践活动。

(3) 掌握社会工作实务的基础知识和基本的工作程序，提高学生对社会工作实务方法的运用能力，培养学生的专业素养。

(4) 掌握社会工作督导的方法和社会工作研究的概念、发展以及实践操作路径，认识督导对于提高社会工作服务效果的重要性，并通过案例分析、角色扮演和实践活动等方式，培养学生的督导技能，增强学生的专业自主性。

②思政目标：

(1) 了解社会工作的概念和发展历史，强调中国的制度情境，帮助学生树立坚定的政治立场和理想信念，深化对社会主义核心价值观的认识，并强化自身的社会道德责任意识，坚定文化自信和理论自信。

(2) 掌握社会工作的价值理念，促进社会工作价值理念的本土化。通过课程讲授和研讨，增进对社会工作价值理念本土化的理解。社会工作本土化可以使其理论、方法更具有我国的鲜明特色，符合我国国情，使所培养的社会工作人才更好地服务于人民、服务于社会。

(3) 掌握社会工作的专业工作方法，促进社会的公平公正建设，增进社会关怀。通过运用社会工作专业方法，为社会中的困难群体服务，帮助其预防和解决社会问题，促进社会的福利服务和公益性服务建设，进而实现社会的公平正义。

(4) 掌握社会工作督导方式和了解社会工作发展前沿，使学生可以在真正的社会问题中，提升自身的逻辑能力、创新能力和科研能力，培养学生的创新精神。

(二) 教学方法

本门课程将重点培养学生的专业价值观和专业认同感，并将多种教学方式相结合，培养学生用社会工作的视角看待问题、分析问题以及解决问题的能力。在这个过程中，全面贯彻全方位和全过程的育人理念，把思想政治教育贯穿整个教学过程，使学生们可以坚定政治立场、理想信念，并充分发挥学生的主体作用，使其用学习到的社会工作方法和技巧，投入到为社会服务的过程中。通过创新师生的互动模式，与学生建立平等的关系，与学生真诚沟通，引导学生自主学习和独立思考，从而达到对社会工作方法的创造性运用，使学生由被动学习转化为主动学习，以期达致掌握知识、提升能力的目的。具体的教学方法包括：

第一，课堂讲授法。教师通过集中讲授向学生传授关于社会工作的重点概念、社会工作价值观、社会工作发展历史、国内外及各地区社会工作发展水平等基础内容，使学生形成鲜明的概念与逻辑体系。并且，通过向学生提出问题，与之共同探讨，启发学生主动思考社会工作的使命与目标，增进学生对社会工作专业的认同。

第二，小组任务法。通过将班级同学分为不同的小组，创设与社会工作概念和实践相关的问题情境，引导学生进入学习的情境，从而更加直观地面对真实的、需要去解决的问题。由教师向学生提供相关的问题资料，然后倡导学生展开讨论和交流。通过组内、组间不同思维、不同观点之间的碰撞，加深学生对问题的认识，拓展解决问题的路径，从而提高学生的自主学习和协作能力。

第三，参与式教学法。教师通过布置作业的方式，让学生阅读和查找与"社会工作概论"课程各主题相关的内容。通过让学生介入教学的过程与教师共同开展教学活动的方式，增进学生对"社会工作概论"课程各个主题的认识，提高学生的自主探究能力、互助合作能力等等，充分发挥学生的潜力和创造力。

第四，文献分析法。根据所学内容，教师为学生布置相应的研读理论文献任务，学生通过了解社会工作界前沿成果，打开视野，不断丰富自身的思考问题方式，更好地投入到社会工作实践中去。

(三) 教学效果

本课程始终坚持理论知识的掌握、价值观的引领和能力的发展三方面的统一。

首先，通过掌握理论知识，培养学生的问题意识和思维能力。通过课程教学，学生能够深刻把握社会工作的概念、目标使命、历史发展逻辑等。通过社会工作对社会问题的介入分析，教会学生独立思考，引导学生灵活运用社会工作的视角去分析社会问题，提升学生对问题的分析能力和解决能力。学生在掌握核心知识的基础之上，能够深入了解社会工作作为一项服务于民生的社会事业，深入基层、深入群众，促进了福利政策的落实，提高了社会服务的水平。最终让学生能够熟练掌握社会工作的基础知识，并达到中上游水平。

其次，以中国特色社会主义理论体系为引领，增强学生的专业认同。在讲授社会工作的概念、理论和价值理念时，引出社会工作价值理念本土化的问题，带领学生思考社会工作的使命在于服务人民，必须坚持人民至上，坚持社会的公平正义。在运用社会工作的理论和方法时，要坚持立足于中国社会发展的实际，立足于中国社会的关键问题，充分发挥中国特色社会主义的制度优势，全心全意为人民服务。让学生牢牢把握社会工作专业的初心和使命，增强专业认同感。在学生专业分流的过程中，力争让学生能坚定地选择社会工作专业。

最后，掌握社会工作方法，发展专业能力。本课程能够增强学生对社会工作技能的认识，熟练掌握社会工作的模式，提高自身的问题意识、实务能力、资源整合能力等等。树立助人自助的理念，根据服务对象的需求，精准地开展服务，提升社会困难群体的幸福感和获得感。

社会工作作为一门实践性学科，其使命在于促进社会公平正义。所以，本门课程将专业目标和思政目标深度融合，通过师生共建课堂的方式，把学生真正变为课堂教学的参与者和所学理论、方法、价值观的实践者。

(四) 教学章节点

本课程为社会工作专业的入门课程，主要介绍社会工作专业的基本内容，包括社会工作的定义、历史、价值观、理论、方法和领域，使学生了解什么是社会工作以及社会工作对当前社会建设特别是在社会福利发展中的重要性，协助学生从整体上把握社会工作的架构。在教学过程中，采用多元化教学手段开展教学，比如课程讲授、实地考察、角色扮演、案例教学、小组工作体验课、社会工作服务与研究设计等，促进学生对社会工作专业的了解、认同，以及了解同一问题的不同观点，从而相对全面地了解社会工作专业发展，并有自己的初步看法。教学目的是通过介绍社会工作的基础知识，使学生了解社会工作专业发展的背景、内容以及对当前社会建设的意义。

在教学实践的过程中将课程思政的思想嵌入教学章节内容，将课程思政的思想融入课堂，与章节的教学内容有机结合，激发学生学习的热情，达到课程思政的目标。如第二章社会工作价值观与专业伦理的内容中，社会工作价值观的基本信念是尊重、独特性、相信人是可以改变的等；社会工作价值观的实践原则主要是接纳、非评判、个别化、保密、服务对象自决等。在教学过程中需要引导学生树立尊重的意识，践行尊重的行动。通过情景的模拟、场景的设想，让学生能够了解，面对一些特殊的服务对象如艾滋病患者等，要真正做到尊重仍然会面临挑战，但作为专业的社会工作者，我们要关心服务对象，要从内心深处尊重接纳服务对象，这样才能建立专业的服务关系，才能真正为有需要的服务对象提供满足他们需要的服务。这也是我们党和国家"从群众中来到群众中去"等思想在教学中的体现。

第一章 社会工作的内涵、原则及主要领域 (4 课时)

一、教学目标

【知识目标】

1. 社会工作的含义、目标与功能
2. 社会工作的发展历程及特点
3. 社会工作的要素
4. 社会工作的主要角色
5. 社会工作的主要领域

【能力目标】

通过社会工作的内涵、原则及主要领域的介绍，让学生们初步了解社会工作的含义、发展历程、要素及目标，深刻理解社会工作者的角色。

【课程思政目标】

通过对社会工作发展历程的专题讨论、社会工作者角色的体悟，以及社会工作领域等方面的讨论，了解社会工作产生的背景，体悟社会工作者的助人角色，让学生初步了解社会工作的概念，理解社会工作发展的特点，熟悉社会工作发展的领域，培养学生认识社会、关怀社会的意识。

二、教学重点难点与实践参与环节

【教学重点】

1. 社会工作的目标和功能
2. 社会工作发展的历程和特点
3. 社会工作的要素
4. 社会工作的主要角色

【教学难点】

1. 社会工作的目标
2. 社会工作的要素
3. 社会工作的主要角色

【实践参与环节】

（1）主题讨论：中国社会工作发展的历程，结合实际讨论中国社会工作发展的脉络和特点，更好地认识中国本土社会工作的发展。

（2）实践环节：结合课程内容，分小组收集不同地区社会工作发展的特点，并进行讨论汇报，增进对中国社会工作发展本土化的理解。

第二章 社会工作价值观与专业伦理（6课时）

一、教学目标

【知识目标】

1. 社会工作价值观的意义和内容
2. 社会工作专业伦理
3. 社会工作专业伦理守则

【能力目标】

通过社会工作价值观的意义和内容的学习，让学生了解国际社会工作界认同的专业价值观，内化社会工作价值观的基本信念和实践原则，掌握社会工作专业实践价值观，熟悉社会工作者的专业伦理守则，能够在社会工作专业服务中做出正确的伦理决定。

【课程思政目标】

通过对社会工作价值观的讨论和学习，让学生掌握社会工作价值观的内容，并不断内化社会工作专业价值观，践行社会工作的价值理念，在实践中尊重服务对象、关怀服务对象，促进学生关注社会的制度结构，不断推动社会的发展和进步。

二、教学重点难点与实践参与环节

【教学重点】

1. 社会工作的专业价值观
2. 社会工作价值观的基本信念和操作原则
3. 社会工作专业实践背后的价值观
4. 社会工作专业伦理的内容及伦理决定难题、社会工作专业伦理守则

【教学难点】

1. 社会工作价值观的基本信念和操作原则
2. 社会工作伦理决定难题
3. 社会工作专业伦理守则

【实践参与环节】

（1）主题讨论：中国文化情景下社会工作伦理决定难题，反思中国社会工作发展的本土价值取向，结合实际讨论如何更好地促进中国本土社会工作的发展。

（2）实践环节：结合课程内容，针对不同的伦理困境，进行情景的模拟，感受在中国文化情景下处理社会工作伦理决定难题。

第三章　人类行为与社会环境（8课时）

一、教学目标

【知识目标】

1. 人类行为
2. 社会环境
3. 人类行为与社会环境的理论基础
4. 人生发展的阶段及其主要特征

【能力目标】

通过人类行为与社会环境内容的学习，让学生掌握人类行为与社会环境的特点及其对人的影响，认识人类行为与社会环境的理论基础，深刻理解人生发展阶段及其主要特征，掌握人生发展的规律特点。

【课程思政目标】

通过对人类行为与社会环境的学习，让学生掌握人类行为与社会环境各自的特点，认识到人类行为与社会环境的相互影响，从而激励学生积极主动去改善不良环境，营造良好的社会环境。同时认识到人生发展阶段的特点，积极调整自身的状态，不断适应社会的发展。

二、教学重点难点与实践参与环节

【教学重点】

1. 人类行为的类型和特点
2. 社会环境的类型和特点
3. 人类行为与社会环境的理论
4. 人生发展的阶段及其主要特征

【教学难点】

1. 人类行为与社会环境的理论
2. 人生发展的阶段及其主要特征

【实践参与环节】

（1）主题讨论：社会环境是如何影响个体行为的？结合学生自身经历，从学校、家庭等重要的环境出发，探讨它们对人生发展的影响。

（2）实践环节：在校园内观察不同家长照顾孩子的实践，讨论照顾者对孩子成长发展的影响。同时通过画"生命曲线"图的形式，回顾自己成长发展中重要的人和事的影响，认识如何成为今天的自己。

第四章　社会工作理论（8课时）

一、教学目标

【知识目标】

1. 社会工作理论的含义与类型
2. 精神分析取向的社会工作理论

3. 心理社会治疗模式

4. 认知行为理论

5. 系统理论与生态系统理论

6. 人本主义与存在主义理论

7. 增强权能理论

8. 社会支持理论

9. 优势视角理论

10. 发展性社会工作

【能力目标】

通过社会工作理论的学习，让学生掌握社会工作理论知识，熟悉精神分析理论，能够运用心理社会治疗模式、认知行为理论、系统理论和生态系统理论、人本主义和存在主义理论等知识开展社会工作实务，同时掌握增强权能理论、社会支持理论、优势视角理论要点，能够运用这些理论知识指导实务开展。

【课程思政目标】

通过对社会工作理论的学习，让学生了解社会工作相关的理论知识，认识社会工作理论发展的脉络，认识到理论的提出是基于实践实务，启发学生扎根基层，通过开展社会工作实务，在实务中积累经验，创新并发展中国社会工作理论。

二、教学重点难点与实践参与环节

【教学重点】

1. 精神分析取向的社会工作理论

2. 心理社会治疗模式

3. 认知行为理论

4. 系统理论与生态系统理论

5. 人本主义与存在主义理论

6. 增强权能理论

7. 社会支持理论

8. 优势视角理论

【教学难点】

1. 心理社会治疗模式

2. 认知行为理论

3. 系统理论与生态系统理论

4. 人本主义与存在主义理论

5. 增强权能理论

6. 社会支持理论

【实践参与环节】

（1）主题讨论：人本主义如何影响人们看待生活中经历的苦难？结合学生自身的经历，从人本主义视角出发，探讨个体生命历程中经历苦难对个体的影响。

（2）实践环节：选择一种熟悉的理论，运用这种理论设计社会工作服务方案，并寻找服务对象进行实践，总结开展服务的经验。

第五章　个案工作方法（8 课时）

一、教学目标

【知识目标】

1. 个案工作的基本概念

2. 个案工作的主要模式

3. 个案工作各阶段的工作要求

4. 个案工作常用的技巧

5. 个案管理

【能力目标】

通过个案工作方法的学习，让学生掌握个案工作方法和技巧，熟悉个案工作的主要模式，熟练掌握个案工作过程中各阶段的不同要求、能够娴熟运用个案工作和个案管理的方法和技巧为服务对象提供服务。

【课程思政目标】

通过对个案工作方法的学习，让学生掌握个案工作方法的价值理念，培养学生关心、爱护身边有需要的人，使学生能够运用个案工作的方法和技巧为有需要的个人或家庭提供服务，帮助处在困境中的个人和家庭走出困境，重获新生。

二、教学重点难点与实践参与环节

【教学重点】

1. 个案工作的主要模式

2. 个案工作各阶段的工作要求

3. 个案工作常用的技巧

4. 个案管理

【教学难点】

1. 个案工作的主要模式

2. 个案工作各阶段的工作要求

3. 个案工作常用的技巧

【实践参与环节】

（1）主题讨论：个人或家庭的困境是如何产生的？个案工作方法和技巧如何运用到家庭问题服务中？

（2）实践环节：在生活中选择一名需要帮助的同学，运用个案工作的方法帮助这名服务对象，并撰写案例报告。

第六章　小组工作方法（8 课时）

一、教学目标

【知识目标】

1. 小组工作的概念、类型和特点

2. 小组工作的模式

3. 小组工作的过程

4. 小组工作的技巧

【能力目标】

通过小组工作方法的学习，让学生掌握小组工作的方法和技巧，熟悉小组工作的主要模式，熟练掌握小组工作各阶段过程中组员的特征和社会工作者的任务，能够娴熟运用小组工作的各种方法和技巧为有需要的服务对象提供服务。

【课程思政目标】

通过对小组工作方法的学习，让学生掌握小组工作方法的价值理念，培养学生关心、爱护身边有需要的同学，使其能够运用小组工作的方法和技巧为面临相同问题的服务对象提供服务，帮助处在困境中的群体走出困境，重获新生。

二、教学重点难点与实践参与环节

【教学重点】

1. 小组工作的模式

2. 小组工作的过程

3. 小组工作的技巧

【教学难点】

1. 小组工作的过程
2. 小组工作的技巧

【实践参与环节】

（1）主题讨论：大一新生的困境是如何产生的？小组工作的方法如何能够运用到为大一新生提供的服务中？

（2）实践环节：在生活中选择有相同问题的同学，运用小组工作的方法帮助这些服务对象，并撰写案例报告。

第七章 社区工作方法（8 课时）

一、教学目标

【知识目标】

1. 社区工作的特点和目标
2. 社区工作的主要模式
3. 社区工作各阶段的工作重点
4. 社区工作的技巧

【能力目标】

通过社区工作方法的学习，让学生掌握社区工作的方法和技巧，熟悉社区工作的主要模式，熟练掌握社区工作过程中各阶段的工作重点，能够娴熟运用社区工作的各种方法和技巧为服务对象提供服务。

【课程思政目标】

通过对社区工作方法的学习，让学生掌握社区工作方法的价值理念，培养学生关心、关怀社区，使其能够运用社区工作的方法和技巧为社区的服务对象提供服务，帮助处在困境中的社区及居民走出困境，促进社区发展。

二、教学重点难点与实践参与环节

【教学重点】

1. 社区工作的特点和目标
2. 社区工作的主要模式
3. 社区工作各阶段的工作重点
4. 社区工作的技巧

【教学难点】

1. 社区工作的主要模式

2. 社区工作各阶段的工作重点

3. 社区工作的技巧

【实践参与环节】

（1）主题讨论：如何发掘社区的骨干力量和社区的资源？社区工作方法和技巧如何能够运用到为社区提供的服务中？

（2）实践环节：选择一个熟悉的社区，画出社区资源图，发掘需要服务的社区对象，提供服务，并撰写案例报告。

第八章　社会工作行政（6课时）

一、教学目标

【知识目标】

1. 社会服务计划

2. 社会服务机构的类型与运作

3. 社会服务机构的领导

4. 社会服务机构的人力资源与志愿者管理

5. 社会服务机构的财务与筹资管理

6. 社会服务机构的公信力和公共关系管理

【能力目标】

通过社会工作行政的学习，让学生掌握社会工作行政的方法和技巧，了解社会服务机构的类型与运作、社会服务机构的领导，熟悉社会服务机构的人力资源与志愿者管理，掌握社会服务机构的财务与筹资管理、社会服务机构的公信力和公共关系管理方法。

【课程思政目标】

通过对社会工作行政的学习，让学生了解社会服务机构的类型和运作，关注社会工作行业发展，积极投身社会服务机构实习实践，更好地认识社会、改变社会。

二、教学重点难点与实践参与环节

【教学重点】

1. 社会服务计划

2. 社会服务机构的类型与运作

3. 社会服务机构的领导

4. 社会服务机构的人力资源与志愿者管理

5. 社会服务机构的财务与筹资管理

6. 社会服务机构的公信力和公共关系管理

【教学难点】

1. 社会服务机构的领导

2. 社会服务机构的人力资源与志愿者管理

3. 社会服务机构的财务与筹资管理

4. 社会服务机构的公信力和公共关系管理

【实践参与环节】

（1）主题讨论：如何提高社会服务机构整合资源和募集资金的能力？展开社会服务机构能力提升的讨论。

（2）实践环节：选择一家社会服务机构进行观察，全方位认识了解这家社会服务机构，并撰写机构状况的报告。

第九章　社会工作督导（4课时）

一、教学目标

【知识目标】

1. 社会工作督导对象和功能

2. 社会工作督导的内容和方式

3. 社会工作督导过程和技巧

【能力目标】

通过社会工作督导的学习，让学生认识了解社会工作督导的对象和功能、社会工作督导的内容和方式、社会工作督导过程和技巧，进而掌握社会工作督导的方法和技巧，能够运用社会工作督导的知识为社会工作者和志愿者提供督导。

【课程思政目标】

通过对社会工作督导的学习，让学生认识了解社会工作督导的对象和功能、社会工作督导的内容和方式、社会工作督导过程和技巧，使学生掌握社会工作督导的方法和技巧，增强他们的政治意识和社会责任感，使社会工作实践与中国特色社会主义理论体系相结合，培养能担当大任的社会主义新青年。

二、教学重点难点与实践参与环节

【教学重点】

1. 社会工作督导对象和功能
2. 社会工作督导的内容和方式
3. 社会工作督导过程和技巧

【教学难点】

1. 社会工作督导的内容和方式
2. 社会工作督导过程和技巧

【实践参与环节】

（1）主题讨论：如何运用督导方法和技巧为志愿者提供督导？督导方法和技巧如何训练？

（2）实践环节：选择一家社会服务机构，并参与他们的督导会议，全方位认识了解这家社会服务机构督导的情况，并撰写机构状况的报告。

第十章　社会工作研究（4课时）

一、教学目标

【知识目标】

1. 社会工作研究的含义和功能
2. 社会工作研究方法论和研究范式
3. 社会工作研究的一般过程
4. 社会工作研究的具体方法
5. 社会工作的项目评估

【能力目标】

通过对社会工作研究的学习，让学生了解社会工作研究的含义和功能，掌握社会工作研究的一般过程，能够运用社会工作研究的具体方法进行研究，熟悉社会工作的项目评估内容。

【课程思政目标】

通过对社会工作研究的学习，能够设计问卷和展开访谈以进行社会调查，更好地认识、了解社会现象，发现社会存在的问题，为积极改变社会奠定基础。

二、教学重点难点与实践参与环节

【教学重点】

1. 社会工作研究的含义和功能
2. 社会工作研究方法论和研究范式
3. 社会工作研究的一般过程
4. 社会工作研究的具体方法
5. 社会工作的项目评估

【教学难点】

1. 社会工作研究方法论和研究范式
2. 社会工作研究的一般过程
3. 社会工作研究的具体方法

【实践参与环节】

(1) 主题讨论：如何设计一份儿童调查问卷？设计出的问卷的信度和效度如何检验？

(2) 实践环节：动手设计一份问卷，再分小组讨论、实际操作、收集材料，并撰写机构状况的报告。

参 考 文 献

王思斌. 社会工作概论 [M]. 3 版. 北京：高等教育出版社，2014.

李迎生. 社会工作概论 [M]. 3 版. 北京：中国人民大学出版社，2018.

顾东辉. 社会工作概论 [M]. 2 版. 上海：复旦大学出版社，2020.

张大良. 课程思政：新时期立德树人的根本遵循 [J]. 中国高教研究，2021 (1)：5-9.

张海. 增强大学生社会工作实践观是思政教育的重要内容 [J]. 思想政治教育研究，2022 (1)：108-113.

高珊，黄河，高国举，等. "大思政"格局下研究生"课程思政"的探索与实践 [J]. 研究生教育研究，2021 (5)：70-75.

专题二

"社会调查方法" 课程思政课程设计

刘 飞

一、"社会调查方法" 课程思政目标

习近平总书记指出："坚持一切从实际出发，是我们想问题、做决策、办事情的出发点和落脚点。坚持从实际出发，前提是深入实际、了解实际，只有这样才能做到实事求是。要了解实际，就要掌握调查研究这个基本功。"毛泽东同志提出，"没有调查，没有发言权"。由此可见，社会调查对于认识世界、改造世界具有重要意义。"社会调查方法"是社会工作本科生的主干课程和特色课程，对于学生更好地认识国情、民情、社情，锻造认识问题、分析问题、解决问题的能力具有基础性作用，有利于学生更好地为服务对象服务，提升民生福祉、促进社会和谐。总之，社会调查的内核与中国共产党长期倡导并始终践行的"求真务实"精神本质上是一致的。我们之所以能取得革命与建设事业的伟大胜利，离不开"求真务实"的精神。当前，世界百年未有之大变局加速演进，中国式现代化建设的任务越趋繁重，这要求我们更加自觉地弘扬"求真务实"精神。为此，中共中央办公厅在 2023 年 3 月印发了《关于在全党大兴调查研究的工作方案》。通过融入思政元素，本课程拟达到如下五大目标：

（1）培养学生热爱祖国、热爱人民，拥护党的领导、拥护社会主义制度，做中国式现代化事业的积极建设者和接班人的坚定信念。

（2）培养学生实事求是、一切从实际出发、从实求知的科学精神与专业素养，"不唯书，不唯上，只唯实"。

（3）培养学生以问题为导向，以国家重大战略需求为指引，面向我国社会中的真问题，开展以理论为导向的实证研究能力。

（4）培养学生独立设计、组织与撰写扎根中国大地、反映新时代精神风貌的高质量调研报告能力。

（5）培养学生诚实守信、吃苦耐劳、谦虚耐心的品质与团队合作的精神，激励学生在今后的学习、工作与生活中踔厉奋发、勇毅前行。

二、"社会调查方法"课程思政理念

本课程围绕立德树人总目标与专业人才培养目标,在历史唯物主义认识论和辩证唯物主义方法论的指导下挖掘课程的思政元素。围绕当前社会重点、难点及热点问题与学生具体需求,从实践出发挖掘课程蕴含的专业价值理念,通过思政元素的嵌入推动学生价值理念的塑造。在潜移默化、润物无声的教学过程中,更加注重培养学生的主体性与能动性。引导学生立足中国大地,关注社会问题,提高学生的社会责任感,增强学生的爱国主义精神。

(一)坚持马克思主义基本原理同我国具体实践相结合

首先要求用马克思主义辩证唯物主义和历史唯物主义的基本理论、基本观点和基本方法武装自己。与此同时,"我们党坚持以马克思主义为指导,目的是要运用其科学的世界观和方法论解决中国的问题,而不是要背诵和重复其具体结论和词句,更不能把马克思主义当成一成不变的教条。"我们着眼解决新时代改革开放和社会主义现代化建设的实际问题,不断回答中国之问、世界之问、人民之问、时代之问,做出符合中国实际和时代要求的正确回答,得出符合客观规律的科学认识,形成与时俱进的理论成果,从而更好地指导中国实践。

(二)坚持知识传授-价值塑造-能力培养"三位一体"的立体人才培养原则

本课程是一门技术性与操作性极强的社会科学基础课程。通过技术原理与操作程序的系统学习,学生能够掌握社会调查的基本规范、基本方法与基本模式。与此同时,"社会调查方法"从选题开始便具有鲜明的时代特色与价值导向。这要求在教学实践中选取体现时代性、中国特色和前沿性的论题,通过思政元素的嵌入,以点带线、以线扩面、点线面结合,推动全过程思政育人。在知识传授中推动学生学习能力的迭代升级,通过隐性思政元素嵌入推动学生的价值观念塑造。

(三)坚持潜移默化、润物无声的教学理念

在"社会调查方法"中融入课程思政,既不是单向灌输、越俎代庖,也不是生搬硬套、简单说教,更不是理论与实践脱节的"两张皮"教学,而是回到丰富多彩、不断演化的社会实践中去,通过对具体案例的深入剖析,让学生熟练掌握从调查选题到研究设计、抽样、问卷设计、数据采集、数据分析与报告撰写的全流程知识。在此过程中,知识传授与价值塑造相融合,从而潜移默化、润物无声地影响学生,水到渠成地塑造学生。

(四)坚持把激发学生主体性与能动性贯穿教学全过程

"授人以鱼,不如授人以渔。"本课程将始终把激发学生学习的主体性与能动性放在中

心位置，形成学生"乐学、真听、全程参与、用心感悟"的良好学习氛围，从而使学生实现从"要我学"到"我要学"的角色转变。在课程内容的安排上，注重教学方式的多样化与实践教学的一体化，致力于扩展学生的思维广度，锤炼学生的专业深度，培养学生把握问题准度、感知社会温度的能力。

三、"社会调查方法"课程思政内容与融入点

（一）研读党的经典文献，养成"求真务实"精神

我们党从一诞生，便具有"求真务实"的光荣传统。早在国内革命战争时期，毛泽东同志便深入基层、深入群众，在充分调查研究的基础上，写出了《中国社会各阶级的分析》《湖南农民运动考察报告》《反对本本主义》等不朽篇章。这些经典文献对于指导我们夺取国内革命战争的胜利发挥了重要作用。随着我国进入中国特色社会主义新时代，我们要继续弘扬老一辈无产阶级革命家"求真务实"的精神，通过对党的经典文献的反复研读，培养学生"求真务实"的实证精神。

（二）以选题为牵引引导学生关注并研究国家重大战略需求

格物致知是我国学术研究的优良传统。在新时代，这一优良传统首先体现在"以问题为导向，关注国家重大战略需求"这一治学品格上。结合社会工作的实用性与党的二十大最新精神，本课程拟将乡村振兴、社区治理、中国式现代化、县域城镇化等事关国家发展与人民福祉的重大战略问题纳入教学过程，有针对性地进行深入剖析。在此过程中，引导学生把研究主题聚焦于事关国计民生的研究问题，从而使研究"落地生根"。

（三）深入基层、深入群众，扎根田野收集第一手资料

有了饱含思政元素的研究问题，还需要将思政元素嵌入到专业元素之中，形成黏合效应。在经历调查设计技术、调查抽样技术、社会测量技术、问卷设计技术等规范化、标准化的研究步骤之后，引导学生通过问卷调查、案例访谈、实验等方式深入到田野当中，通过与服务对象面对面接触收集第一手资料。在田野中，学生拜群众为师、向群众学习，厚植人民性。这既有利于加深对国情、民情与社情的认识，又在实践中亲身感受中国式现代化建设的伟大成就，更坚定跟党走、听党话的信念。在收集完资料之后，对数据进行系统性的整理与分析。

（四）坚持理论与实践相结合，"把论文写在祖国的大地上"

2022年4月25日，习近平总书记在中国人民大学考察调研时指出，"加快构建中国特色哲学社会科学，归根结底是建构中国自主的知识体系"。这既要求学生具有广阔的全球

视野，能够在阅读古今中外文献的过程中汲取丰厚的理论养分，又要求学生关注中国经验，发掘其特殊性与普适性。最后，在第一手数据的基础上写出"接地气、有深度（理论深度与经验深度）、能管用、够规范、能证伪"的高质量调研报告。只有这样，才能更好地"提炼展示中华文明的精神标识和文化精髓，加快构建中国话语和中国叙事体系，讲好中国故事、传播好中国声音，展现可信、可爱、可敬的中国形象"。

四、"社会调查方法"课程思政步骤和措施

（一）课程思政的实施步骤

与过去灌输式的课程思政（课程思政 1.0 版）模式不同，本课程遵循嵌入式课程思政（课程思政 2.0 版）模式。针对本课程概念相对抽象、技术性强等特点，课程的首要任务是激发学生的学习兴趣。具体做法是：第一，从学生的日常生活入手，把抽象的理论与操作技术用日常生活中人人听得懂的"大白话"方式化繁为简进行讲授。第二，通过具体案例的导入，以抽丝剥茧的方式让学生接受社会科学从实求知精神的洗礼。第三，从选题开始，积极引导学生关注党和国家重大战略需求，将学生自然引入对党的路线、方针、政策相关历史与最新文献的学习之中。第四，鉴于社会调查的选题具有锁定效应，在教师的助推下，学生循着"理论-经验"的路径逐步将主题操作化，从抽象的理论过渡到学生可亲、可感的生动实践。第五，通过选题到研究报告的整个流程，学生对社会调查的认识完成了从经验性到科学性的跃升。与此同时，隐性思政元素的嵌入加深了学生对国情、民情和社情的认识，潜移默化中塑造了学生的价值观。

（二）课程思政的主要措施

1. 畅通师生双向沟通渠道

在数字化背景下，师生之间的互动呈现出便利化、多元化、扁平化等特点。通过小雅平台、微信群、QQ 群等方式与学生保持沟通，随时听取学生对课程的意见与建议。对于学生学习过程中的困惑，依据问题的不同类型（共通性问题还是个别性问题），采取有针对性的辅导策略。对于初次接触社会调查的低年级本科生，要采取多鼓励、常引导、善点拨等方式，增强学生对社会现象的好奇心与敏感性。

2. 建立科学的学习效果评价体系

科学合理的激励机制有助于激发学生学习的积极性与主动性。本课程采取全过程评价的方式进行，具体考核方式如表 2-1 所示。除了对选题、研究设计、抽样设计、问卷设计、调研报告等进行量化评价之外，线上学习与课堂互动也是必备的考察指标。线上学习与课堂互动有利于提升学生的学习主动性和培养批判性思维能力。与此同时，杜绝评价"黑箱"，将过程性评价的具体依据与各分项评价结果及时公开，接受学生监督。

表 2-1   "社会调查方法"课程考核方式

考核内容	考核形式	权重
社会调查选题	选题论证（操作/作业）	10%
研究设计	上交研究设计方案（操作/作业）	15%
抽样设计	上交抽样方案（操作/作业）	10%
问卷设计	上交设计好的问卷（操作/作业）	15%
社会调查实施	实地调查表现（操作/作业）	10%
撰写调查报告	上交调查报告（操作/作业）	30%
线上学习与课堂互动	签到、教师评价、学生互评	10%

注：本专业另开设一门"质性研究方法"的选修课程，且学生选修率较高，故"社会调查方法"的考核主要以定量研究方法为主。

3. 注重案例教学，便于学生学习"临摹"

对于初次接触社会调查的本科生而言，最直接、最有效的学习技巧是教师能提供丰富的一手案例与成功经验作为模板。教师在教学中提供大量一手案例与成功经验，学生通过不断"临摹"累积经验及形成对研究的敏锐性，快速进入研究状态。同时，积极培育学生养成独立性思考、批判性思维的能力。这既有助于提升学生的学术鉴赏力，也为后续的创新型研究打下良好基础。

五、"社会调查方法"课程思政教学设计

（一）教学大纲

"社会调查方法"课程是针对社会工作专业本科生于一年级下学期开设的专业主干课程之一，4学分，共计64课时。本课程共分为三大模块十三章，具体如表2-2所示。

表 2-2   "社会调查方法"课程思政教学大纲

课程模块	课程章分布	教学目标[①]	思政目标[②]
社会研究基础	第一章 社会研究概述	（1）	（1）（2）
	第二章 理论与社会研究	（2）	（1）（2）
	第三章 选题与文献回顾	（3）	（2）（4）
	第四章 研究设计	（4）	（3）
	第五章 测量与操作化	（5）	（4）
	第六章 抽样	（6）	（3）

续表

课程模块	课程章分布	教学目标①	思政目标②
社会研究基本方式	第七章　调查研究	(7)	(2) (3) (6)
	第八章　实地研究	(7)	(2) (3) (6)
	第九章　实验研究	(7)	(3)
	第十章　文献研究	(7)	(4)
资料分析与表达	第十一章　定量资料分析	(8)	(3)
	第十二章　定性资料分析	(8)	(5)
	第十三章　研究报告撰写	(9)	(4) (5)

①教学目标：

(1) 使学生对社会研究的基本范式、基本方法与具体技术及整个社会研究的流程有充分的了解，明晰社会研究的优势与特色。

(2) 使学生了解理论及其构成要件、理论与研究的关系，以及社会科学中理论建构与理论经验如何开展和形成。

(3) 使学生熟练掌握选题及其来源、选题的科学标准，能通过田野实践与系统的文献回顾将研究主题聚焦成研究问题。

(4) 使学生在熟练掌握研究设计流程的基础上，撰写一份科学的研究设计计划书。

(5) 使学生能够了解概念的测量层次，能够熟练地对相关概念进行操作化。

(6) 使学生熟悉抽样的基本原理与技术，能够科学地抽取样本，并对样本质量进行评估。

(7) 使学生掌握每一研究方式的方法论预设、具体操作程序与适用范围，并对每种研究方法的优势与限度有清醒的认识。

(8) 使学生能够收集高质量的研究数据，并能对资料进行整理与初步分析。

(9) 使学生学会撰写针对不同受众的高质量、"接地气"的调研报告。

②思政目标：

(1) 从研读党的经典文献中感受党的正确与伟大，坚定跟党走、听党话的理想信念。

(2) 培养学生热爱祖国、热爱人民，做中国式现代化事业积极建设者和接班人的坚定信念。

(3) 培养学生实事求是、一切从实际出发、从实求知的科学精神与专业素养。

(4) 培养学生以问题为导向，以国家重大战略需求为指引，面向我国社会中的真问题，开展以理论为导向的实证研究能力。

(5) 培养学生独立设计、组织与撰写扎根中国大地，反映新时代精神风貌的高质量调研报告能力，增强道路自信、理论自信、制度自信与文化自信。

(6) 培养学生诚实守信、吃苦耐劳、谦虚耐心的品质与团队合作的精神，指引学生在今后的学习、工作与生活中踔厉奋发、勇毅前行。

(二) 教学方法

本课程采取理论与实践相结合、讲授与研讨相结合、线上与线下相结合、课内与课外相结合的方式进行。具体教学方法包括：

1. 课前的观看与研读

通过课前观看小雅平台录制的理论素材（包括基本理论、基本观点与基本脉络）与每章分发的研学材料（包括研读材料和各技术环节的优秀范例）的学习，学生对所学章节基本脉络、基本观点、基本方法等有了初步的认识。与此同时，他们也会存在诸多疑问。这样，学生能够带着问题进课堂，有利于增强学生学习的针对性与有效性。

2. 课堂的讲授、研讨与答疑

课堂既有教师结合教学内容，使用 PPT 演示等方式进行集中讲授，也有学生分组开展研讨，还有教师对学生课堂内外产生的疑惑进行集中答疑。课堂讲授主要围绕专业元素中的重点与难点问题展开，并将思政元素潜移默化地嵌入到教学过程中。研讨以4～6人为一组的方式进行，围绕同一具体问题（例如，乡村振兴的操作化）进行 1 课时的集中研讨；再通过 1 课时分组展示、组间比较、学生质疑与教师点评，以塑造学生互相启发、相互学习的良好氛围。答疑主要围绕学生课堂内外所面临的普遍性问题，集中给以解答。

3. 课后的巩固与提升

仅有课前的观看与研读，课堂的讲授、研讨与答疑等是不够的，需要课后不断的实践来巩固与提升，具体包括选题与文献回顾、研究设计、操作化与问卷设计、调研报告等实操环节。通过课后不断的实践、不断的试错，"从实践中来，到实践中去"，学生潜移默化地将课程的专业元素与思政元素黏合起来，以达到"内化于心，外化于行"的效果。在此基础上，积极鼓励和引导学生以团队形式观摩、申报校内外相关项目，形成项目化、团队化、研究式学习的良好氛围。

（三）教学效果

本课程的教学效果主要体现在两大方面。首先，通过对课程的学习，学生既掌握了社会调查的专业技能，又锻造出参与国家重大战略研究的热情。以此为基础，学生参与到国家重大战略中来。通过走访与调研，学生既增强了对乡村的认识，又通过调研实践深化与拓展了专业知识。其次，学生参与大学生创新创业项目、"挑战杯"系列竞赛等相关项目，积极践行学术报国的高尚情怀。通过参与相关项目实践，学生既培养了吃苦耐劳、团队合作精神，又在项目实践中磨炼了意志、增长了知识与才干，锻造了坚忍不拔、踔厉奋发的坚强品格。

课程的预期效果主要是实现课程教学专业目标和思政目标。通过思政元素的嵌入，将达成以下课程思政目标：（1）学生对我国的基本国情、民情与社情有了更深刻的认识，更加坚定了走中国式现代化的道路自信、理论自信、制度自信与文化自信；（2）学生更自觉地关注国家重大战略需求，将自我的发展与国家、民族的命运更紧密联系在一起，爱国主义热情空前激发；（3）学生更熟练地掌握社会调查的科学方式，用学术回馈社会的自觉意识与行动能力明显增强。

（四）教学章节点

第一章　社会研究概述（2课时）

一、教学目标

【知识目标】

1. 社会研究的概念与特征
2. 社会研究的方法论、研究方式、具体方法与技术
3. 量化研究与质化研究的区别
4. 社会研究的过程

【能力目标】

通过社会研究概述的学习，使学生对社会研究的特点有更清晰的认识。在了解社会科学方法体系的基础上，对社会研究的整个过程有清晰的把握，并建构起课程学习的框架图式，为课程的理论学习与实践环节打下坚实的基础。与此同时，针对本课程概念多、抽象性强等特点，第一章的知识点尤其注重对学生学习兴趣的激发。有鉴于此，教师通过有意识地引导学生"回到生活世界本身"，通过讲述发生在学生身边的故事，把抽象性转换成具象性，从而增强学生学好本课程的自信心。

【课程思政目标】

通过对《反对本本主义》这一经典文献的研读，引导学生思考如下问题：(1)《反对本本主义》是在什么背景下写就的？(2) 本本主义有什么表现与危害？(3) 如何来反对本本主义？(4)《反对本本主义》对于中国的革命与建设事业做出了何种贡献？通过文献阐释，让学生对党求真务实、一切从实际出发的精神品质有更深入的认识，深刻地领悟到为什么党能领导我国的革命与建设事业不断从胜利走向胜利，从而让学生更加坚定跟党走、听党话的理想信念，自觉地投身到中国式现代化建设的火热实践中来。

二、教学重点难点与实践参与环节

【教学重点】

1. 社会研究的特征
2. 社会研究的方法论、研究方式、具体方法与技术及其相互关系

【教学难点】

1. 实证主义方法论与人文主义方法论之间的区别
2. 四种不同的研究方法各自的适用范围及优势与劣势

【实践参与环节】

（1）主题讨论：结合具体实例谈一谈社会研究有何困难之处。

（2）实践环节：与一位从事自然科学或人文学科研究的同学谈一谈，思考社会科学研究与自然科学或人文学科研究的异同。

第二章　理论与社会研究（2 课时）

一、教学目标

【知识目标】

1. 理论及其层次
2. 理论的构成要件
3. 理论与社会研究的关系
4. 理论建构与理论检验

【能力目标】

社会研究是一种介于理论与经验之间的连续统。脱离经验的理论是空泛的，而没有理论指导的经验又是肤浅的，只有把理论与经验相结合才能更好地认识世界与改造世界。本章致力于让学生养成基本的理论思维素养，熟练掌握理论的构成要件，并在此基础上展开理论导向的经验研究。

【课程思政目标】

《湖南农民运动考察报告》是毛泽东为了回应当时党内外对于农民革命斗争的责难，到湖南做了三十二天考察工作之后写就的，提出了把农民"组织起来"的重要论断。通过对这一经典文献的介绍，让学生领悟到正确的理论来源于对社会实践的深刻把握。"从实践中来，到实践中去。"正是因为有正确的理论指导，我们党才能领导人民取得革命战争的胜利。以此为基础，引导学生更加积极地学习党的路线、方针与政策。

二、教学重点难点与实践参与环节

【教学重点】

1. 理论与社会研究的关系

2. 理论建构与理论检验

【教学难点】

1. 概念、变量、命题与假设

2. 归纳推理与演绎推理

【实践参与环节】

（1）主题讨论：结合具体实例思考如何理解社会研究中的理论建构与理论检验。

（2）实践环节：从党的经典文献中选取一篇作为文本，分析理论与经验是如何紧密结合的。

第三章 选题与文献回顾（6 课时）

一、教学目标

【知识目标】

1. 研究问题的来源

2. 好的研究问题的判断标准

3. 从研究主题到研究问题

4. 文献回顾的具体步骤与方法

【能力目标】

选题是社会研究的基础，良好的选题是成功的一半。本章从社会问题的来源开始，以具体案例为示范，让学生对日常生活中的经验保持足够的敏感性与好奇心，并引导学生发挥社会学的想象力将日常生活论题转换成学术问题。与此同时，学术研究是在一个学术共同体中进行的，只有系统了解前人的研究成果，才能更好地为自己的研究定位，更好地推进学术进展。基于此，教师要指导学生熟练掌握在数字化技术条件下找文献、选文献、读文献与评文献（优势与不足）的基本技能。

【课程思政目标】

社会研究的选题具有鲜明的价值导向，题目一经选定便具有锁定效应。有鉴于此，课堂上引导学生关注国家重大战略需求，认真学习党的二十大报告及相关文献。例如，指导学生关注乡村振兴、中国式现代化、县域城镇化、扩大内需等事关国家发展与人民福祉的重大战略问题。与此同时，助推学生将个人兴趣、能力、田野调研与国家重大战略需求深度对接。这样，既能满足学生的兴趣与爱好，激发学生学习的主体性与能动性，又能使学生关注社会中的真问题。

二、教学重点难点与实践参与环节

【教学重点】

1. 研究问题的来源
2. 从研究主题到研究问题

【教学难点】

1. 研究主题与研究问题之间的联系与区别
2. 文献回顾中存在的主要问题及应对策略

【实践参与环节】

(1) 主题讨论：在数字社会里，如何做好选题和文献回顾？

(2) 实践环节：选择一个题目，说明题目来源与选题缘由，并将研究主题转换成研究问题。

第四章　研究设计（6 课时）

一、教学目标

【知识目标】

1. 研究目的
2. 研究性质
3. 研究方式
4. 分析单位
5. 研究计划书撰写

【能力目标】

选定研究课题之后，如何将研究目标落实下去呢？这涉及研究设计的问题。本章从研究目的切入，让学生明晰自身的研究到底是探索性研究、描述性研究，还是解释性研究。继而，使学生掌握研究性质与研究方式。重点使学生能够分析出所选课题的分析单位，并明确时间与空间维度。最终，能以此为基础撰写一份结构合理、论证科学、写作规范、操作性强的社会研究计划书。

【课程思政目标】

从过往的教学实践来看，研究设计环节存在的普遍性问题主要包括：（1）夸大的研究意义；（2）贪多的研究方法（例如，定量研究与定性研究相结合）；（3）求全的研究内容。针对上述问题，教师通过研究设计的优秀案例引导学生坚持实事求是、求真务实的工作方法；一切从实际出发，写出"干货"足、能管用、可执行的研究计划书。

二、教学重点难点与实践参与环节

【教学重点】

1. 解释性研究
2. 研究计划书的撰写与优化策略

【教学难点】

1. 分析单位
2. 区群谬误与简化论
3. 趋势研究、同期群研究、同组研究

【实践参与环节】

（1）主题讨论：费孝通先生的《江村经济》是社会学的不朽名篇，分析该书的分析单位、研究内容和调查对象。

（2）结合实例探讨什么是区群谬误与简化论。

（3）实践环节：做一个科学的研究设计。

第五章　测量与操作化（8 课时）

一、教学目标

【知识目标】

1. 测量的概念与层次
2. 概念操作化
3. 测量的信度与效度

【能力目标】

作为一种认识社会现象的活动，社会研究首先要求对社会现象进行测量。通过实例的展演，使学生熟练掌握测量的定义与特征、测量四大要件、测量四层次等方面的内容。以此为基础，导入测量的信度与效度及其关系问题。由于社会测量中的概念都十分抽象（看不见、摸不着），以社会研究中普遍关注的"社会地位"为例来讲授概念的操作化。通过马克思、涂尔干、韦伯对社会地位的不同界定来进行操作化演示，让学生既掌握"概念-变量-指标-取值"（或者"抽象定义-工作定义-操作定义")这一操作化的具体路径，也清醒认识到"操作化无止境"的具体意涵，还能在今后的研究实践中对相关概念进行操作化。

【课程思政目标】

通过对事关国家重大战略与人民福祉的核心概念（例如，"乡村振兴""扩大内需""中国式现代化"等等）进行操作化，学生对国家重大战略的内涵、外延、具体维度与相应的指标体系等有清晰的认识。这既使学生增强了操作化的本领，体认到"操作化无止境"；又潜移默化加深了学生对国情、民情与社情等的了解，坚定了在党的领导下走中国式现代化的道路自信、理论自信、制度自信与文化自信。

二、教学重点难点与实践参与环节

【教学重点】

1. 社会测量的四个层次
2. 操作化

【教学难点】

1. 信度与效度及其关系
2. 操作化的具体步骤与技巧

【实践参与环节】

（1）主题讨论：结合实例思考测量中的信度与效度及其关系。
（2）实践环节：对"乡村振兴""扩大内需""中国式现代化"进行操作化。

第六章　抽样（6课时）

一、教学目标

【知识目标】

1. 抽样的意义与作用
2. 概率抽样的基本原理与程序
3. 概率抽样方法
4. 户内抽样与 PPS 抽样
5. 非概率抽样方法
6. 样本规模与抽样误差

【能力目标】

社会科学研究致力于在对"部分"深入研究的基础上来认识"总体",这就涉及抽样的问题。本章要求学生能熟练掌握概率抽样的基本原理、基本方法、基本程序,并能选取恰当的抽样方法,抽取具有代表性的样本。在此基础上,对样本质量进行科学的评估。具体做法是:从与抽样相关联的概念导入,在对抽样方法进行分类(概率抽样与非概率抽样)的基础上切入概率抽样的基本原理、概率分布与抽样的一般程序。重点对概率抽样的不同方法及每种方法的适用范围、限度与实操过程进行讲解。

【课程思政目标】

社会研究中的抽样遵循一套科学的流程:界定总体,制定抽样框,决定抽样方案,实际抽取样本,评估样本质量。对于该环节的课程思政来说,主要体现在严肃认真、一丝不苟、实事求是的科学精神上。例如,在界定总体上,要培养学生仔细查阅相关统计数据(包括统计年鉴、政府部门发布的材料),获取宏观数据的能力。在得到相关数据后,要对相关信息进行科学分析,从而制定合理的抽样框与抽样方案。对样本抽取过程中遇到的情况实事求是地予以陈述,不掩盖、不回避;科学、客观地对样本质量进行评估,并在研究报告中实事求是地进行披露。

二、教学重点难点与实践参与环节

【教学重点】

1. 概率抽样方法
2. 抽样单位与抽样框

【教学难点】

1. 概率抽样的基本原理
2. 分层抽样与整群抽样的区别
3. 户内抽样中的样本选择技术
4. PPS抽样的原理与具体操作过程

【实践参与环节】

(1)主题讨论:为什么非概率抽样无法进行统计推论?

(2)实践环节:选取一个县级市,并实际抽取农户样本,对该县(市)的乡村振兴实施状况进行评估。

第七章 调查研究（10课时）

一、教学目标

【知识目标】

1. 调查研究及其应用范围
2. 问卷设计技术
3. 调查资料的收集技术
4. 调查的组织与实施

【能力目标】

问卷调查（调查研究）是社会研究获取一手数据最重要的方式，也是社会工作专业的特色与优势。通过本章的学习，学生要对问卷结构、提问方式、问题与答案设计等有明确的把握，并能自己动手设计一份高质量的问卷。能组织实施一个中小规模的问卷调查，并使用当面访谈的形式获取高质量的数据。对于调查研究的优势与适用边界有更清醒的认识。

【课程思政目标】

设计出一份科学合理的问卷是获取高质量数据的基础。这要求学生能够真正做到"以被访者为中心"，在对被访者及其生活有足够经验的基础上设计问卷，力戒脱离实际、在"扶手椅"上做学问。在调查资料的收集环节，要求学生"俯下身去"，亲自去听、去看、去感受，向人民群众学习。问卷调查过程既是收集信息的过程，也是锻造学生吃苦耐劳、谦虚耐心、坚忍不拔品质与团结合作精神等的良好机会。学生在不同地域、不同文化下进行问卷调查，也加深了对国情、民情与社情的了解，对社会生活的多样性、复杂性与动态性有更深刻的体悟。

二、教学重点难点与实践参与环节

【教学重点】

1. 问卷设计技术（问卷结构、提问方式、答案设计等）
2. 结构访谈法
3. 相倚性问题

【教学难点】

1. 明确阻碍问卷调查的各种因素
2. 问题的语言及提问方式

【实践参与环节】

（1）主题讨论：如何真正做到"以被访者为中心"设计问卷和组织调查？

（2）实践环节：设计一份问卷，以 8～10 人为一组对问卷进行系统修订，并亲自与服务对象进行访谈获取一手数据。

第八章　实地研究（4 课时）

一、教学目标

【知识目标】

1. 实地研究及其过程
2. 观察法
3. 访谈法
4. 实地研究的特点与具体应用

【能力目标】

实地研究是在人文主义方法论指导下收集数据的一种研究方式。要求研究者自身作为研究工具，在与服务对象充分接触的基础上，对社会现象及其意义进行解释性理解。本章致力于培养学生的三大能力：（1）理论"悬置"力；（2）社会沟通力；（3）田野生产力。理论"悬置"力旨在"回到事情本身"；社会沟通力旨在与服务对象构筑相互信任的伙伴关系；田野生产力旨在获取高质量的质性数据。

【课程思政目标】

实地研究对于推进社会科学本土化与中国化具有基础性作用。本课程通过让学生深入实际、深入群众、拜群众为师、向人民学习，听取他们的故事，了解他们赋予生产/生活的意义与价值，忠实记录他们的生产生活实践。通过田野作业实践，既学会了如何更好地与人打交道，又积累了丰富的田野素材与经验，更增加了社会阅历、增长了知识与才干，有效促进了学生的全面发展。

二、教学重点难点与实践参与环节

【教学重点】

1. 结构式访谈、半结构式访谈、无结构式访谈
2. 田野笔记的撰写技术

【教学难点】

1. 实地研究中信任关系的建构

2. 获取高密度、低冗余访谈资料的技术

【实践参与环节】

（1）主题讨论：数字化背景下，如何利用网络田野进行实地研究？

（2）实践环节：选取日常生活中的一个场景，进行有针对性的观察；以此为基础，撰写一份田野笔记。

第九章 实验研究（4课时）

一、教学目标

【知识目标】

1. 实验的概念与逻辑

2. 实验的程序与类型

3. 基本实验设计

4. 实地实验

【能力目标】

实验法是发现因果关系最重要的方法，在自然科学中运用得最为广泛。与社会科学其他研究方式相比，实验研究能够进行更精确的比较与控制，从而更有效地发现因果关系。本章致力于让学生在掌握实验逻辑的基础上进行简单的实验设计，并开展课堂实验。以此为基础，引导学生将实验法的思维方式带入社会研究的其他方法之中。

【课程思政目标】

恪守科研诚信、遵守学术规范是从事学术研究最基本的规范。在教学过程中，教师通过具体示范的方式引导学生对实验对象的选择、实验进展的记录、实验结果的汇报过程实事求是地予以披露。这一训练过程既有利于学生扣好从事社会研究的"第一颗扣子"，也有利于培养学生诚实守信的品质。

二、教学重点难点与实践参与环节

【教学重点】

1. 前测与后测、实验组与控制组

2. 实验的逻辑

3. 经典实验设计

【教学难点】

1. 匹配

2. 索罗门四组设计

3. 影响实验正确性的因素

【实践参与环节】

（1）主题讨论：实验法的精髓是什么？对我们使用其他研究方法从事社会研究有何启发与借鉴？

（2）实践环节：参观社会工作实验室，询问并了解实验室的具体运作情况，做一个经典实验设计。

第十章 文献研究（4课时）

一、教学目标

【知识目标】

1. 文献与文献研究

2. 内容分析

3. 二次分析

4. 现存统计资料分析

【能力目标】

文献研究法是社会研究的重要方法，无论是涂尔干的《自杀论》，还是韦伯的《新教伦理与资本主义精神》都是用文献研究法写就的。本章致力于在讲授文献研究的概念、类型与具体操作规程的基础上，使学生能够在数字社会中熟练获取文献，并能至少使用一种分析方式来开展科学研究，同时对文献研究的优势与局限有更直观的认识。

【课程思政目标】

对于文献研究来说，文献的选取本身便是一次价值呈现过程。基于此，无论是教师在课堂上作为案例呈现的脱贫攻坚数据（既包括统计数据，也包括文本数据），还是提供给学生课外练习的有关乡村振兴数据，其本身便饱含丰富的思政元素。经由这一过程，潜移默化地让学生进入国家重大战略需求的研究中来。

二、教学重点难点与实践参与环节

【教学重点】

1. 文献的类型与来源

2. 文献研究与文献回顾中的"文献"之间的区别

【教学难点】

1. 内容分析的抽样

2. 二次分析与现存统计资料分析之间的区别

【实践参与环节】

(1) 主题讨论：数字化时代背景下，如何利用大数据进行文献研究？

(2) 实践环节：利用教师提供的 A 县乡村振兴的原始数据，进行一次二次分析的实践。

第十一章　定量资料分析（4 课时）

一、教学目标

【知识目标】

1. 定量资料的整理与录入

2. 单变量统计分析

3. 双变量统计分析

4. 多变量统计分析

【能力目标】

对以实证主义为取向的社会研究来说，通过对变量之间关系的分析发现社会事实之间的关联成为学生必备的一项基本技能。本章致力于从对收集回来的问卷资料进行整理与录入开始，逐步演示单变量统计分析、双变量统计分析，也简要介绍多变量统计分析技术，为学生接受系统的"社会统计学"课程训练打下良好的基础。

【课程思政目标】

定量资料的分析过程，既是提升专业知识与应用能力的过程，也是养成科学精神、锻造人生品格的过程。本章通过教师自身的示范和学生课后的操练培养学生实事求是、诚实认真、一丝不苟的为学品格与为人准则，促进德育与智育同频共振、共同提升。

二、教学重点难点与实践参与环节

【教学重点】

1. 数据清理

2. 不同层次变量的相关测量与检验

【教学难点】

1. 复相关分析

2. 多元回归分析

【实践参与环节】

（1）主题讨论：在进行定量资料分析时，如何处理好原理学习与实际运用之间的相互关系？

（2）实践环节：在计算机的辅助下，对收集到的问卷数据进行整理与分析。

第十二章 定性资料分析（4课时）

一、教学目标

【知识目标】

1. 定性资料及其特点

2. 定性资料分析的具体步骤

3. 资料的归类和深入分析

【能力目标】

与定量资料分析的线性模式不同，定性资料的收集、整理与分析是同步进行的。本章旨在使学生熟练掌握定性资料分析的两种模式，即案例取向的定性研究与变量取向的定性研究的不同特点。在此基础上，熟练运用开放式编码、轴心式编码、选择式编码对文本资料进行编码。在提炼出作为核心范畴的"本土性概念"前提下，建构一个系统性的概念图式。

【课程思政目标】

定性资料的文本特性使以定性研究为基础的社会研究具有极强的"讲故事"特色。通过本章的学习，学生掌握以"本土性概念"为故事线来讲述日常实践中普通人生活的能力。这既有利于建构扎根于中国实践的本土性社会科学，也有利于学生"讲好中国故事"，展示可信、可爱、可敬的中国形象，增强我国社会科学的学术话语权。

二、教学重点难点与实践参与环节

【教学重点】

1. 本土性概念的发现与提取

2. 概念图式的建构

3. 开放式编码、轴心式编码、选择式编码

【教学难点】

1. 理论抽样与理论饱和

2. 变量取向的定性研究与案例取向的定性研究

3. 扎根理论及其具体步骤

【实践参与环节】

（1）主题讨论：如何判定定性资料的分析已达到理论饱和？

（2）实践环节：以自己亲身参与的一次社会实践活动为例，撰写一份田野笔记，并进行初步的资料分析。

第十三章　研究报告撰写（4课时）

一、教学目标

【知识目标】

1. 研究报告的类型

2. 导言

3. 研究方法

4. 研究发现

5. 结论与讨论

6. 参考文献与附录

【能力目标】

撰写出一份高质量的研究报告，既能增强学生对社会研究的信心，又能为"建构中国自主的社会工作知识体系"提供方法指引。本章旨在让学生熟练掌握研究报告的写作流程、撰写规范与表达技巧；在此基础上，写出一篇理论与实际相结合，扎根于本土经验的高质量调研报告。

【课程思政目标】

在发掘中国经验的基础上，"把论文写在祖国的大地上"有利于增强学生对中国式现代化的道路自信、理论自信、制度自信与文化自信，也有利于建构我国自主的社会科学知识体系。"从实践中来，到实践中去。"通过使研究报告返回社会实践的过程，学生践行了以学术回馈社会、反映时代精神风貌、记录美好社会的初心与使命。

二、教学重点难点与实践参与环节

【教学重点】

1. 研究报告的类型

2. 参考文献的表达规范

【教学难点】

1. 摘要的构成要件与撰写技术

2. 结论与讨论的撰写技术

【实践参与环节】

(1) 主题讨论：学术论文的写作与调研报告的写作有何异同？

(2) 实践环节：撰写一篇调研报告，字数不少于 5 000 字。

参 考 文 献

毛泽东. 毛泽东选集：第一卷［M］.2 版. 北京：人民出版社，1991.

风笑天. 社会研究方法［M］.6 版. 北京：中国人民大学出版社，2022.

"社会心理学"课程思政课程设计

程 玲

一、"社会心理学"课程思政目标

"社会心理学"是社会工作专业的主干课程之一。一般来说，社会心理学是研究社会情境中的个体或群体的社会心理和社会行为规律的科学。具体而言，社会心理学主要关注在某些特定的社会条件下，个体或群体如何对各种简单或复杂的社会刺激做出反应以及各种社会刺激所引起的社会心理活动和社会行为，从而为解释各种社会问题和社会现象的发生机制提供基础。因此，"社会心理学"是一门理论性和应用性并重的课程。本课程的学习可以帮助学生建立社会心理学的分析视角，并以此视角为基础来认识和理解作为社会本质的人的各种社会心理和社会行为，从而理解和调节自身和他人的行为，预测和调控其社会行为。

习近平总书记在全国高校思想政治工作会议上强调，要坚持把立德树人作为中心环节，把思想政治工作贯穿教育教学全过程，实现全程育人、全方位育人。"社会心理学"课程思政资源丰富且贯穿于社会心理学全课程。"立德树人"教育理念从方法、理念和实践三个层面渗入"社会心理学"课程思政建设的全过程，帮助学生理解个体心理行为与社会环境之间的互动关系，树立正确的世界观、人生观、价值观，形成健康向上的心态，促使学生为努力实现自身价值而不懈努力。不断探索"社会心理学"课程中的思政资源，促进社会工作专业学生专业成长和发展，造就服务社会、造福社会的有用之才，是"社会心理学"课程思政建设的出发点和落脚点。在思政育人融入课程教学理念的指导下，"社会心理学"课程在知识、能力和素质三个方面重塑了原有的教学目标。

(一) 知识目标

本课程引导学生进入社会心理学学科，使学生从微观个体层面、中观群体层面以及宏观社会结构层面了解人们在差异性社会情境下社会心理和社会行为互动的状态，理解社会心理与社会行为之间互动的规律。其中，社会层面包括风俗、国民性、民族心理特征、时尚等，群体层面包括群体心理氛围、群体凝聚力等，个体层面包括自我意识、动机、学习态度以及个体社会化、人际交往等内容。使学生充分认知人类行为与社会环境之间的紧密关联，进而丰富学生的社会心理学知识并探索各知识点之间的结构联系，同时了解社会心理学发展的动态趋势和心理学研究、应用的最新进展和研究范式，形成社会心理学的基本素养。

(二)能力目标

在学生掌握社会心理学原理及理论的基础上，本课程通过讲授式教学、研究式教学、体验式教学、实验式教学与实践式教学等方式，训练学生将社会心理学知识应用于实践，引导学生从社会、文化与人际互动的视角来分析问题、解决问题，培养学生自主学习能力、批判性思维、实践性思维、语言表达与团队合作能力、运用社会心理学发现与解决问题的能力以及开展科学研究的能力，进而提高其实践应用能力水平。

(三)素质目标

社会心理学与每一个人的日常生活紧密关联。本课程帮助学生认识自我心理发展特点，协助学生更好地认识自己与他人，更好地理解个人与他人的行为，保持积极的人生态度，树立正确的价值观，塑造健全的人格；提高学生行为的自觉性，增强其社会适应能力，充分发挥个人的心理潜能，履行好自己的社会角色；通过教学使学生牢固树立爱国意识，培养学生的家国情怀。

二、"社会心理学"课程思政理念

"社会心理学"课程针对学生的发展状况、人才培养目标和课程的知识特点，深入挖掘"社会心理学"教材中所蕴含的思政元素，围绕"立德树人"的思政教育目标，融知识、能力和素质三者为一体，将社会工作的专业教育与思政教育进行有机连接，熔铸思想政治教育与专业教育一体化的思政教学理念，达成专业教育实现思政育人的目标。

(一)坚持以马克思主义的立场、观点和方法论为指导

结合各教材版本所具备的马克思主义立场、观点及方法论特性，将马克思主义作为课程讲授的理念基础，构建起本课程所具备的坚定的马克思主义立场。除此之外，现有教材各个章节内容编排均紧密结合马克思主义的相关视角，并具有马克思主义理论的相关阐释，将马克思主义与社会心理学的知识有效联结，这是开展"社会心理学"课程思政建设的重要基础。因此，合理利用各个教材版本所具备的马克思主义立场、观点和方法论是开展课程思政的独到优势，是落实立德树人根本任务，实现全程育人、全方位育人的有效手段。

（二）坚持将"专业教学"与"思政教育"相融合

围绕"立德树人"的育人目标，结合社会心理学的学科特点，"社会心理学"课程思政聚焦"明理、增信、崇德、力行"四大思政元素，将专业教学作为课程思政的明线，将思政教育作为课程思政的暗线，在课程教学过程中两条主线并行，融会贯通。在教学内容上，"社会心理学"课程除导论主要包括十二章，各章侧重点不同，但核心主旨一致，结构连贯，将思政元素、本土研究以及经典研究三方内容进行组合和贯通，并突出每章的独立性。比如，在"导论"部分，以"什么是社会心理学"作为专业教学主线，以厘清社会心理学的研究对象"社会心理与社会行为"的本质属性及其影响因素为思政教育主线，引导学生反思社会心理与社会行为的特点，提升学生反思和批判及利用辩证法进行辩证思考的能力。"社会心理学的研究方法"部分紧紧围绕"社会心理学方法论"的专业教学主线，采取"马克思主义的分析视角"对主线进行阐释并介绍我国本土社会心理学研究较有影响力的研究成果，反映我国本土心理学家的智慧与思考，树立学生的文化自信。在"社会动机"部分，专业教学主线围绕"内驱力、需要和社会动机的内涵与基础以及侵犯与利他行为"，以"尊重彼此，尊老爱幼；减少侵犯行为，增促社会和谐；利他行为和互惠行为培养"作为思政教育主线。在"群体的社会心理学"部分，以"社会影响的作用机制以及群体决策的落实"以及"克服盲从行为，抵制网暴并预防群体性思维"作为专业教学主线和思政教育主线。总之，"社会心理学"课程思政将专业教学与思政教育有机结合，引起学生在思想上的共鸣。

（三）坚持采用"形式多样，注重互动"的教学方式

本课程采取多样化教学方式，增促教学效果的提升。首先，在教学方法上，根据课程内容的需要，围绕探究式教学方法，采用了"形式多样，注重互动"的教学方式，将讲授式教学、研究式教学、体验式教学、实验式教学和实践式教学相融合，对于每节课程的内容都做出了设计，实现教学内容和教学方式之间的差异性联合，最大限度提升教学方法与教学内容之间的适配性。其次，在教学过程中注重发挥学生的主体地位，通过探究式问题的提出，将课堂交还给学生，提升学生与教师之间的互动以及学生与学生之间的互动，甚至各年级学生之间的互动，促进学生之间的交流合作。另外，本课程还将社会现实问题以及与生活密切相关的问题渗透进课程，让学生体验到课程与他们的生活密切相关。比如在"人格、自我与社会化"部分中，探究性小组谈论的主体就是"啃老族"现象。此外，"社会心理学"课程还创设极具灵活性的线上线下学习环境（如小雅平台、中国大学 MOOC 平台等），为学生提供社会心理学学习的多元工具和场所，启发学生主动参与和展开课程反馈，并通过课堂问答与随堂测试夯实基本知识和技能。

在此基础上，本课程构建"三融四维五式"的课程思政模式，如图 3-1 所示。所谓"三融"是将"课程思政"育人目标隐性融入教学内容、教学方式和教学过程。所谓"四维"是指挖掘课程蕴含的价值理念、伦理道德、社会公德以及爱国主义等思政元素，引导

学生"明理""增信""崇德""力行"，增强学生对党和国家的认同感、归属感，鼓励学生努力提升自己，为实现中华民族的伟大复兴而努力。具体而言，"明理"重在明辨规律、明通真理、明晰道路，让学生明白道理，培养学生的批判性思维、科学精神和创新精神；"增信"重在坚定信仰、信心，引导学生坚定信念、增强自信，树立爱国主义情怀；"崇德"重在立政德、明大德、守公德、严私德，帮助学生树立正确的价值观，努力将他们培养为崇德向善、有责任心的青年；"力行"重在提升判断力和执行力，践行社会主义核心价值观，让学生在实践中生长智慧。所谓"五式"是指教学方法与思政元素的融合，本课程根据课程内容所包含的思政元素，主要采用讲授式教学、体验式教学、研究式教学、实验式教学以及实践式教学五种教学方式。

同时，整个教学过程"线上"与"线下"深度融合，线上依托华中师范大学小雅平台和中国大学 MOOC 平台的"慕课堂"智慧教学工具，线下结合课堂和实践，实现线上与线下的深度融合。（1）课前：带着导学问题，学生通过学习小雅平台和"慕课堂"上的课程视频、教案进行自主探究；师生在"慕课堂"上互动发现学习中的重点难点。（2）课中：教师在课堂中对重点知识进行讲解，在"慕课堂"上即时发布小测验、讨论、练习、问卷等，加强学生对知识的理解与运用，并引导学生对课程主题进行深入探索。（3）课后：学生通过查看小雅平台和"慕课堂"上的拓展资源，完成思考题和作业，巩固已学知识点。与此同时，实验和实践环节贯穿于课程始终，学生经历了从选题、形成研究思路、实施调查、撰写研究报告到课堂展示的全过程。

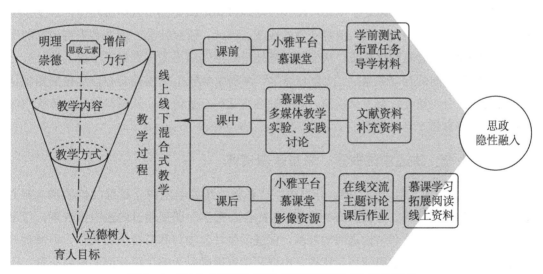

图 3-1　"社会心理学"课程"三融四维五式"思政模式

三、"社会心理学"课程思政内容与融入点

本课程以教学目标为基础，根据教学内容的安排，课程团队在深入分析"社会心理学"课程内容的基础之上，挖掘课程蕴含的价值理念、伦理道德、社会公德以及爱国主义

等思政元素，寻找社会心理学与思想政治教育间的结合点，形成了以社会心理学专业知识为基础，聚焦"明理""增信""崇德""力行"四维的思政元素，将社会心理学专业理论教学与课程思政教育相融合，增强学生对党和国家的认同感、归属感，鼓励学生努力提升自己，为实现中华民族的伟大复兴而努力。

（一）明理：内化知识体系，提高思维能力

"明理"重在明辨规律、明通真理、明晰道路，让学生明白一些道理，培养学生的批判性思维、科学精神和创新精神。"社会心理学"课程引导学生内化社会心理学的相关理论知识，并启发学生从社会、文化与人际互动的视角来理性认识所处的社会性世界，并能从该视角出发分析问题、解决问题，进而培养学生自主学习能力、批判性思维、实践性思维。比如，在学习"社会心理学研究的伦理"时，以华生"恐惧习得的实验研究"为例，让学生理解在心理学研究中应该遵循的伦理道德，从而领悟到在日常生活中尊重科学发展规律的同时，要充分考虑道德伦理、人文关怀，这样才能有人类文明的不断进步、科技的不停发展。

（二）增信：梳理历史发展脉络，增强民族自豪感和自信

"增信"重在坚定信仰、信心，引导学生坚定信念、增强自信，树立爱国主义情怀。中华民族拥有五千年的历史文化积淀，是我国作为文化强国的见证。中国共产党领导人民进行了艰苦卓绝的斗争，建立了中华人民共和国并带领全国人民步入小康社会，这是人类历史的奇迹，也是每一位中国人值得骄傲的成就。因此，研究社会心理学必当将中国的历史文化视野融入社会心理学教育，从而更清晰地呈现中国历史文化背景下中国人的社会心理与社会行为之间的互动关系。"社会心理学"课程引导学生运用社会心理学相关知识认识社会主义社会，热爱社会主义祖国，践行社会主义核心价值观，从深厚的文化传统中汲取营养，自信自强，与人为善。

（三）崇德：讲述中国故事，彰显家国情怀

"崇德"重在立政德、明大德、守公德、严私德，帮助学生树立正确的价值观，努力将学生培养为崇德向善、有责任心的青年。"社会心理学"课程通过讲述中国故事，帮助学生建立个体与我国社会结构之间的互动，促进学生社会参与和对祖国的关注，不断提升学生的民族自豪感以及爱国情怀。比如，中国药学家屠呦呦为解决疟疾问题废寝忘食、不断钻研古籍和探索治疗疟疾之道，最终获得诺贝尔生理学或医学奖。老一辈的科学家们以实际行动鼓励着青年一代奋发图强，为中华崛起而不断努力。再如，通过全面回顾新冠疫情暴发以来专家学者、医护人员、社会公众的抗疫历程，并结合同时期国外疫情防控现状的分析，让学生深切体悟社会主义制度之优越性，也生动形象地教授了课堂重点难点知识，更重要的是让学生深刻领悟到了中国的大国气概以及国家始终是中国人民坚强的后盾。

(四)力行：理论联系实际，学以致用

"力行"重在提升判断力和执行力，践行社会主义核心价值观，让学生在实践中生长智慧。社会心理学的知识都源于生活，又指导并影响着人们的日常生活。"社会心理学"课程思政在以社会心理学的基础理论知识和研究前沿动态为核心教学内容的基础上，增加了与日常生活实际相关的案例，使学生理论联系实际，提升分析社会现实问题的能力。基于此，一方面能够促进师生之间的互动，了解学生的学情，关注学生所了解的社会现实。另一方面，还能够对于学生所关注的社会事实进行合理引导，从而帮助学生形成对社会事实的正确理解，从而更为深刻地开展思想政治教育。

四、"社会心理学"课程思政步骤和措施

(一)遵循学生思想发展特点，明确课程思政的目标

"社会心理学"课程思政首先需厘清的是课程思政的目的和目标。"社会心理学"课程的主要授课对象为大一的社会工作专业本科生。大学时代是世界观、人生观和价值观塑造的关键时期，其思想发展呈现出明显的波动性和不确定性等特点。在接触到课程之后，学生便会主动思考个体与社会之间的关系，甚至开始对自身展开反思。教师只有不断结合学生的思想特点以及所发现的问题进行指导，并不断完善教学体系，形成更符合学生思想发展特点的教学大纲，才能帮助学生形成正确的三观，并提升社会责任感和爱国情怀。因此，"社会心理学"课程思政以大学生的身心发展规律为逻辑基础，结合专业定位与课程目标，确定实施课程思政的理念、目的、目标——实现"立德树人"的思政教育目标，塑造正确的世界观、人生观、价值观，了解中国历史传统文化，崇尚马克思主义精神，形成积极的国家观、民族观、历史观和文化观，为实现共同富裕而努力。

(二)遵循思政规律，构建课程思政内容体系

"社会心理学"课程思政在遵循思政规律的基础上，提炼形成课程思政主要维度，结合专业知识点，构建课程思政内容体系。比如，通过社会心理学发展史的介绍进行思想政治教育。社会心理学的学科特质就是介绍社会个体与社会发展之间的互动规律，这就要表明中国的社会心理学史是融合社会个体心理以及中国社会发展的学科，其知识必定饱含着我国历史文化的影响，具备着典型的中国特质。这要求学习社会心理学的学生认真领悟社会心理学的这一特质，同时教师也需要不断挖掘学科蕴含的中国特质，从而实现将思政育人融入中国的社会心理学的目标。因此，对社会心理学发展史的挖掘，就要从中找寻历史事实、现实经验与思政元素的切合成分，用社会心理学对历史文化进行分析，从而实现对学生的触动，提升学生对中国文化的关注，培养学生的爱国热情。

(三) 梳理教学过程，实现课堂内外互动交流、教学创新

"社会心理学"课程思政还需要在教学层面上通过创新教学设计来开展，实现课堂内外互动交流。

第一，通过探究式教学方法潜移默化地将专业课程与思政教育进行结合。"设境与指要""自学与研讨""精讲与答疑""练习与总结"四个环节构成了探究式教学的基本框架，通过创新探究式教学环境，以一些难度适中和较为开放的问题为基础，鼓励学生通过集体探究的方式解决问题，从而强化学生的主体性地位，提升学生学习收获感。探究式教学凸显学生主体地位的同时也提升了学生的参与能力，对于培养学生合作意识和探究能力也具备一定的积极性影响。在教学过程中，本课程通过"社会心理学如何开展本土化""社会心理学应当如何在新冠疫情背景下发挥作用"等，引导学生进行探究，并在教师点评的过程中强化对于马克思主义的认知以及我国政府在应对新冠疫情方面所做的努力，从而在探究和互动的过程中，融合思政教育与社会心理学学科教育。

第二，结合实验式教学与实践式教学环节将知行合一理念融入思政教育。教师鼓励学生积极参与学校社团活动，特别是学校的心理社团。学生能够在社团氛围中提升对于社会心理学的热爱，并与其他同学一起参与相关的心理学实践，感悟社会心理学的魅力。此外，在专业实习的过程中，学生通过参与观察、专题调研以及申请课题等方式开展相关实践活动，提升学生参与课程及社会心理学相关实践的自主性和能动性。这一过程能够帮助学生尽快将所学知识进行实践转化，达到知行合一的目标。比如，在给学生布置关于"责任扩散"这一主题任务时，鼓励学生采用创新性的呈现形式，利用社交媒体了解大众认知、拍摄相关宣传视频 Vlog、收集相关影视资源等方式来完成并以小组的形式进行呈现。还要求学生对于"路遇老人摔倒扶还是不扶"等问题展开反思，探索相关原因并提出相关对策。学生的自主反思和多样的互动形式实现了教学目标，让学生树立了正确的价值观，增强了学生的社会责任意识。

第三，以多元教学手段活化思政资源。在课堂教学中，教师结合课程讲授内容，充分发挥现代媒体功能的辅助教学作用，借助网络媒体的传播优势，采取大学生慕课等视频平台、翻转课堂等教学手段，将学生带入社会心理学的世界，并借助这些设备搭建教师与学生互动的平台、提升教学效果。此外，这些设备也提升了史料的可获得性，从而促进了思想政治教育与社会心理学课程之间的联合，在实现教学目标的基础上，引发学生对于中国传统文化的共鸣。比如，在讲授"自我意识"时，教师采用讨论法和活动法，引导学生思考并回答"我是谁""我能为社会发展承担怎样的责任"等问题；再如，在讲授"从众"时，教师可以采取角色扮演的方式，引导学生如何做出理性决策而减少从众行为。

第四，以多元评价体系促进课程思政开展。教学评价是衡量学生学习效果的必要措施。本课程主要通过课程参与情况表、平时作业、期末考试等方式进行考核。此外，为凸显学生的主体性地位，本课程还要求学生进行互评，带动学生的课堂参与。学生也需要对教学的满意度情况进行反思，为课程内容的完善提出建议和对策，从而促进教学设计的完善，实现以评促教、以评助思的评价目标。

五、"社会心理学"课程思政教学设计

(一)教学大纲

"社会心理学"课程是针对社会工作专业本科生于一年级下学期开设的专业主干课程之一，4学分，共计64课时。本课程共分为四大模块十三章，具体如表3-1所示。

表 3-1　　　　　　　　　　"社会心理学"课程思政教学大纲

课程模块	课程章分布	教学目标	思政目标
基础知识	导论	认识社会心理学的研究对象；了解社会心理和社会行为的制约因素以及社会心理学的学科性质与研究取向；反思社会性世界中的社会行为与社会心理的特点及其影响因素。	培养学生运用社会心理学的视角观察和反思社会性世界中所发生的事件的能力。
	第一章　社会心理学的发展历史	了解国内外社会心理学的现状与发展趋势；理解中国社会心理学发展的脉络和反思社会心理学发展的本土化和在地化。	介绍我国本土社会心理学研究中有影响力的研究成果，反映我国本土心理学家的智慧与思考，树立学生的文化自信。
	第二章　社会心理学的研究方法	了解社会心理学的方法论，掌握社会心理学的一般研究方法；了解社会心理学研究当中的伦理问题，掌握实践中选择合适研究方法的技巧。	融入马克思主义分析视角，建立以历史唯物主义为方法论基础的社会心理学分析范式。引导学生学习科学家严谨的科学精神，培养学生职业道德素养，激发学生热爱科学、追求真理。理解社会心理学研究中应该遵循的伦理道德，从而使学生领悟到日常生活中在尊重科学发展规律的同时，需充分考虑道德伦理、人文关怀。
个人社会心理与行为	第三章　人格、自我与社会化	理解人格的类型、理论及其与环境的关系；掌握自我概念的性别、文化差异以及自我觉知的方法；掌握个体的社会化过程和社会角色。	培养学生正确认识自我，引导学生自尊、自信、自爱，克服自卑，悦纳自我，增强自我效能感，提升人格素养。积极引导学生思考政治社会化与法律社会化的重要意义，帮助学生建立健康的社会角色，将投身社会主义建设作为自我价值的重要组成部分。
	第四章　社会动机	理解内驱力、需要与社会动机的内涵与基础，侵犯行为与利他行为；掌握增加利他行为和减少侵犯行为的方法以及社会动机的理论解释。	介绍马斯洛需要层次理论，启发学生认识到个体既需要自尊，也需要被他人和社会尊重，引导学生在生活中尊重他人、敬老爱幼。介绍成就动机及其影响因素，引导学生进行自我成就的分析，培养学生积极的成就动机。

续表

课程模块	课程章分布	教学目标	思政目标
个人社会心理与行为	第五章 社会认知	理解图示及其功能、社会认知的内涵及影响因素、基本思维模式；了解社会行为的归因理论以及归因偏差，提升社会认知能力。	通过自动化思维与控制性思维的讲解，引导学生发现思维过程和特征，以及批判性思维对于社会性世界认识的准确性。讲解归因理论和归因偏差，引导学生理性归因。
	第六章 社会态度	理解社会态度的基本构成、相关理论解释、与行为之间的关系；了解态度偏差及偏见，能够结合社会现象进行分析和探索。	让学生深切体会到不同文化群体态度的形成与改变过程，让学生深刻领悟到中国的大国担当，牢固树立学生的爱国意识，培养学生的家国情怀。坚定学生的理想信念，启发学生形成正确的价值观，培养学生的民族自豪感与责任担当。
人际社会心理与行为	第七章 人际沟通与社会互动	理解社会互动的含义、类型、理论；了解人际沟通的本质、特点、功能及过程模型，掌握人际沟通的技巧。	立足马克思主义视角，了解人际沟通与社会互动的本质，帮助学生形成正确的人际沟通及互动思维方式。了解社会互动的基本形式及评价标准，引导学生开展正向、积极的社会互动。
	第八章 人际关系	掌握人际关系的相关理论、类型和发展阶段；了解爱情的相关理论以及亲密关系的基础，掌握人际吸引的原则。	讲解爱情与喜欢的关系、爱情的相关理论及亲密关系的形成和发展，培养学生正确的爱情观、婚恋观。
集体社会心理与行为	第九章 群体的社会心理学	掌握群体生活的本质与意义，群体决策的功能、要素、规则和意义，社会影响的形式与路径，具备预防群体思维、做出理性决策的能力。	引导学生提升判断是非的能力，培养学生随和而不盲从、合群而不从众的处世智慧；弘扬社会主义核心价值观，引领社会大众心理；促进团队凝聚力建设，发扬集体主义精神。
	第十章 群际关系	理解群际关系的利益范式、社会认同范式、偏差地图与恐惧管理；掌握降低群体冲突的基本策略。	促进群际接触，推动铸牢中华民族共同体意识教育的生活化；主动聚焦学生日常学习、工作、生活等，积极搭建共居共学、共建共享、共事共乐的平台，促进广泛交往交流交融，不断升华对中华民族共同体的理性认知与情感归属。

续表

课程模块	课程章分布	教学目标	思政目标
集体社会心理与行为	第十一章 集群行为与社会运动	掌握集群行为的概念、特点、影响因素;理解群氓行为的相关理论解释,形成对于社会性集体事件的客观认识。	提高自主性、自制力,克服盲目从众,不参与影响社会稳定的群体性事件。
	第十二章 社会心理的现代变动	理解文化震荡的原因、代际关系的变革、社会意识的淡化,能够用社会心理学视角分析所聚焦的社会现象,具备批判性思维。	引导学生关注中国式现代化发展道路,并激发学生积极投入中国式现代化发展进程的热情。帮助学生正确认识现代性带来的社会心理问题,引导学生积极关注中国现代化进程中的社会心理问题,并探讨社会心理学视角下解决中国现代化发展过程中社会心理问题的策略。

(二) 教学方法

根据"社会心理学"课程内容的需要,围绕探究式教学方法,采用了"形式多样,注重互动"的教学方式,将讲授式教学、研究式教学、体验式教学、实验式教学和实践式教学等多种教学方式融合在专业教学和思政教育的全过程中,实现课程思政在教学各环节的全覆盖。另外,在教学过程中注重教学互动,通过创设探究性问题,让学生围绕问题进行合作学习和探究学习。这不仅提高了学生的参与热情,活跃了课堂气氛,更有助于深入理解学习内容,从而提高学生分析和解决问题的能力,还能让学生体验到课程与他们的生活密切相关。比如"人格、自我与社会化"一章中的小组专题讨论"啃老族"现象,结合相关教学内容对身边的"啃老族"现象进行社会心理分析。

(三) 教学效果

"社会心理学"课程融入课程思政元素,其教学效果显著提升,达到了课程的教学目标。比如,在学生参与课堂程度和自学程度方面,通过讲授式、研究式、体验式、实践式与实验式教学方式,学生围绕主题,积极参与课程,尤其是在对其他小组或他人的观点进行批判,提出自己的观点时,会引起更大范围的讨论,对问题的看法远远超过了预期的深度和广度。另外,在观点的碰撞中,持不同观点的学生为印证自己的"正确性或合理性"会查阅大量资料,学生课堂之外的研究意识、探究意识、自学能力得到了较好的培养。此外,学生在学会尊重他人的同时形成独立的判断能力,不盲从。

（四）教学章节点

导论（4 课时）

一、教学目标

【知识目标】

1. 社会心理学的研究对象

2. 社会心理和社会行为的制约因素

3. 社会心理学的学科性质与研究取向

4. 社会心理学的研究意义

【能力目标】

认识社会心理学研究对象，反思社会性世界中的社会行为与社会心理的特点及其影响因素。

【课程思政目标】

培养学生运用社会心理学的视角观察和反思社会性世界中所发生事件的能力。

二、教学重点难点与实践参与环节

【教学重点】

1. 社会心理学的研究对象

2. 社会心理和社会行为的制约因素

（1）人格：情境中的人是怎样的人；知识、情感与动机的结合体。

（2）环境：社会与文化。

【教学难点】

社会心理学研究中的重要问题：情境以及对情境的社会解读（了解人们如何知觉、理解或解释社会环境比了解客观社会环境本身更为重要）。

【实践参与环节】

（1）实践环节：设定一个特定的情境，引导学生进入其中去体会、体验情境中的影响因素。

（2）案例分析：根据一个具体的社会问题，引导学生关注社会现象。

第一章 社会心理学的发展历史（2 课时）

一、教学目标

【知识目标】

1. 社会心理学的发展历史及发展过程中的特定事件
2. 国外社会心理学的现状与发展趋势
3. 中国社会心理学的萌芽与发展

【能力目标】

培养学生对于中国社会心理学本土化路径的反思能力。

【课程思政目标】

介绍我国本土社会心理学研究较有影响力的研究成果，反映我国本土社会心理学家的智慧与思考，树立学生的文化自信。加深学生对于社会心理学基本理论的适用性与局限性的理解，多角度认识"个体-人际-群际"关系在我国文化背景下的特点和内涵，提升家国情怀，培养爱国情操。

二、教学重点难点与实践参与环节

【教学重点】

1. 社会心理学发展的四个阶段及其具有影响力的具体事件
2. 中国社会心理学的发展

【教学难点】

中国社会心理学的发展脉络及社会心理学发展的本土化和在地化

【实践参与环节】

实践环节：根据学生自身感兴趣的社会现象，引导学生思考社会心理学的本土化路径。

第二章 社会心理学的研究方法（4 课时）

一、教学目标

【知识目标】

1. 社会心理学的方法论

2. 社会心理学的一般研究方法

3. 社会心理学研究方法的拓展

4. 社会心理学研究中的伦理问题

【能力目标】

培养学生采用马克思主义社会心理学范式对中国本土问题进行分析的能力。

【课程思政目标】

融入马克思主义分析视角，建立以历史唯物主义为方法论基础的社会心理学分析范式。讲解社会心理学不同研究方法的特点与设计细节，引导学生学习科学家严谨的科学精神，培养学生职业道德素养，激发学生热爱科学、追求真理。理解社会心理学研究中应该遵循的伦理道德，从而使学生领悟到日常生活中在尊重科学发展规律的同时，需充分考虑道德伦理、人文关怀。

二、教学重点难点与实践参与环节

【教学重点】

1. 社会心理学研究的一般研究方法

2. 社会心理学研究中的伦理问题

【教学难点】

1. 社会心理学博弈论分析方法

2. 社会心理学的计算机模拟研究法

3. 社会心理学的大数据研究方法

【实践参与环节】

（1）主题讨论：组织学生分小组讨论，引导学生讨论社会心理学研究中的"善意欺骗"是不是被允许的。

（2）实践环节：根据学生聚焦的社会现象，选择研究方案，形成研究设计。

第三章 人格、自我与社会化（6课时）

一、教学目标

【知识目标】

1. 人格的类型、理论及其与环境的关系

2. 自我意识，自我概念的性别、文化差异以及自我觉知的方法

3. 社会心理学中的自我理论

4. 自我认知偏差

5. 个体的社会化

6. 社会化与社会角色

【能力目标】

强化学生社会责任感，提升和培养学生承担社会责任的能力和担当精神。

【课程思政目标】

讲解自我概念的形成过程及影响因素，培养学生正确认识自我，引导学生自尊、自信、自爱，克服自卑，悦纳自我，增强自我效能感，提升人格素养。讲解社会化与社会角色，积极引导学生思考政治社会化与法律社会化的重要意义，帮助学生建立健康的社会角色，将投身社会主义建设作为自我价值的重要组成部分，培养学生的责任感、社会担当意识。

二、教学重点难点与实践参与环节

【教学重点】

1. 自我与自我意识的形成，包括自我概念、自我觉知、自我控制、自我呈现等

2. 自我意识发生和发展的生理、心理和社会基础

3. 个体的社会化过程和社会角色

【教学难点】

1. 自我觉知的方式：内省、观察自己的行为

2. 他人——社会比较

3. 政治社会化和法律社会化

【实践参与环节】

（1）案例分析：通过案例分析与小组讨论，引导学生对"啃老族"现象进行社会心理学分析，启发学生认识到"啃老族"现象产生的原因，以及如何转换观念、调整角色，拒绝成为"啃老族"。

（2）实践环节：学生体会自己承担的角色以及与角色相一致的责任。在学生聚焦的社会现象上，选择研究方案，形成研究设计。

第四章 社会动机（6课时）

一、教学目标

【知识目标】

1. 内驱力、需要与社会动机的内涵与基础

2. 社会动机的理论解释

3. 侵犯行为与利他行为及增加利他行为和减少侵犯行为的方法

4. 其他形式的社会动机及其调控

【能力目标】

教育学生去恶扬善，培养学生的利他行为以及社会正义感，同时培养学生遵纪守法；培养学生责任感和移情能力；教授助人技能。通过开展小组讨论（如何减少侵犯行为），引导学生认识及掌握减少侵犯行为的方法，增进社会和谐。

【课程思政目标】

介绍马斯洛需要层次理论，启发学生认识到个体既需要自尊，也需要被他人和社会尊重，引导学生在生活中尊重他人、敬老爱幼。介绍成就动机及其影响因素，引导学生进行自我成就的分析，培养学生积极的成就动机。

二、教学重点难点与实践参与环节

【教学重点】

1. 内驱力、需要和社会动机之间的关系

2. 社会动机与人类行为之间的关系

3. 侵犯行为发生的进化论、生化神经、社会情境等理论解释

4. 利他行为发生的情境影响因素

5. 成就动机

【教学难点】

1. 内驱力、需要和社会动机之间的关系

2. 侵犯行为发生的进化论、生化神经、社会情境等理论解释

3. 利他行为发生的情境影响因素

4. 成就动机

【实践参与环节】

（1）案例分析：引入案例（社会中典型的助人榜样，比如毕生节俭出千万元助学的马旭、无悔壮举坚守善良的方俊明、信义兄弟孙水林和孙东林），进行案例分享并讨论。

（2）实践环节：展示利他行为发生的过程，尝试用社会心理学视角分析该现象。

第五章 社会认知（6课时）

一、教学目标

【知识目标】

1. 图式及其功能

2. 图式与社会认知之间的关系以及社会认知的特征

3. 印象形成的特征

4. 影响社会认知的因素

5. 社会认知中的偏差

6. 社会行为的归因理论以及归因偏差

【能力目标】

讲解社会认知的内容、影响因素和认知偏差，引导学生学会客观评价他人，克服偏见；弘扬科学和唯实求真精神、增强辩证思维，提升社会认知能力。

【课程思政目标】

通过自动化思维与控制性思维的讲解，引导学生发现思维过程和特征，以及批判性思维对于社会性世界认识的准确性。讲解归因理论（海德的归因理论、维纳的归因理论、凯利的共变模式）和归因偏差，引导学生理性归因。

二、教学重点难点与实践参与环节

【教学重点】

1. 社会认知的两种基本思维模式

2. 图式及其功能

3. 认知偏差：首因效应、近因效应、晕轮效应、刻板印象、相似假定等

4. 归因理论：海德的归因理论、维纳的归因理论、凯利的归因理论

5. 归因偏差

【教学难点】

1. 社会认知的两种基本思维模式

2. 图式及其功能

3. 认知偏差：首因效应、近因效应、晕轮效应、刻板印象、相似假定等

4. 归因理论：海德的归因理论、维纳的归因理论、凯利的归因理论

5. 归因偏差

【实践参与环节】

（1）实践环节：引导学生进入特定情境，深刻认识我们对于社会性世界的理解方式及其准确性。

（2）主题讨论：用社会心理学视角分析并讨论所聚焦的有关社会认识的社会现象。

第六章　社会态度（6课时）

一、教学目标

【知识目标】

1. 态度的基本构成与结构及本质和根源
2. 社会态度的相关理论解释
3. 社会态度与行为之间的关系
4. 态度偏差

【能力目标】

引导学生克服偏见，形成正确的舆论导向，从而规范学生的日常社交行为，形成自立、自强、自尊的品格。

【课程思政目标】

通过相关知识点的学习，引导学生形成正确的人生态度。在核心教学内容的基础上，增加与日常生活相关的案例，让学生深切体会到不同文化群体态度的形成与改变过程，让学生深刻领悟到中国的大国担当，牢固树立学生的爱国意识，培养学生的家国情怀；坚定学生的理想信念，启发学生形成正确的价值观，培养学生的民族自豪感与责任担当。

二、教学重点难点与实践参与环节

【教学重点】

1. 态度对行为的预测
2. 行为对态度的影响及其理论解释
3. 态度偏差及偏见

【教学难点】

了解态度偏差及偏见的社会根源、心理根源及认知根源，并结合社会现象进行分析和探索。

【实践参与环节】

（1）主题讨论：引入"中国药学家屠呦呦发现青蒿素的科研奋斗经历"和电视剧《三十而已》的片段，小组讨论态度的形成与改变以及偏见的形成。

（2）实践环节：引导学生进入特定情境，深刻认识我们态度的形成与改变，用社会心理学视角分析有关社会态度的社会现象。

第七章 人际沟通与社会互动（6课时）

一、教学目标

【知识目标】

1. 社会互动的理论分析
2. 社会互动的主要类型
3. 人际沟通的本质
4. 人际沟通中语言沟通和非语言沟通的特点与功能

【能力目标】

介绍人际沟通的过程模式，帮助学生了解沟通过程中的障碍，掌握人际沟通中的技巧，提高学生的人际交往能力，帮助学生建立良好的人际关系。

【课程思政目标】

立足马克思主义视角，了解人际沟通与社会互动的本质，帮助学生形成正确的人际沟通及互动思维方式。了解社会互动的基本形式及评价标准，引导学生开展正向、积极的社会互动。

二、教学重点难点与实践参与环节

【教学重点】

1. 社会互动的理论分析
2. 人际沟通的过程模型
3. 社会互动的主要类型
4. 人际沟通的正式或非正式网络

【教学难点】

1. 社会互动的理论分析
2. 人际沟通的过程模型

【实践参与环节】

（1）实践环节：通过游戏环节带领学生去体会沟通的类型以及沟通中存在的障碍。

（2）主题讨论：用社会心理学视角分析并讨论所聚焦的有关人际沟通与社会互动的社会现象。

第八章　人际关系（6课时）

一、教学目标

【知识目标】

1. 人际关系的相关理论、类型、发展阶段

2. 人际吸引的原则

3. 人际的情感与亲密关系

4. 爱情的相关理论以及亲密关系的基础

5. 人际信任与社会信任

【能力目标】

讲解人际关系的本质、形式，人际吸引的原则，提升学生建立良好人际关系的能力。

【课程思政目标】

讲解爱情与喜欢的关系、爱情的相关理论及亲密关系的形成和发展，培养学生正确的爱情观、婚恋观。

二、教学重点难点与实践参与环节

【教学重点】

1. 人际关系基本类型的相关理论

2. 人际关系的发展阶段

3. 人际吸引的基本原则

4. 亲密关系的形成与结束

【教学难点】

1. 人际关系基本类型的相关理论

2. 人际吸引的基本原则

【实践参与环节】

主题讨论：通过爱情的相关理论以及亲密关系的案例，请学生讨论爱情的相关理论在亲密关系中的实践。

第九章 群体的社会心理学（6 课时）

一、教学目标

【知识目标】

1. 群体生活的本质与意义
2. 社会影响的形式与路径
3. 群体决策的功能、要素、规则和意义
4. 领导与群体凝聚力

【能力目标】

引导学生以科学、正确的视角看待各类社会热点问题，提升自身信念感，增强集体意识。通过角色扮演，启发学生思考如何预防群体思维的出现，培养学生做出理性决策的能力。

【课程思政目标】

引导学生提升判断是非的能力，培养学生随和而不盲从、合群而不从众的处世智慧；弘扬社会主义核心价值观，引领社会大众心理；促进团队凝聚力建设，发扬集体主义精神。

二、教学重点难点与实践参与环节

【教学重点】

1. 社会影响的主要类型：社会促进、社会抑制、社会惰化、从众等
2. 领导与群体凝聚力

【教学难点】

1. 社会影响的主要类型：社会促进、社会抑制、社会惰化、从众等
2. 领导与群体凝聚力

【实践参与环节】

（1）主题讨论：引入特殊时期人们抢购生活用品和药品等社会现象，开展小组讨论，启发学生要克服盲目从众，特别是引导学生在网络平台上做到不知全貌时不予置评，尽量表达善意，不轻易做道德判断，拒绝网络暴力。

（2）实践环节：从众。

第十章　群际关系（4课时）

一、教学目标

【知识目标】

1. 群际关系的谱系
2. 群际关系的利益范式
3. 群际关系的社会认同范式
4. 偏差地图与恐惧管理
5. 降低群际冲突的基本策略

【能力目标】

提升学生社会交往能力和理性思考能力。

【课程思政目标】

促进群际接触，推动铸牢中华民族共同体意识教育的生活化；主动聚焦学生日常学习、工作、生活等，积极搭建共居共学、共建共享、共事共乐的平台，促进广泛交往交流交融，不断升华对中华民族共同体的理性认知与情感归属。

二、教学重点难点与实践参与环节

【教学重点】

1. 群际关系的利益范式
2. 群际关系的社会认同范式
3. 偏差地图与恐惧管理
4. 降低群际冲突的基本策略

【教学难点】

1. 群际关系的利益范式
2. 群际关系的社会认同范式

【实践参与环节】

主题讨论：用社会心理学视角分析所聚焦的有关群际关系的社会现象。

第十一章　集群行为与社会运动（4 课时）

一、教学目标

【知识目标】

1. 集群行为的概念、特点及其影响因素
2. 群氓行为的相关理论解释
3. 大众行为
4. 社会运动

【能力目标】

提升学生对于社会性集体事件的分析能力，形成对于社会性集体事件的客观认识。

【课程思政目标】

提高自主性、自制力，克服盲目从众，不参与影响社会稳定的群体性事件。

二、教学重点难点与实践参与环节

【教学重点】

1. 集群行为的概念、特点及其影响因素
2. 群氓行为的相关理论解释

【教学难点】

1. 集群行为的概念、特点及其影响因素
2. 群氓行为的相关理论解释

【实践参与环节】

主题讨论：用社会心理学视角分析所聚焦的有关集群行为与社会运动的社会现象。

第十二章　社会心理的现代变动（4 课时）

一、教学目标

【知识目标】

1. 现代性的社会心理层面

2. 文化震荡的原因

3. 代际关系的变革

4. 社区意识的淡化

【能力目标】

反思经典研究的文化适应性和可推广性，提升学生的批判性思维水平。

【课程思政目标】

在教授社会心理层面的现代性的同时，引导学生关注中国式现代化发展道路，并激发学生积极投入中国式现代化发展进程的热情。帮助学生正确认识现代性带来的社会心理问题，引导学生积极关注中国现代化进程中的社会心理问题，并探讨社会心理学视角下解决中国现代化发展过程中社会心理问题的策略。

二、教学重点难点与实践参与环节

【教学重点】

1. 代际关系的变革

2. 社区意识的淡化

【教学难点】

1. 现代性的社会心理层面

2. 文化震荡的原因

【实践参与环节】

主题讨论：用社会心理学视角分析所聚焦的有关社会心理的现代变动的社会现象。

参 考 文 献

范旭瑞. 浅谈高校思政课教学中心理学的融入［J］. 教育研究，2021（9）：151－153.

刘海鹰，刘昕. 社会心理学课程思政教学分析与设计［J］. 大学教育，2020（4）：25－28.

《社会心理学概论》编写组. 社会心理学概论［M］. 高等教育出版社，2021.

刘儒德，伍新春，姚梅林. 教育心理学课程与教学改革探索［J］. 心理科学，2004（3）：753－754.

寇彧，傅鑫媛，苑明亮，等. 基于学生需求和学习规律的社会心理学教学改革［J］. 教育研究与实验，2016（1）：87－90.

周巍. 思政教育的课程改革与应用实践：评《课程思政探索与实践》［J］. 当代教育科学，2022（9）：2.

张博. 新时代思政教育课程建设思路分析：评《新时代思政课建设研究》［J］. 中国教育学刊，2022（5）：35.

吴海翠. 高校思政课程改革面临的问题及解决对策［J］. 中学政治教学参考，2021（23）：108.

"社会政策"课程思政课程设计

杨生勇

一、"社会政策"课程思政目标

党的二十大报告指出，"必须坚持在发展中保障和改善民生，鼓励共同奋斗创造美好生活，不断实现人民对美好生活的向往"，彰显中国共产党和政府以人民为中心的发展思想，重视持续增进民生福祉的宗旨。"社会政策"作为社会工作专业主干课程之一，积极响应党的号召及高校教学改革，深化课程思政改革的思路，坚持"知识传授"与"价值塑造"、"专业发展"与"能力提升"相结合，向学生传授专业知识的同时帮助学生树立正确的价值观，进行中国特色社会主义教育，引导学生深入社会实践、关注现实问题、分析社会政策，培养学生的社会责任感和使命感，更好地引导学生增强中国特色社会主义道路自信、理论自信、制度自信和文化自信，为全面建设社会主义现代化国家做出应有贡献。

(一) 总目标

"社会政策"课程教学坚持以马克思主义理论为指导，阐释党和政府的社会政策价值理念为核心，将中国特色社会主义思想主线贯穿于课程教学始终，坚持知识传授与价值引领相结合，通过形式丰富的教学方式，帮助学生系统了解我国社会政策制度体系建设的巨大成就，在激发学生学习兴趣、掌握专业知识的同时，帮助学生进一步认识我国民生保障事业的发展成就，充分认识中国特色社会主义制度的优越性，坚定走中国特色社会主义道路的决心，更好地发挥"社会政策"课程在引导学生增强中国特色社会主义道路自信、理论自信、制度自信、文化自信，树立远大理想以及锤炼学生综合能力等方面的作用。

(二) 分目标

1. 价值塑造目标

通过深入剖析课程内容逻辑，向学生清晰阐述社会政策制定过程中所体现的国家责任，培养学生形成宏观的社会政策解读视角，帮助学生在知识、能力体系构建过程中树立正确的价值观。引导学生关注民生问题，关注中国社会现实中亟待解决的民生保障问题，深刻理解党全心全意为人民服务的根本宗旨，领会习近平新时代中国特色社会主义思想的世界观和方法论，激发学生爱党爱国爱社会主义爱人民的巨大热情，培养学生的道路自信、理论自信、制度自信和文化自信，培养学生关注社会、服务人民的意识和责任感。

2. 知识传授目标

通过多种教学方式，帮助学生掌握社会政策的理论、思想、价值基础、环境、体系，了解各领域和人群社会政策的内涵、内容、特点、意义，了解我国社会政策实践的实际状况、基本特点及发展趋势。引导学生在学习基本知识时，结合自己的观察和思考，通过理论与实践的对话以及教师和学生的交流，深化学生对社会政策理论方法和我国社会政策实践等知识的理解，构建完善的专业知识体系，使学生具有一定的社会工作专业素养。

3. 能力培养目标

采取小组讲授、案例分享、专题报告、课堂讨论、实践教学等多种形式开展教学，让学生深度参与课程教学，促进学生对教学内容不断反思整合，提升学习能力。教授相关领域和人群社会政策，对政策实施过程的实际状况进行分析，培养和提高学生运用所学知识在社会政策实践中提出问题和解决问题的能力，提高专业技能。开展实践教学，学生直接观察了解社会政策行动主体在政策执行中的工作方法和策略，了解社会政策在满足民众基本需要、解决社会问题、维护社会稳定、提升生活质量等方面的成效，深化对社会的了解，提升认识社会、适应社会的能力。

二、"社会政策"课程思政理念

课程围绕专业人才培养目标，从社会政策的概念、功能、价值基础、环境、要素及过程，相关领域和人群社会政策的体系及实践，我国社会政策创新发展及巨大成就等内容，挖掘课程蕴含的以人民为中心的发展观以及专业价值理念，强化学生爱国心、奉献心、社会责任心。

"社会政策"课程，围绕人才培养目标，秉持"关注问题、深入实践、深度反思、制度自信"的课程思政理念，坚持中国特色社会主义思想指导，构建"一条主线、两个中心、三个结合、四位一体"的课程育人模式。"一条主线"是在课程教学中遵循从人的需要出发的"社会问题-社会政策-政策反思-制度自信"主线，通过课程体系设置系统学习中国社会政策的发展历史脉络、各领域社会政策内容及其蕴含的社会主义核心价值观，用社会政策案例分析社会政策在满足民众需要、解决社会问题、维护社会稳定、提升生活质量方面的功能，帮助学生了解和认同中国特色社会主义制度。"两个中心"是指"以人民为中心"和"以学生为中心"，既凸显社会政策关注民生保障的专业理念，又凸显在思政课程设计中以学生发展为中心的人才培养理念。"三个结合"指深入挖掘课程蕴含的思政元素，将中国特色社会主义思想、社会主义核心价值观、爱国主义等与教学内容相结合，线上与线下教学相结合，理论传授与社会实践相结合。"四位一体"指强化理论知识学习、注重专业能力提升、关注核心价值塑造、培养了解运用政策和开展政策研究的人才的课程目标。通过以上课程思政育人模式，将思政元素贯穿于课程体系，在知识、能力的提升中培养具有中国特色社会主义人生观、价值观、世界观的社会工作者，实现知识与价值的有机融合，达成知识传授、价值塑造、立德树人三者融合的课程目标，引导学生成为有温度、有担当的社会实践者和社会工作者，实现为党育人、为国育才。

三、"社会政策"课程思政内容与融入点

"社会政策"课程的特点是理论与实践紧密结合，社会政策与每个人的生活和利益息息相关，其内容涉及教育、医疗卫生、住房、养老、妇女儿童及特殊人群保障等大量民生热点问题。社会政策基本理论、我国各领域社会政策、我国社会政策实践等包含诸多思政元素，应重点挖掘课程专业知识中蕴含的社会主义核心价值观、爱国主义等思政元素。课程选取最新的社会政策文本和国家发展战略，丰富课程思政教学资源，将思政元素融入课程体系，引导学生树立正确的人生观、价值观；培养学生的文化素养、爱国情怀；增进学生的政治认同、法治意识；强化学生为人民服务的意识，提升为人民服务的能力。

（一）在课程理念设计上坚持中国特色社会政策体系建设与习近平新时代中国特色社会主义思想相结合

作为社会主义国家，我国的社会政策是中国特色社会主义的重要组成部分，是在我国当代社会主义政治、经济制度下制定和实施的。在中国特色社会主义制度下，我国社会政策的基本目标是在以人民为中心的发展思想的指导下通过国家的力量和社会的参与而保障和改善民生，保障全体人民的基本生活，并通过社会政策的再分配机制对收入分配实施调节，以促进社会公平与社会和谐。

"社会政策"课程要系统介绍新中国成立 70 多年来中国共产党和政府不断探索保障和改善民生的社会政策模式，尤其是在改革开放以后不断探索适合社会主义市场经济的社会政策模式的发展历程，总结发展成就和经验。这一过程充分体现了中国共产党带领人民创造幸福生活的初心和不断追求。在进行课程设计时，将习近平新时代中国特色社会主义思想这条主线贯穿于"社会政策"课程的始终，坚持习近平关于社会建设的重要论述对我国社会政策实践与研究的指导。在设计社会政策理论、我国社会政策实践发展及成效、各领域和人群社会政策的教学体系时，坚持习近平新时代中国特色社会主义思想的指导。中国特色社会主义进入新时代，我们要把增进民生福祉作为发展的根本目的，坚持在发展中更加注重保障和改善民生。习近平关于坚持以人民为中心的发展思想以及在发展中更加注重保障和改善民生的重要论述是中国社会政策发展的重要指导。通过课程学习，了解中国共产党一直坚持带领人民创造幸福生活的奋斗目标，系统了解我国社会政策体系建设的历史

成就，让学生深刻地感受和认识到我国民生事业发展的伟大成就，认识到中国特色社会主义制度的优越性，增强学生爱党爱国热情。

（二）在课程内容设计上注重从中国特色社会主义建设实践中总结出的经验里获取丰富生动的案例素材，运用到教学之中

注重用中国特色社会主义建设实践取得的巨大成就，引导和教育学生，以达到课程思政的目的。在中国共产党领导的中国式现代化过程中，既有中国特色社会主义经济建设实践创新及取得的经验和成果，也有中国特色社会主义社会建设实践创新及取得的经验和成果。通过社会主义市场经济体制改革，激发创新活力，促进可持续高质量经济发展，为社会政策发展提供支持。国家加强治理体系和治理能力现代化，提升了国家治理水平，直接推动社会服务和社会政策高质量发展。在这个过程中积累了中国特色社会主义建设和发展中的经验，创造出丰富生动的案例。如中国共产党领导的脱贫攻坚行动中，各地基于自身实际创造出的成功案例。在组织教学时，将这些经验案例引入学习讨论分析之中，让学生从发展过程和发展成果两个方面深刻认识到中国共产党坚持立党为公、执政为民，领导中国人民取得了伟大发展成就，激发学生爱党爱国热情。

（三）在教学过程中分析社会政策体系建设及特色时注重同中国传统文化相结合

社会政策是政府或其他组织在社会公平等价值目标指导下，为满足民众基本需要、解决社会问题、维护社会稳定和提高生活质量等社会目标而向民众提供各种福利性社会服务的政策体系。通过更加公平的分配和提供服务帮助社会中的困难群体是其重要特点。在城乡基本养老保险体系、社会救助体系、社会福利体系不断建立和完善的背景下，尊老爱幼、扶危济困、恤孤念寡等中华传统美德也得以弘扬，需要继续挖掘邻里互助，弘扬尊老爱幼等中华传统美德。"社会政策"课程的内容通过将中华传统文化与现代社会保障和福利制度、法律规范与传统美德等多个层面进行融通，帮助学生进一步思考个人、家庭、社会与国家之间的关系，加深文化理解，增进文化自信。

四、"社会政策"课程思政步骤和措施

根据"社会政策"课程中的社会政策基本理论、我国各领域社会政策、我国社会政策实践等包含诸多思政元素的特点，在进行"社会政策"课程思政建设时，可从以下三个方面逐步系统推进。一是确定价值引领。其课程思政的内容贯穿三条主线：中国特色社会主义思想、社会主义核心价值观、中国传统文化。包含政治认同、国家意识、制度自信等思想政治教育的内涵，突出立德树人的根本任务。二是开展实践，即设计并开展多种活动，主要包括设计课程思政大纲，建立课程思政德育资源库，采用多种授课方式进行教学，组织学生展开政策反思等。三是建立考核评价机制。

(一）统筹设计课程思政大纲

按教育部关于课程思政建设共性要求，同时反复研读教材，聚焦本课程内容与课程特色，从教材中深入挖掘课程思政切入点，设计课程思政大纲，将价值引领的三条主线贯穿其中。

(二）建立以基础理论、政策文本、典型案例和时事政治等为主要内容的课程思政德育资源库

根据各领域社会政策特点，编写高质量案例，如选择《关于加快建设高水平本科教育全面提高人才培养能力的意见》作为文本，梳理出其中的思政元素，做成案例。再如，搜集凸显制度优势、具有价值引领作用的纪录片等影视作品（如脱贫攻坚政论专题片《摆脱贫困》）作为案例。同时，根据实际和发展需要不断更新案例库中的案例，以更好发挥案例在教学中的作用。

(三）采用多种授课方式进行教学

采取课堂讲授、案例分析、小组汇报、专题探讨、实践教学等授课形式，引导学生参与课程讨论和案例分享，鼓励学生结合所学知识不断自主探索和挖掘新的思政元素，与教师不断融合思政教学内容，达到教学相长的目的。做到课堂教学中的讲授与讨论相结合，注重知识点讲授和思政点的分享、讨论及分析，并结合当下中国社会政策发展议题进行深入的融合探讨。同时，通过布置课后作业，引导学生在做作业的过程中，探究社会政策理论和实践的前沿知识，促进学生展开学术和政策思考。

(四）政策反思和制度自信

通过课程教学，引导学生了解中国社会政策的发展历史脉络和实践情况，引导学生了解现阶段我国社会政策的改革和完善过程，并能够结合自身学习情况对社会政策的发展进行反思。在学习和掌握社会政策基本知识和我国相关领域社会政策的内容、特点、成效的基础上，针对政策实施过程中存在的问题，提出改进建议。立足于政策执行过程顺利和成效显著的角度，分析其原因。认识到这是中国共产党坚持中国特色社会主义制度，坚持以人民为中心的发展思想，加强社会建设，满足人民需要的结果，促进学生坚定对社会主义的制度自信。

(五）建立科学的课程考核评价机制

本课程考核采取综合评价体系。采取"过程评价与结果评价结合"的方式，从学生理解和掌握社会政策知识、运用社会政策理论和方法，认识社会、适应社会能力，价值塑造三个方面进行考核。

五、"社会政策"课程思政教学设计

(一) 教学大纲

"社会政策"课程是针对社会工作专业本科生于一年级下学期开设的专业主干课程之一，3 学分，共计 48 课时。本课程共分为三大模块十二章，具体如表 4-1 所示。

表 4-1　　　　　　　　　　　　　"社会政策"课程思政教学大纲

课程模块	课程章分布	教学目标	思政目标
基础知识	导论	社会政策及相关概念的含义；社会政策的主要内容、过程及基本要素；社会政策的学科特点和实践发展情况；马克思主义对当代中国社会政策理论与实践的指导意义。	坚持马克思主义在社会政策学科中的指导地位；习近平关于坚持以人民为中心的发展思想以及在发展中更加注重保障和改善民生的重要论述是中国社会政策发展的重要指导。认识中国特色社会主义制度的优越性；增强民族自信心和社会责任感。
	第一章　社会政策的基本要素	社会政策的行动主体；社会政策的对象；社会政策的资源；社会政策体制和运行机制。	结合中国共产党和我国政府坚持以人民为中心的理念、制定和实施多领域和面向多人群的社会政策的实际，引导学生理解社会政策是中国共产党保持初心、执政为民理念的重要体现，更是党的先进性和中国特色社会主义制度优越性的体现。帮助学生坚定社会主义核心价值观，增强学生制度自信和培养学生家国情怀。
	第二章　社会政策的价值基础	社会政策有关民生需要、社会权利、社会公平、社会和谐等主要价值理念的内容。	引导学生理解我国社会主义制度下的民生需要、社会公平、社会权利、社会和谐等社会政策的主要价值理念的特点；我国社会主义社会政策建设坚决坚持了中国共产党和政府以人民为中心的理念，坚持了社会主义核心价值观，体现了社会主义制度的优越性。激发学生更加自觉地学习贯彻习近平新时代中国特色社会主义思想，增进中国特色社会主义制度认同，坚定中国特色社会主义制度自信。
社会政策环境、制定及发展	第三章　社会政策的环境	社会政策的经济环境、政治环境和社会环境。	结合我国在中国式现代化过程中不断发展的经济、政治、社会实际和特点，分析其对我国社会政策制定、运行产生的影响；通过取得良好效果的社会政策案例分享，分析社会政策对经济、政治、社会多方面的影响。引导学生坚定走中国特色社会主义道路，深化学生对中国特色社会主义制度优越性的理解，引导学生运用理论分析思考现实中的经济、政治和社会问题并提升运用理论分析现实问题的能力，增进文化自信和制度自信。

续表

课程模块	课程章分布	教学目标	思政目标
社会政策环境、制定及发展	第四章 社会政策的过程	社会政策的制定程序；社会政策实施中各阶段的工作内容；社会政策评估、调整与终止阶段的工作内容。	掌握社会政策制定的理论和方法，了解我国在政策制定和实施中坚持以人民为中心的理念，充分考虑到人民的需要，坚持公平，体现了党的先进性和中国特色社会主义制度的优越性。提升学生的制度自信和爱党爱国热情，坚定学生的理想信念。
	第五章 中国特色社会主义社会政策实践与理论发展	在不同历史发展阶段我国社会政策的实践探索及特点；我国社会政策理论的发展脉络及当前我国社会政策的实践与理论特点；我国社会政策的发展方向与主要任务。	引导学生深入理解社会政策理论的科学性和结合我国实际开展的社会政策实践的创新性；了解中国共产党领导下的社会主义社会政策发展的特色经验；增强学生坚持中国特色社会主义道路自信、理论自信、制度自信、文化自信及实现中华民族伟大复兴的信念。
社会政策实施	第六章 劳动就业政策	劳动就业政策的概念、内容和意义；我国公共服务就业政策、职业培训政策、劳动保护政策、针对特定人群的就业政策。	总结我国劳动就业政策实践所取得的成就，结合相关政策文本，根据党的二十大报告中关于促进就业的内容，充分说明中国共产党和政府坚持以人民为中心的理念，高度重视就业工作和劳动者的劳动保护，采取多种手段，保障和促进困难人群就业。培养学生社会服务意识，增强学生坚持社会主义道路的自觉性，激发学生爱党爱国热情。
	第七章 社会救助政策与扶贫开发战略	贫困问题与贫困理论；我国社会救助政策的主要内容；我国脱贫攻坚政策及其历史性贡献。	总结我国社会救助政策和扶贫开发战略特别是脱贫攻坚战所取得的成就，结合相关政策文本，根据党的二十大报告中关于健全分层分类的社会救助体系的内容，充分说明中国共产党和政府坚持以人民为中心的理念，高度重视对贫困者的帮助，采取多种手段，保障贫困者基本生活、教育、医疗等民生需求。增强学生坚持社会主义道路的自觉性，激发学生爱党爱国热情。
	第八章 国民健康政策	国民健康政策的内容；我国国民健康政策的改革、发展与成就；"健康中国"建设和"健康中国战略"的内容及成效。	总结我国国民健康政策实践所取得的成就，结合相关政策文本，根据党的二十大报告中关于健康中国建设的内容，说明中国共产党和政府坚持以人民为中心的理念，高度重视国民健康，通过系统的国民健康政策，为广大人民群众提供公平可及、系统连续的健康服务。增强学生坚持社会主义道路的自觉性，激发学生爱党爱国热情。

续表

课程模块	课程章分布	教学目标	思政目标
社会政策实施	第九章　教育社会政策	教育社会政策的概念、特点、功能；我国教育社会政策的发展；当前我国教育社会政策的主要领域。	总结我国教育社会政策实践所取得的成就，结合相关政策文本，根据党的二十大报告中关于办好人民满意的教育的内容，说明中国共产党和政府坚持以人民为中心的理念，通过系统社会政策满足人民群众的教育需要。增强学生坚持社会主义道路的自觉性，激发学生爱党爱国热情。
	第十章　住房社会政策	住房社会政策的概念；住房公积金政策的内涵、运行方式及成效；城镇住房保障政策。	总结我国住房社会政策实践所取得的成就，结合相关政策文本，充分说明中国共产党和政府坚持以人民为中心的理念，发挥社会主义制度的优越性，通过系列政策满足人民群众的基本住房需要。增强学生坚持社会主义道路的自觉性，激发学生爱党爱国热情。
	第十一章　社会福利服务政策	我国社会福利服务政策的基本原理和主要内容；社会福利机构及相关政策；我国社区服务体系建设及社区服务的内容和方式；特定人群的权益保护及社会服务。	总结我国社会福利服务政策实践所取得的成就，结合相关政策文本，说明中国共产党和政府坚持以人民为中心的理念，通过系列政策满足人民群众的社会福利服务需要。增强学生坚持社会主义道路的自觉性，激发学生爱党爱国热情，引导学生建立积极服务人民群众的理想。

（二）教学方法

1. 课堂讲授法

对社会政策和社会福利的基本概念、基本理论、基本模式、基本方法、政策文本的解读等，由教师详细讲解，使学生形成概念与逻辑体系。同时，为调动学生的积极性和参与性，课前布置阅读资料，让学生阅读，学生在有所理解的基础上，再在课堂上听教师详细讲解，有利于学生对基本知识的深入理解。

2. 小组任务法

在学习七个领域社会政策时，将班级同学分为不同的小组，每个小组按照课程思政的要求负责一个领域社会政策课程思政的教学设计、组织和讲授，包括讨论大纲、确定内容、课堂讲授、跟其他同学互动等。倡导学生讨论和交流，最后由教师点评。通过这种教学方法，提升学生主动探究科学问题的能力，锻炼围绕一个主题搜集资料、按照科学逻辑组织素材并清晰讲解的能力，训练学生的自主学习和协作能力。

3. 案例分析法

在"社会政策"课程教学中，注重运用从中国特色社会主义建设实践中总结出的经验里获取的丰富生动的案例素材。在教学中，根据课程内容安排，在相应章节安排案例分析环节，增进学生通过案例了解相关领域社会政策实施过程及效果，进而更深入理解中国特色社会主义的社会政策，增强学生对当前我国社会主义社会政策发展的认同，培养学生的"四个自信"。

4. 文献分析法

在相关章节中，根据帮助学生更好地理解教学知识点的需要，教师布置相应的理论文献任务，让学生独立搜集并阅读相关文献，了解社会政策研究的前沿成果，增强学生理解和掌握社会政策相关领域的国家战略和政策走向的能力。

（三）教学效果

首先，学生较好地掌握了社会政策基本理论，包括社会政策的内涵、要素、过程、环境等，系统了解了为什么要有社会政策，如何制定社会政策，如何做到社会政策顺利高效实施，如何评估社会政策效果。其次，学生对劳动就业政策、教育社会政策、住房社会政策、国民健康政策、社会救助政策与扶贫开发战略、社会福利服务政策等领域社会政策的内容、类型、功能有了基本了解，对我国社会政策特点有了一定理解，特别是对我国社会政策实践状况及成效有了充分了解，并且具备一定的政策分析能力。最后，学生在此过程中，看到了我国社会政策的发展和取得的巨大成就，认识到在中国特色社会主义制度下，中国共产党坚持以人民为中心的发展思想，通过国家的力量和社会的参与，在发展中保障和改善民生，促进了社会公平与社会和谐。学生在专业学习中内化了社会主义核心价值观，进一步坚定了对中国特色社会主义的道路自信、理论自信、制度自信、文化自信，进一步提升了爱党爱国热情。通过课程学习，学生也了解了社会政策同社会工作的关系，提升了对社会工作专业的认同，为未来的职业发展打下良好基础。课程教学达到了坚持专业知识技能教育与思政教育内容的融合，对学生发挥了价值引领、专业培养的作用。

（四）教学章节点

导论（4 课时）

一、教学目标

【知识目标】

1. 社会政策的概念

2. 社会政策的实践与学科发展概况

3. 社会政策的主要内容

4. 社会政策的过程和基本要素

5. 社会政策的目标及功能

6. 马克思主义对社会政策理论与实践的指导意义

【能力目标】

本章通过对社会政策基本知识的介绍和分析，使学生初步掌握什么是社会政策，包括社会政策的内涵、基本要素、过程，了解社会政策的目标及功能，了解社会政策的主要内容，了解社会政策学科的特点和方法，了解社会政策实践与学科的发展，认识马克思主义对社会政策理论与实践的指导意义。

【课程思政目标】

在课程教学中，在对社会政策概念中的社会目标及社会政策的直接目标讲解时，结合中国共产党和我国政府坚持以人民为中心的发展思想，突出满足民众基本需要，不断满足人民日益增长的美好生活需要。在讲解社会政策的内容时，强调中国共产党和政府制定和实施了包括社会保障政策，劳动就业政策，国民健康政策，教育社会政策，住房社会政策，针对老年人、残疾人、儿童、流动人口等专门对象的权利保护和社会服务政策等多领域和面向多人群的社会政策。引导学生理解社会政策是中国共产党保持初心、执政为民理念的重要体现，更是党的先进性和中国特色社会主义制度优越性的体现。培养学生坚定走中国特色社会主义道路的信念，帮助学生了解国情、关心社会、关心国家，培养学生的民族自信心和社会责任感。

二、教学重点难点与实践参与环节

【教学重点】

1. 社会政策的内涵及其与社会建设、社会治理、社会福利、公共服务、社会服务等的关系

2. 社会政策的主要内容、基本要素与过程

3. 社会政策的目标及功能

4. 坚持习近平关于社会建设的重要论述对我国社会政策实践与研究的指导

【教学难点】

1. 社会政策的内涵及其与社会建设、社会治理、社会福利、公共服务、社会服务等的关系

2. 社会政策在当前我国社会建设中的作用

3. 坚持习近平关于社会建设的重要论述对我国社会政策实践与研究的指导

【实践参与环节】

主题讨论：引导学生学习习近平关于社会建设的重要论述。习近平关于社会建设的重要论述是习近平新时代中国特色社会主义思想的重要组成部分，是我国新时代

加强社会民生建设和社会治理的重要指导。其中，习近平坚持以人民为中心的发展思想以及在发展中更加注重保障和改善民生的重要论述是中国社会政策发展的重要指导。中国特色社会主义进入新时代，我们要把增进民生福祉作为发展的根本目的，坚持在发展中更加注重保障和改善民生。

通过学习，讨论如何坚持习近平关于社会建设的重要论述对我国社会政策实践和研究的指导。

第一章　社会政策的基本要素（5课时）

一、教学目标

【知识目标】

1. 社会政策的行动主体
2. 社会政策的对象
3. 社会政策的资源
4. 社会政策体制和运行机制

【能力目标】

通过本章的学习，使学生了解社会政策的四个基本要素以及各要素的含义、特点和相互关系。系统理解完整的社会政策体系，即由谁提供社会服务，为谁提供服务，从哪里获得必要的财政和人力资源，以什么方式提供必需的服务等。在此基础上，提升学生社会政策分析能力。

【课程思政目标】

在课程教学中，在对国家主体在政策制定和执行过程中起到关键作用的讲解时，结合中国共产党和我国政府坚持以人民为中心的理念，制定和实施多领域和面向多人群的社会政策的实际，引导学生理解社会政策是中国共产党保持初心、执政为民的重要体现，更是党的先进性和中国特色社会主义制度优越性的体现。

二、教学重点难点与实践参与环节

【教学重点】

1. 社会政策行动中的国家主体和社会主体
2. 社会政策资源的调配及其福利供给形式
3. 社会政策体制的基本内容和社会政策体系的制度模式

【教学难点】

1. 社会政策主体在社会政策活动过程中的角色和作用

2. 社会政策体制的基本内容和社会政策体系的制度模式

【实践参与环节】

主题讨论：组织学生学习《城市居民最低生活保障条例》（国务院令第 271 号）、《国务院关于进一步加强和改进最低生活保障工作的意见》（国发〔2012〕45 号）、民政部制定的《最低生活保障审核审批办法（试行）》。

通过学习，讨论社会政策主体在推进社会政策进程中的角色和作用。

第二章　社会政策的价值基础（4 课时）

一、教学目标

【知识目标】

1. 民生需要

2. 社会公平

3. 社会权利

4. 社会和谐

5. 经济与社会发展

【能力目标】

通过本章的学习，让学生了解价值理念是社会政策系统的核心和基础，进一步理解民生需要、社会公平、社会权利、社会和谐等是社会政策的主要价值理念。通过对这些价值理念的含义及其对社会政策的要求的学习，帮助学生加深对社会政策的理解。在此基础上，提升学生社会政策分析能力。

【课程思政目标】

引导学生理解我国社会主义制度下的民生需要、社会公平、社会权利、社会和谐等社会政策的主要价值理念的特点，这些特点要求我国社会主义社会政策建设坚持中国共产党和政府的以人民为中心的理念，坚持社会主义核心价值观，体现社会主义制度的优越性。在教学中，教师在理论分析的基础上，结合多项社会政策案例的分析，用社会政策成效帮助学生更深刻地理解中国特色社会主义社会政策的价值理念的作用，激发学生更加自觉地学习贯彻习近平新时代中国特色社会主义思想，增进中国特色社会主义制度认同，坚定中国特色社会主义制度自信。

二、教学重点难点与实践参与环节

【教学重点】

1. 民生需要、社会公平、社会权利、社会和谐的含义及其对社会政策的要求

2. 民生需要的分类与评估

3. 社会公平的主要内容及其制度保障

4. 社会政策在促进社会和谐中的作用

5. 构建社会主义和谐社会的价值理念

【教学难点】

1. 民生需要、社会公平、社会权利、社会和谐的含义及其对社会政策的要求

2. 构建社会主义和谐社会的价值理念

3. 社会政策在促进经济社会协调发展中的作用

4. 经济与社会发展的重要性及其与社会政策的关系

【实践参与环节】

主题讨论：组织学生学习党的二十大报告中有关民生内容的阐述，包括"增进民生福祉，提高人民生活品质"以及报告其他部分的相关阐述。报告在总结新时代以来民生工作成功经验的基础上，紧扣新时代民生领域矛盾的特点，围绕就业、教育、收入、健康、社会保障、住房、安全等一系列问题，进行了未来民生工作的新部署。

通过学习，讨论保障和改善民生的重要性及其对社会政策的要求。

第三章 社会政策的环境（4课时）

一、教学目标

【知识目标】

1. 社会政策的经济环境

2. 社会政策的政治环境

3. 社会政策的社会环境

【能力目标】

通过本章的学习，让学生了解社会政策是特定社会环境的产物，是在特定社会的经济、政治和社会环境下制定和实施的，社会政策的运行情况与其周围的环境有着密切的关系。一方面，环境会影响社会政策；另一方面，社会政策也会对社会各个

方面产生复杂的影响。具体来说，可帮助学生系统认识和理解社会政策行动与经济环境、政治环境、社会环境的互动过程和特点，加深对社会政策运行及过程、成效的理解。在此基础上，提升学生对社会政策的分析能力和运用能力。

【课程思政目标】

在教学中，结合我国在中国式现代化过程中不断发展的经济、政治、社会实际和特点，分析其对我国社会政策的制定、运行产生的具体影响，同时，通过取得良好效果的社会政策案例分享，分析社会政策对经济、政治、社会多方面的影响。引导学生深刻认识到中国共产党的性质宗旨、初心使命、信仰信念、政策主张决定了中国式现代化是社会主义现代化，更加坚定不移地走中国特色社会主义道路。深化学生对中国特色社会主义制度优越性的理解，引导学生运用理论分析思考现实经济、政治和社会问题并培养学生运用理论分析现实问题的能力，增进学生的文化自信和制度自信。

二、教学重点难点与实践参与环节

【教学重点】

1. 社会政策与经济运行的微观与宏观环境
2. 社会政策与政治制度、民主参与、政治稳定和社会稳定的关系
3. 社会政策与家庭、社区和社会体制的关系

【教学难点】

1. 社会政策促进社会稳定的功能
2. 社会政策与经济政策的关系
3. 我国社会体制的发展变化及其对社会政策的影响

【实践参与环节】

主题讨论：组织学生学习《"十四五"公共服务规划》（发改社会〔2021〕1946号）。"十四五"时期，推动公共服务发展，健全完善公共服务体系，持续推进基本公共服务均等化，着力扩大普惠性非基本公共服务供给，丰富多层次多样化生活服务供给，是落实以人民为中心的发展思想、改善人民生活品质的重大举措，是促进社会公平正义、扎实推动共同富裕的应有之义，是促进形成强大国内市场、构建新发展格局的重要内容，对增强人民群众获得感、幸福感、安全感，促进人的全面发展和社会全面进步，具有十分重要的意义。

通过学习，讨论如何理解社区环境对社会政策的影响，政府在制定和实施社会政策时如何推动社区的参与。

第四章 社会政策的过程（3 课时）

一、教学目标

【知识目标】

1. 社会政策的制定
2. 社会政策的实施
3. 社会政策的评估、调整与终止

【能力目标】

通过本章的学习，让学生了解社会政策的过程包括政策制定、实施、评估、调整与终止等环节，详细掌握为什么要制定社会政策，掌握社会政策制定的科学方法和程序，掌握社会政策实施中的组织管理与监测，掌握社会政策评估的方法与步骤，了解社会政策调整的原因和方式，培养学生具备参与制定和实施社会政策的能力。

【课程思政目标】

政府作为社会政策行动中最重要的主体，在政策制定中坚持以人民为中心的理念，在政策实施阶段，对于政府主导实施的政策，建立部门或机构之间的责任分工和协同机制，对于以提供服务为主的政策，通过政府购买服务的形式落实政策，充分体现了中国共产党和政府立党为公、执政为民的理念，也体现了党的先进性和中国特色社会主义制度的优越性。让学生深刻领悟到党和政府对社会建设的重视，牢固树立学生的爱国意识，培养学生的家国情怀，坚定学生的理想信念。

二、教学重点难点与实践参与环节

【教学重点】

1. 社会政策制定的基本程序
2. 社会政策实施中的计划制订
3. 社会政策评估的形式与方法

【教学难点】

1. 社会政策制定的基本程序
2. 社会政策议程设置
3. 社会政策实施中的计划制订

【实践参与环节】

主题讨论：组织学生学习《国务院办公厅关于政府向社会力量购买服务的指导

意见》（国办发〔2013〕96 号）和《关于做好 2023 年政府购买服务改革重点工作的
通知》（财综〔2023〕12 号）、《民政部 财政部关于政府购买社会工作服务的指导意
见》（民发〔2012〕196 号），并结合困境儿童关爱保护社会工作服务，讨论在社会
政策实施阶段，对于以提供服务为主的政策来说，如何通过购买服务的形式落实
政策。

第五章　中国特色社会主义社会政策实践与理论发展（5 课时）

一、教学目标

【知识目标】

1. 我国社会政策实践探索道路
2. 我国社会政策理论的发展脉络
3. 当前我国社会政策的实践与理论特点
4. 当前中国特色社会主义社会政策理论的主要特点
5. 当前我国社会建设和社会政策的作用
6. 我国社会政策的发展方向与主要任务

【能力目标】

通过系统讲解并结合案例分析，让学生理解和掌握新中国成立以来中国共产党
和政府不断探索并总结出的保障和改善民生的实践模式，尤其是改革开放以来不断
探索并总结出的社会主义市场经济的社会政策模式。在此过程中，我们积累了大量
的政策经验，并逐步形成了中国特色社会主义的社会政策理论。在新时代，中国特
色社会主义的社会政策还将进一步发展。通过学习，提升学生系统理解、认识和参
与中国特色社会主义社会政策的能力。

【课程思政目标】

引导学生深入理解中国特色社会主义社会政策理论的科学性和结合我国实际开
展的社会政策实践的创新性，体现了中国共产党领导下的社会主义社会政策发展的
特色经验，体现了社会主义制度的优越性。增强学生坚持中国特色社会主义的道路
自信、理论自信、制度自信、文化自信。

二、教学重点难点与实践参与环节

【教学重点】

1. 我国社会政策实践探索道路

2. 改革开放以来我国社会政策的理论在实践中不断完善与发展

3. 当前我国社会政策的制度体系

4. 当前我国社会建设和社会政策的作用

5. 当前中国特色社会主义社会政策理论的主要特点

【教学难点】

1. 当前我国社会政策的制度体系

2. 当前中国特色社会主义社会政策理论的内容及主要特点

3. 当前我国社会建设和社会政策的作用

4. 我国社会政策的发展方向与主要任务

【实践参与环节】

主题讨论：组织学生学习《中共中央关于坚持和完善中国特色社会主义制度 推进国家治理体系和治理能力现代化若干重大问题的决定》，理解坚持以人民为中心的发展思想，不断保障和改善民生，增进人民福祉，走共同富裕道路，是我国国家制度和国家治理体系所具有的多方面显著优势之一，也是我们坚定中国特色社会主义道路自信、理论自信、制度自信、文化自信的基本依据。

通过学习，讨论中国特色社会主义制度对中国特色社会主义社会政策理论建设的重要意义。

第六章 劳动就业政策（4课时）

一、教学目标

【知识目标】

1. 劳动就业政策的概念、内容及我国劳动就业政策的主要特点

2. 公共服务就业政策的目标及我国公共服务就业体系

3. 职业培训政策的含义及职业培训体系

4. 劳动保护政策的内容、特点与发展趋势

5. 针对特定人群就业政策的相关内容

【能力目标】

通过本章的学习，让学生掌握劳动就业政策的概念、内容及我国劳动就业政策体系的主要特点，理解劳动就业政策对相关人群就业促进的功能及对国计民生和社会稳定的重要作用。引导学生充分利用大学宝贵时间，刻苦学习，锻炼提升综合素质，为积极就业做好准备。在此基础上，提升学生对劳动就业政策的分析能力和运用

能力。

【课程思政目标】

在教学中，用丰富的案例素材，总结我国劳动就业政策实践所取得的成就，结合相关政策文本，根据党的二十大报告中关于促进就业的内容，充分说明中国共产党和政府坚持以人民为中心的理念，高度重视就业工作和劳动者的劳动保护，采取多种手段，保障和促进困难人群就业，劳动就业政策是新时代坚持和发展中国特色社会主义基本方略的重要内容。通过教学，增强学生坚持社会主义道路的自觉性，激发学生爱党爱国热情。

二、教学重点难点与实践参与环节

【教学重点】

1. 劳动就业政策的内容
2. 我国公共服务就业体系
3. 劳动保护政策的内容及特点
4. 针对特定人群的就业政策内容及特点
5. 促进高校毕业生就业的政策

【教学难点】

1. 我国劳动就业政策的内容、主要特点
2. 劳动保护政策的特点与发展趋势
3. 针对特定人群的就业政策内容及特点

【实践参与环节】

主题讨论：组织学生学习《中华人民共和国劳动法》《中华人民共和国促进就业法》《国务院关于做好促进就业工作的通知》及党的二十大报告中"实施就业优先战略"等论述。就业是最基本的民生。强化就业优先政策，健全就业促进机制，促进高质量充分就业。健全就业公共服务体系，完善重点群体就业支持体系，加强困难群体就业兜底帮扶。统筹城乡就业政策体系，破除妨碍劳动力、人才流动的体制和政策弊端，消除影响平等就业的不合理限制和就业歧视，使人人都有通过勤奋劳动实现自身发展的机会。健全终身职业技能培训制度，推动解决结构性就业矛盾。完善促进创业带动就业的保障制度，支持和规范发展新就业形态。健全劳动法律法规，完善劳动关系协商协调机制，完善劳动者权益保障制度，加强灵活就业和新就业形态劳动者权益保障。

通过学习，讨论劳动就业政策是如何贯彻和体现以人民为中心的发展思想的。

第七章 社会救助政策与扶贫开发战略（4课时）

一、教学目标

【知识目标】

1. 贫困的概念、类型与主要贫困理论
2. 反贫困政策的基本原则和政策体系
3. 我国社会救助政策体系
4. 我国农村扶贫开发战略的发展与成就
5. 我国的脱贫攻坚政策及其历史性贡献

【能力目标】

通过本章的学习，让学生了解贫困的概念、类型与主要贫困理论，了解反贫困政策的基本原则和政策体系，了解改革开放后我国社会救助和扶贫开发制度快速发展创新，形成综合性的社会救助政策体系和全社会广泛参与的反贫困行动体系，并认识到这个体系运行取得的巨大成就。通过学习，深刻理解我国社会救助政策和扶贫开发战略是政府承担提供福利、解决社会问题、促进社会发展责任的具体制度规定。这些政策规定政府在必要时提供资金、物资、服务和机会给需要帮助的贫困者。在此基础上，提升学生对社会救助政策与扶贫开发战略的分析能力和运用能力。

【课程思政目标】

在教学中，用丰富的案例素材，总结我国社会救助政策和扶贫开发战略特别是脱贫攻坚实践所取得的成就，结合相关政策文本，根据党的二十大报告中关于健全分层分类的社会救助体系的内容，充分说明中国共产党和政府坚持以人民为中心的理念，高度重视对贫困者的帮助，采取多种手段，保障贫困者基本生活、教育、医疗等民生需求。社会救助政策和扶贫开发战略是新时代坚持和发展中国特色社会主义基本方略的重要内容。通过教学，增强学生坚持社会主义道路的自觉性，激发学生爱党爱国热情。

二、教学重点难点与实践参与环节

【教学重点】

1. 贫困的概念、类型与主要贫困理论
2. 反贫困政策的基本原则和政策体系
3. 我国社会救助政策体系

4. 我国的脱贫攻坚政策及其历史性贡献

5. 社会救助政策与社会工作服务

【教学难点】

1. 贫困的概念、类型与主要贫困理论

2. 反贫困政策的基本原则和政策体系

3. 我国社会救助政策体系及其成效

4. 我国的脱贫攻坚政策及其历史性贡献

【实践参与环节】

主题讨论：组织学生学习习近平总书记《在全国脱贫攻坚总结表彰大会上的讲话》（2021 年 2 月 25 日）精神，党的十八大以来，以习近平同志为核心的党中央把脱贫攻坚摆在治国理政的突出位置，把脱贫攻坚作为全面建成小康社会的底线任务，以精准扶贫、精准脱贫为基本方略，组织开展了脱贫攻坚人民战争。经过八年接续奋斗，农村贫困人口全部脱贫，绝对贫困得以消除，区域性整体贫困得到解决，脱贫攻坚战取得全面胜利。

通过学习，结合我国脱贫攻坚的重大成就，讨论分析脱贫攻坚行动的特点、成果及其对我国全面建成小康社会的重要意义，以及对世界反贫困行动的贡献。

第八章　国民健康政策（3 课时）

一、教学目标

【知识目标】

1. 国民健康政策的概念、分类、特点及发展趋势

2. 我国国民健康政策的改革、发展与成就

3. "健康中国战略"行动

【能力目标】

通过本章的学习，让学生掌握国民健康政策的概念、分类、特点及一般发展趋势，了解我国国民健康政策的发展过程及取得的满足人民健康需要的"病有所医"的成效，通过对"健康中国战略"等的详细学习，深刻理解其对提高全民健康水平的重要作用。在此基础上，提升学生对国民健康政策的分析能力和运用能力。

【课程思政目标】

在教学中，用丰富的案例素材，总结我国国民健康政策实践所取得的成就，结

合相关政策文本，根据党的二十大报告中关于健康中国建设的内容，充分说明中国共产党和政府坚持以人民为中心的理念，高度重视国民健康，采取多种方式，坚持关注生命全周期、健康全过程，完善国民健康政策，让广大人民群众享有公平可及、系统连续的健康服务。国民健康政策是新时代坚持和发展中国特色社会主义基本方略的重要内容。通过教学，增强学生坚持社会主义道路的自觉性，激发学生爱党爱国热情。

二、教学重点难点与实践参与环节

【教学重点】

1. 国民健康政策的概念、分类、特点及发展趋势
2. 我国国民健康政策的改革、发展与成就
3. "健康中国战略"行动
4. 国民健康政策的最新发展

【教学难点】

1. 国民健康政策的概念、分类、特点及发展趋势
2. "健康中国战略"行动
3. 国民健康政策的最新发展

【实践参与环节】

主题讨论：组织学生学习党的二十大报告中关于"推进健康中国建设"的论述。人民健康是民族昌盛和国家强盛的重要标志。把保障人民健康放在优先发展的战略位置，完善人民健康促进政策。优化人口发展战略，建立生育支持政策体系，降低生育、养育、教育成本。实施积极应对人口老龄化国家战略，发展养老事业和养老产业，优化孤寡老人服务，推动实现全体老年人享有基本养老服务。深化医药卫生体制改革，促进医保、医疗、医药协同发展和治理。促进优质医疗资源扩容和区域均衡布局，坚持预防为主，加强重大慢性病健康管理，提高基层防病治病和健康管理能力。深化以公益性为导向的公立医院改革，规范民营医院发展。发展壮大医疗卫生队伍，把工作重点放在农村和社区。重视心理健康和精神卫生。促进中医药传承创新发展。创新医防协同、医防融合机制，健全公共卫生体系，提高重大疫情早发现能力，加强重大疫情防控救治体系和应急能力建设，有效遏制重大传染性疾病传播。深入开展健康中国行动和爱国卫生运动，倡导文明健康的生活方式。

通过学习，讨论国民健康政策是如何贯彻和体现以人民为中心的发展思想的。

第九章　教育社会政策（4课时）

一、教学目标

【知识目标】

1. 教育社会政策的概念、特征、功能及地位
2. 我国教育社会政策的历史变迁
3. 当前我国教育社会政策的主要类型、特点及发展趋势
4. 当前我国教育社会政策的主要领域

【能力目标】

通过本章的学习，让学生掌握教育社会政策的概念、特征、功能，了解我国教育社会政策的发展过程及取得的满足人民教育需要的"学有所教"的成效，通过对各阶段及领域教育社会政策的系统学习，深刻理解教育社会政策对提高人民综合素质，促进人的全面发展，增强中华民族创新创造活力，实现中华民族伟大复兴具有的重要意义。在此基础上，提升学生对教育社会政策的分析能力和运用能力。

【课程思政目标】

在教学中，用丰富的案例素材，总结我国教育社会政策实践所取得的成就，结合相关政策文本，根据党的二十大报告中关于"办好人民满意的教育"的内容，充分说明中国共产党和政府坚持以人民为中心的理念，高度重视教育，以满足人民教育需要，使之"学有所教"，特别是教育社会政策对象主要聚焦于困难群体，保障了其基本的受教育权利。通过教学，增强学生坚持社会主义道路的自觉性，激发学生爱党爱国热情。

二、教学重点难点与实践参与环节

【教学重点】

1. 教育社会政策的概念、特征及功能
2. 当前我国教育社会政策的主要类型、特点及发展趋势
3. 当前我国教育社会政策的主要领域

【教学难点】

1. 当前我国教育社会政策的主要类型、特点及发展趋势
2. 义务教育的社会政策

3. 高等教育阶段的社会政策

【实践参与环节】

（1）主题讨论：组织学生学习党的二十大报告中关于"办好人民满意的教育"的论述。教育是国之大计、党之大计。培养什么人、怎样培养人、为谁培养人是教育的根本问题。育人的根本在于立德。全面贯彻党的教育方针，落实立德树人根本任务，培养德智体美劳全面发展的社会主义建设者和接班人。坚持以人民为中心发展教育，加快建设高质量教育体系，发展素质教育，促进教育公平。加快义务教育优质均衡发展和城乡一体化，优化区域教育资源配置，强化学前教育、特殊教育普惠发展，坚持高中阶段学校多样化发展，完善覆盖全学段学生资助体系。统筹职业教育、高等教育、继续教育协同创新，推进职普融通、产教融合、科教融汇，优化职业教育类型定位。加强基础学科、新兴学科、交叉学科建设，加快建设中国特色、世界一流的大学和优势学科。引导规范民办教育发展。加大国家通用语言文字推广力度。深化教育领域综合改革，加强教材建设和管理，完善学校管理和教育评价体系，健全学校家庭社会育人机制。加强师德师风建设，培养高素质教师队伍，弘扬尊师重教社会风尚。推进教育数字化，建设全民终身学习的学习型社会、学习型大国。

通过学习，讨论教育社会政策是如何贯彻和体现以人民为中心的发展思想的。

（2）主题讨论：组织学生学习《关于进一步减轻义务教育阶段学生作业负担和校外培训负担的意见》，结合自己的观察和思考，谈"双减"政策的成效及实施过程中存在的问题，分析其原因并提出相关政策建议。

第十章 住房社会政策（4课时）

一、教学目标

【知识目标】

1. 住房社会政策的概念和基本原理
2. 我国的住房社会政策的发展历程
3. 当前我国的住房政策体系
4. 当前我国的住房公积金政策和城镇住房保障政策

【能力目标】

通过本章的学习，让学生掌握住房社会政策的概念和基本原理，了解以满足人们基本住房需要为目标的我国住房社会政策的发展过程及取得的满足人民住房需要的"住有所居"的成效，通过对公共租赁房政策、棚户区和危房改造政策、经济适用房政策、住房公积金政策及住房租赁补贴政策等的实施情况分析，系统了解我国住房社会政策体系，以及进一步提升其运行绩效的对策。在此基础上，提升学生对住房社会政策的分析能力和运用能力。

【课程思政目标】

在教学中，用丰富的案例素材，总结我国住房社会政策实践所取得的成就，结合相关政策文本，充分说明中国共产党和政府坚持以人民为中心的理念，发挥社会主义制度的优越性，通过系列政策的制定和实施满足人民的基本住房需要。增强学生坚持社会主义道路的自觉性，激发学生爱党爱国热情。

二、教学重点难点与实践参与环节

【教学重点】

1. 住房社会政策的概念和基本原理
2. 当前我国的住房政策体系
3. 公共租赁房政策
4. 当前我国的城镇住房保障政策

【教学难点】

1. 住房社会政策的概念和基本原理
2. 公共租赁房政策
3. 当前我国各项住房社会政策在保障民生和促进社会公平方面的积极意义

【实践参与环节】

主题讨论：根据《关于进一步做好高校毕业生留汉就业创业工作的通知》中武汉市大学生留汉优惠政策中关于安居落户的政策，结合六年来该政策的实施状况，讨论该政策满足大学毕业生住房需求的成效及积极作用。

第十一章　社会福利服务政策（4课时）

一、教学目标

【知识目标】

1. 社会福利服务政策的原理、内容
2. 我国社会福利服务政策的历史发展和现状
3. 当前我国社会福利服务机构的特点、类型与管理模式
4. 当前我国社区服务的内容及经验
5. 我国特定人群的权益保护及社会服务

【能力目标】

通过本章的学习，让学生系统了解社会福利服务的内涵、主要内容、提供主体及方式、功能，了解国家通过社会福利服务输送机制建设等方式推动社会福利服务体系建设，以提高服务的可及性和可得性，为民众提供更高水平的福利服务。在此基础上，提升学生对社会福利服务政策的分析能力和运用能力。

【课程思政目标】

在教学中，用丰富的案例素材，总结我国社会福利服务政策实践所取得的成就，结合相关政策文本，充分说明中国共产党和政府坚持以人民为中心的理念，发挥社会主义制度的优越性，通过系列政策的制定和实施满足人民的社会福利服务需要。增强学生坚持社会主义道路的自觉性，激发学生爱党爱国热情。引导学生学习社会福利服务政策及其背后的价值或蕴含的社会主义核心价值观，引导学生了解中国传统文化中福利供给的思想精华，弘扬尊老爱幼、扶危济困、恤孤念寡的中华传统美德，树立积极服务人民群众的理念。

二、教学重点难点与实践参与环节

【教学重点】

1. 社会福利服务政策的原理、内容
2. 当前我国社会福利服务机构的特点、类型与管理模式
3. 社会福利服务的输送
4. 当前我国社区服务的内容及经验
5. 我国特定人群的权益保护及社会服务

【教学难点】

1. 社会福利服务政策的原理、内容
2. 社会福利服务的输送
3. 当前我国社区服务的内容及经验

【实践参与环节】

主题讨论：组织学生学习《国务院办公厅关于印发"十四五"城乡社区服务体系建设规划的通知》（国办发〔2021〕56号）。城乡社区服务体系，是指党委统一领导、政府依法履责、社会多方参与，以村（社区）为基本单元，以村（社区）居民、驻区单位为对象，以各类社区服务设施为依托，以满足村（社区）居民生活需求、提高生活品质为目标，以公共服务、便民利民服务、志愿服务为主要内容的服务网络和运行机制。坚持以习近平新时代中国特色社会主义思想为指导，坚持和加强党的全面领导，坚持以人民为中心，以增进人民福祉为出发点和落脚点，以强化为民、

便民、安民功能为重点，以不断满足人民高品质生活需求为目标。到 2025 年末，党建引领社区服务体系建设更加完善，服务主体和服务业态更加丰富，线上线下服务机制更加融合，精准化、精细化、智能化水平持续提升，社区吸纳就业能力不断增强，基本公共服务均等化水平明显提升，人民群众操心事、烦心事、揪心事更好解决，获得感、幸福感、安全感不断增强。

通过学习，讨论社会福利服务政策是如何贯彻和体现以人民为中心的发展思想的。

参 考 文 献

韦福，王晓波，邱惠婷. 课程思政示范课程建设的基本目标、主要内容及实现路径探讨：以"社会政策"课程为例 [J]. 河池学院学报，2020 (6)：118–122.

李全利. 大学本科课程思政建设的理念原则及考核指标探析：以社会政策课程为例 [J]. 教育观察，2021 (14)：67–69.

张弛，宋来. "课程思政"升级与深化的三维向度 [J]. 思想教育研究，2020 (2)：93–98.

"社会保障概论"课程思政课程设计

李 琳

一、"社会保障概论"课程思政目标

"社会保障概论"课程是社会工作专业的主干课程之一。课程内容主要是介绍社会保障领域的基本概念和基础理论,主要包括:社会保障的内涵、社会保障的功能、社会保障与社会经济发展的关系、社会保障中效率与公平的关系;社会保障制度产生的社会条件及经济条件;社会保障制度产生的历史过程;社会保障的基本理论基础;社会保障体系的构成;社会保障基金筹集与使用;社会保险制度的构成,特别是养老保险制度、失业保险制度、医疗保险制度和工伤保险制度的构成要素;社会救助制度、社会优抚制度和社会福利制度;以及中国社会保障制度的内容和改革的趋势。

社会保障是保障和改善民生、维护社会公平、增进人民福祉的基本制度保障,是促进经济社会发展、实现广大人民群众共享改革发展成果的重要制度安排,发挥着民生保障安全网、收入分配调节器、经济运行减震器的作用,是关系治国安邦的大事。本课程的目标是将思想政治教育根植于"社会保障概论"课程教学之中,学生在课程中学习和了解西方社会保障思想和社会保障制度发展,通过批判性反思,理解中国社会保障制度发展。本课程坚持把马克思主义基本原理同中国社会保障发展实际相结合,突出马克思主义社会保障理论、中国特色社会保障思想和社会保障制度实践的内容,充分弘扬中国特色社会主义制度的优越性。本课程将达成以下两个方面的课程思政目标:

(一)增强中国特色社会主义道路自信、理论自信、制度自信、文化自信,树立远大理想

中国共产党历来高度重视民生改善和社会保障。早在 1922 年,党的二大宣言中就提出了设立工厂保险、保护失业工人等改善工人待遇的主张。瑞金时期颁布的《中华苏维埃共和国劳动法》设专章规定了社会保险问题。新中国成立伊始,政务院根据《中国人民政治协商会议共同纲领》中"逐步实行劳动保险制度"的要求,于 1951 年颁布《中华人民

共和国劳动保险条例》。改革开放后，我国把社会保障作为改善人民生活的基础民生工程，稳步推进社会保障体系建设，取得了重大进展。党的十八大以来，党中央把社会保障体系建设摆上更加突出的位置，我们坚持发挥中国共产党领导和我国社会主义制度的政治优势，集中力量办大事，推动社会保障事业行稳致远。通过"社会保障概论"课程思政的学习，帮助学生理解中国社会保障制度建设的历程，将社会保障理论与中国国情相结合，在借鉴国外已有研究理论的同时，充分吸收本土理论研究的重要成果。将课程思政融入专业教学中，坚持"四个自信"，以知识培养为重点，以素质培养为导向，以课程思政培育为基础。一方面注重培养学生学习和借鉴国外社会保障发展的有益经验的能力，另一方面在课程中立足国情，分析和讨论具有鲜明中国特色的社会保障体系的科学性和优越性，培养学生成为具有坚定信仰的社会主义优秀接班人。

（二）树立崇高的理想信念和精准的职业定位、专业情怀，充分发扬家国情怀

在教学中，坚持课程思政，将坚持人民至上、坚持共同富裕的理念与增进民生福祉、促进社会公平作为发展社会保障教学的落脚点，在课程教学中融入对专业情怀的培养，培养学生对内含于社会工作中的思想、制度及实践的认同。在专业教育中实现课程思政，帮助学生建立符合社会主义核心价值观的审视社会问题的宏观视角，学生通过有效的课堂学习掌握扎实的专业理论知识和专业技巧，科学地分析当前在我国经济高质量发展的背景下，由于我国现阶段社会主要矛盾发生变化，同时伴随着城镇化、人口老龄化、就业方式多样化，我国社会保障体系仍存在发展和提升的空间，科学地认识当前社会保障领域发展的困境，培养学生的职业理想和对未来从事社会工作的职业情怀。通过课程理论学习与社会实践相结合的教育方式，培养学生外显于形内化于心的人文情怀和专业价值认同。通过课程思政加强社会工作专业服务精神的浸染熏陶，培育学生"以人为本、助人自助、公平公正"的专业价值观。

同时，培养和提高学生运用所学知识分析和解决社会保障实践中出现的问题的能力。社会保障关注困难群体的生活保障，关注居民个人和家庭的风险防范，关注所有社会成员民生福祉的改善，追求社会公平和公正价值实现，关心社会和谐稳定，倡导社会团结互助，因此随着中国社会经济的快速发展，推动和建立健全经济社会发展成果"共享"机制，推动社会保障制度完善具有重要意义。课程思政的融入有助于培养学生形成在新时代社会主义市场经济体制下符合我国社会保障管理需要的专业技能，帮助学生树立崇高的职业理想信念，并制定科学精准的职业发展定位和规划，对于社会工作专业情怀的形成和塑造有着重要意义。

二、"社会保障概论"课程思政理念

"社会保障概论"课程思政的建设对于培育"具备崇高理想""具备综合能力"的新时

代社会工作领域人才队伍极为重要。本课程以专业知识的传授为主线，自然融入思政元素，进而达到"教书"与"育人"有机结合的核心目标。本课程思政的基本理念如下：

一是运用马克思主义的基本方法和观点，从现实的维度出发，从纵向历史与横向现实的角度，通过教学让学生掌握社会保障的历史，把握中国社会保障政策发展的趋势，强调将中国特色社会保障制度发展模式与西方社会保障制度发展模式进行比较研究。一方面，帮助学生理解社会保障的概念、特点、目标、功能和基本原则，掌握社会保障与社会发展、国家治理的关系；另一方面，让学生熟悉当前中国社会保障的历史演变及当代的发展趋势，结合中国社会保障的实际深化学生对当前中国社会主义制度优越性的理解。

二是引导学生坚持以习近平新时代中国特色社会主义思想为引领，结合社会工作专业发展方向，深入学习党和国家的社会保障相关理论和社会保障制度。以坚定理想与承载责任为目标，从社会保障的基础理论研究和当前发展着手，及时跟进国家社会保障政策法规的变化，关注社会热点、新闻，丰富教学内容，理论结合实际，从实际问题入手使学生既能掌握社会保障的基础理论知识，又能深入了解社会保障的具体实践和改革发展趋势，并能运用理论知识去分析思考社会保障实践中出现的诸多问题，做到理论性和实践性的统一。充分激发学生的学习兴趣，突出学生学习的主体地位，启发学生积极主动学习，通过案例分析、小组讨论等方式，以培养和发展专业理想与社会责任为基本承载点，以课程知识点学习和综合能力培养与提升为主要落脚点，坚持马克思主义指导思想，凝练"社会保障概论"课程思政元素课堂，在教学中培育及践行社会主义思想，向学生灌输社会主义核心价值观。

三是树立崇高的理想信念和精准的职业定位。习近平总书记曾多次寄语广大青年要树立共产主义远大理想，将个人的理想和追求融入国家富强和民族复兴的大业中，为实现伟大的"中国梦"履行自己的使命担当。确立崇高的理想信念是"社会保障概论"课程思政的育人目标之一，通过专业知识与思想政治教育的融合教学使得本专业学生能够树立崇高的理想信念并制定科学精准的职业发展定位和规划，将个人的职业规划与社会保障和社会工作领域急需的岗位设置挂钩。通过社会保障专业知识和实践技能的培养，增强社会工作服务的专业性和研究的可持续性，助推我国社会保障和社会工作的高质量发展。

上述理念表明，"社会保障概论"课程教学的专业目标和思政目标可以通过一系列课程设计和课程思政参与来实现。具体到每一个章节的教学主题，要加强课程思政的融入，尤其要提高学生的批判性思维能力和培养学生树立正确的价值观。从知识体系来看，"社会保障概论"作为社会工作专业的主干课程之一，主要讲授社会保障的基本理论、发展历程、社会保障体系结构、社会保障法治与管理、社会救助、社会福利、养老保障、医疗保障、住房保障等内容。本课程思政要实现专业课程知识点的学习与思想政治教育的目标有机融合，通过课程思政潜移默化地实现立德树人的目标。基于此目标，在"社会保障概论"课程教学中，应始终坚持以马克思主义思想为指导，将中国社会保障制度发展回顾和展望融入教学中，基于问题意识，围绕中国社会保障事业的伟大实践和主要问题进行内容选择，帮助社会工作专业学生确立正确的价值导向。

三、"社会保障概论"课程思政内容与融入点

在课程思政内容中要始终将中国社会保障制度发展回顾和展望融入教学中，要加强对新中国成立 70 多年来中国社会保障制度体系建设成就的回顾，阐述中国特色社会保障制度的显著优势，增强"四个自信"，坚定青年大学生走中国特色社会主义道路的信心和决心。

（一）在课程理念设计上坚持中国社会保障制度体系建设与习近平新时代中国特色社会主义思想相结合

社会保障制度体系的建设是中国特色社会主义现代化制度建设的重要组成部分，为促进经济发展和社会长期稳定奠定了坚实的基础。"社会保障概论"课程需要从历史视角检视新中国成立 70 多年来社会保障事业经历的创建奠基、曲折动荡、改革探索、制度重构、加速普及到全面完善的过程，深刻认识中国特色社会主义制度体系的不断完善、社会保障体系改革与发展取得的历史性成就与经验。将习近平新时代中国特色社会主义思想这条主线贯穿于"社会保障概论"课程的始终，《习近平谈治国理政》第三卷系统收录了党的十九大以来习近平总书记关于保障和改善民生的新思考新观点新论断，体现了习近平新时代中国特色社会主义思想的与时俱进，有力指引全党全国在新时代谱写民生事业发展新篇章。通过课程学习，系统了解我国社会保障制度体系建设的历史成就，让学生深刻地感受和认识到我国社会保障事业的伟大进步，认识到中国共产党作为马克思主义政党，从诞生之日起，就将带领人民创造幸福生活作为始终不渝的奋斗目标，明确中国特色社会主义制度的优越性，增强学生民族自信心和国家自豪感。

（二）在课程内容设计上坚持中国社会保障制度发展与中华传统文化相结合

中国五千年文明史形成了非常丰富的社会保障思想和实践。中国传统文化里的理想社会思想是我国社会保障制度发展中天然蕴含深厚的历史渊源和群众基础的关键所在。老子、庄子提出的理想社会思想都是今天我国发展社会保障制度的重要思想渊源。党的十九大报告提出"幼有所育、学有所教、老有所得、病有所医、老有所养、住有所居、弱有所扶"的民生思想，是中国古代民生思想的延续和扩展。在国家层面，中国古代的一系列政策措施，迄今仍被我国现阶段的基本社会保障体系广泛应用。在社会层面，安老怀少思想在中国古代社会保障思想中占有重要的地位，成为社会大众共同遵守的一种道德约束。当前城乡基本养老保险体系、社会救助体系与制度的建立和完善，社会福利、友善型社会生活环境已经基本形成，与之相呼应的如尊老爱幼、扶危济困、恤孤念寡等中华传统美德得以弘扬。"社会保障概论"课程的内容通过中华传统文化与现代社会保障制度、法律规范与传统美德等多个层面的融通，帮助学生进一步思考个人、家庭、社会与国家之间的关系，加深文化理解，增进文化自信。

（三）在课程讲授上坚持马克思主义理论与西方社会保障理论批判研究相结合

"社会保障概论"课程，在很长一段时间里介绍社会保障的理论基础更多提及的是西方社会保障理论，但对西方思想的批判性研究不足，再加上西方国家社会保障制度发展早，效果明显，如果不能将其中的原委以及相应的内容讲解清楚，部分学生就不一定能形成正确的归因。因此，就课程讲授知识而言，加强课程思政建设，要不断引导学生思考西方社会保障与中国现实的差别，理解马克思主义与中国革命和建设具体实践相结合的伟大意义，提高学生批判性思维能力和创新精神，让学生不再盲目相信西方"权威"理论，而是批判性地吸收西方理论，将其与中国特色社会主义新的发展相结合。帮助学生理解社会保障水平的中西差异，世界各国发展水平、社会条件、文化特征不同，社会保障制度必然多种多样，在教学中注重培养学生批判性思维，指导学生应用马克思主义基本原理来解释社会保障事业的发展规律并指导社会保障实践，学会运用马克思主义理论科学分析，立足国情、立足制度优越性理解中国建立的具有鲜明中国特色的社会保障体系。在分析和判断中国社会保障制度改革时，坚持辩证唯物主义和历史唯物主义的世界观和方法论，潜移默化地培养学生辩证分析问题的能力，使其形成批判性思维。

四、"社会保障概论"课程思政步骤和措施

构建以基础理论、典型案例、时事政治、政策建议等为主要内容的立体化德育资源库，优化课程思政内容结构。通过综合运用课堂讲授、翻转课堂等教学方式，以及互动式、研讨式、案例式等教学方法，在激发学生学习兴趣、掌握专业知识的同时，进一步提升学生思想政治素养，培养学生认真负责态度、爱国爱民精神，提高学生的科研创新能力和实践服务能力。

（一）围绕课程讨论主题，实施活动型学科课程

通过给学生拟定讨论议题，开展活动型课堂，激发学生的学习热情，唤起学生的共鸣。依据教师的课程思政教学设计和要求让学生准备课前展示内容，通过活动型课堂引领和帮助学生不断探索社会保障的知识结构。向学生推荐研读的经典文献，使学生融入寻找和发现课程思政相关元素内涵及意义的过程。在教学过程中，不断加强讲授国家社会建设和福利发展，以及通过介绍脱贫攻坚社会政策的实践等帮助学生主动构建相关知识点。建立"社会保障概论"课程思政教育内容库，搜集系列优质的纪录片等影视作品（例如脱贫攻坚政论专题片《摆脱贫困》、纪录片《中国社会保障纪实》、影视剧《山海情》等），同时结合国内社会保障相关新闻事件大力弘扬正气、树立典型。思政教育内容库的选择重点在于凸显社会主义制度优越性，使学生把握在不同历史背景和社会环境下社会保障发展的多样性，提升学习效果。

（二）开展批判反思式教学，实施积极价值引领

通过给出对西方社会保障发展与中国社会保障发展的比较研究，引导学生在开放、辨析的情境中，科学面对不同观点，通过自主辨识、分析，做出正确的判断，提高学生的思辨能力。就"社会保障概论"课程的学习而言，结合学理的分析和思考，对中国和西方制度调整、发展及变革的基本思路、方向等形成清晰的认识就尤显必要，不断引导学生思考西方社会保障理论和社会保障制度发展与中国现实的差别，理解社会保障理论与中国革命和建设具体实践相结合的伟大意义，让学生不再盲目相信西方"权威"理论，而是批判性地吸收西方理论的营养，并将其与中国特色社会主义新的发展阶段相结合。

（三）以案例分析为载体，开展综合性教学

通过设计生活化的案例，引领学生思考，向学生传递积极的价值取向，引导学生关注时事、关注社会生活，激发学生的使命感和担当意识。案例往往能够在说明事实的同时充分展现蕴含在其中的理论、特定的价值理念等。在课程的讲授中，以案例分析为载体，通过学生自身的价值偏好、理论分析能力，提升学生对相关法律和政策的理解和把握能力。教师可事先通过确定社会保障相关案例，拟好案例范围、主题及具体要求将课程思政元素融入其中，通过案例讲述既串联社会保障相关知识点，又对社会保障制度的具体实践进行评析，将理论知识和实践操作统一起来。

（四）以课外实践为路径，培养社会工作的价值情怀

"社会保障概论"课程思政不能仅体现在课堂教学中，还要开展相应的课外实践帮助学生培养社会工作的价值情怀。充分利用社会工作实习基地为"社会保障概论"课程思政提供丰富的课外实践。通过开展参观活动（例如组织走访社会养老机构、社会工作服务中心、医务社工服务站点等），聆听一线工作人员对社会保障业务的讲解介绍，让学生可以直观地感受中国改革开放以来在民生领域的建设成果，进一步深刻理解以习近平同志为核心的党中央坚持以人民为中心的发展思想及其对保障和改善民生的重视。

五、"社会保障概论"课程思政教学设计

（一）教学大纲

"社会保障概论"课程是针对社会工作专业本科生于二年级下学期开设的专业主干课程之一，4学分，共计64课时。本课程共分为两大模块七章，具体如表5-1所示。

表 5-1　　　　　　　　　　　"社会保障概论"课程思政教学大纲

课程模块	课程章分布	教学目标	思政目标
基础知识	第一章　社会保障的产生和历史发展	了解社会保障制度产生的经济社会背景和历史发展过程；掌握社会保障的内涵、具体内容、功能模式及理论依据。	介绍党的十八大以来我国社会保障事业获得的成就，将习近平新时代中国特色社会主义思想融入我国社会保障事业发展的历史中，增进学生对我国坚持以人民为中心的发展思想的理解。
基础知识	第二章　社会保障基金	掌握社会保障基金的界定、概念、特点和分类；了解社会保障基金的筹集模式、渠道、方式；理解社会保障基金投资运营的基本原则和渠道及社会保障基金的管理与监督。	分析社会保障基金各个主体的权利和责任，构建知识网络；通过学生的学习收获交流，增强学生的责任意识和主人翁意识，深化学生对中国特色社会保障政策与经济发展之间关系的认识。
基础知识	第三章　社会保障管理体制	了解和掌握国家和政府组织实施的社会保障法规政策的过程；了解中国社会保障管理体制存在的主要问题及完善思路。	结合实际分析我国社会保障管理体制和发展方向，将知识点与中国社会保障管理体制发展的进程相结合，引导学生树立道路自信、制度自信。
社会保障制度	第四章　社会保险制度	了解社会保险、社会救助、社会福利各自的含义、内容，对比把握三者在社会保障体系中的地位，理解其各自不同的特点；掌握社会保障的基本功能，要求联系经济学知识分析社会保障制度的经济效应。	引导学生在学习中体会，作为人口大国和人口老龄化速度最快的国家之一，我国始终以提高人民生活水平为目标，不断对自己的社会保险体系进行完善，从而加强学生的道路自信和制度自信。
社会保障制度	第五章　社会救助制度		结合脱贫攻坚，向学生阐释党和政府促进全体人民共享改革发展成果、实现共同富裕的决心；在灾害救助的教学中，向青年大学生阐释在重大事件面前，党中央的集中统一领导使我国在政治上能够实现新的举国体制，在面临灾害时具备强大的动员能力，能在统一协调下迅速开展对口支援、灾后重建工作。
社会保障制度	第六章　社会福利制度		充分认识我国社会福利制度建立是以增强人民的获得感为目标、以提升社会福利供给质量为核心的。
社会保障制度	第七章　社会优抚和安置制度	理解和掌握社会优抚和安置制度的概念、特征、原则和目标，以及我国社会优抚和安置制度的建立和发展、对象及具体内容。	了解军人社会保障制度的主要内容，把握我国军人社会保障制度改革前存在的问题，探索我国军人社会保障制度改革的新思路。

（二）教学方法

本课程采用以课堂讲授为主，案例分析、小组讨论和撰写小论文为辅的多样化教学形式。

1. 课堂讲授

课堂讲授注重理论联系实际，通过调动学生的积极性和参与性，增强他们对我国社会保障发展走向的理解和把握。

2. 案例分析

根据课程内容安排，在相应章节安排案例分析环节，通过对案例的分析交流，深化学生用科学的分析方法辩证地看待西方社会保障理论和福利制度的发展，增强学生对当前我国社会主义社会福利和社会保障发展的认同，培养学生的"四个自信"。

3. 小组讨论

组织学生分成不同小组，设定相关主题任务，安排学生进行课外讨论，提升学生分析问题的能力。

4. 撰写小论文

根据所学内容，安排项目与理论文献任务给学生。通过理论与实际的关联，帮助学生运用所学的知识结合当代中国社会保障制度的情况解决和分析现实问题。

（三）教学效果

社会保障是国家抵御工业经济的社会风险和保障国民基本生活的制度安排与管理服务体系。社会保障学是研究人类社会保障实践活动及其发展规律的综合性、应用性和交叉型学科。通过本课程的学习，主要是实现课程专业教学目标和思政教学目标。本课程的专业教学目标中蕴含着重要的思政元素，通过这些元素的运用，将达成以下几个方面目标：

（1）基本掌握社会保障的含义、特点、类型、功能及其发展与改革的趋势。了解我国现行社会保障制度架构与体系建设的内容，了解各项保障制度的制度安排和运行机制。系统了解国外社会保障改革与发展的经验和教训。深入理解新中国成立以来社会保障制度建立、发展与改革的成就与挑战，理性地将国家社会保障制度建设与个人职业发展结合起来。

（2）利用社会保障学的理论来指导具体的社会保障研究与实践。当今世界正处于大变革、大调整之中，经济全球化使得我国与世界的联系更加密切，包括社会保障在内的学习、交流、交融更加频繁。本课程的学习，要求学生了解世界各国社会保障事业的发展现状、问题及趋势，从全球的视角思考我国的社会保障发展事业，进一步认清我国在发展社会保障事业上的优势与劣势，清醒客观地看待我国与其他国家的发展差距，并且紧跟国际社会保障发展前沿，积极借鉴和吸收其中的合理成分，发展中国特色社会保障制度。

（四）教学章节点

第一章 社会保障的产生和历史发展（7 课时）

一、教学目标

【知识目标】

1. 社会保障的界定，社会保障制度产生的经济社会背景及历史发展，我国社会保障制度的历史

2. 理论依据：福利国家理论、福利经济学理论、英国《济贫法》、马克思关于福利的论述、习近平总书记关于社会保障的重要论述

3. 社会保障的内容和功能

【能力目标】

本章属于本门课的导论，目的在于让学生对社会保障有个整体上的初步认识，知道什么是社会保障，社会保障的意义和功能是什么，从而为开展后续内容的学习奠定基础。让学生了解社会保障制度产生的经济社会背景及其建立与发展的过程；明确社会保障制度的几种基本类型及其含义，并结合中国社会保障制度的现实，了解在探索社会保障制度改革中的新措施。通过辩证分析，批判性地吸收西方理论，学习和掌握中国特色社会保障制度的发展，深刻阐明发展的根本目的是增进民生福祉，保障和改善民生的着力方向是多谋民生之利、多解民生之忧，价值取向是促进社会公平正义。

【课程思政目标】

在课程思政上，结合中国实际，介绍中国传统文化中的社会福利思想，介绍党的十八大以来我国社会保障事业取得的成就。我国的社会保障事业经历了从创建奠基、曲折动荡、改革探索、制度重构、加速普及到全面完善的过程，走出了一条中国特色社会保障道路，为全球社会保障制度变革提供了中国经验。将习近平新时代中国特色社会主义思想融入我国社会保障事业发展的历史中，增进学生对我国坚持以人民为中心的发展思想的理解。

二、教学重点难点与实践参与环节

【教学重点】

1. 社会保障的内涵和具体内容及其功能

2. 现代社会保障的模式和理论依据

3. 社会保险、社会救助、社会福利和社会优抚

【教学难点】

1. 工业经济下的社会风险和社会保障的社会背景

2. 马克思、恩格斯和列宁的社会保障思想与核心内容

【实践参与环节】

主题讨论：分析疫情防控阻击战中，我国社会保障不仅较好地发挥了抵御、防范、化解风险的传统功能，而且为复工复产、恢复经济社会秩序提供了强有力的支撑。通过讨论，深刻理解中国特色社会保障体系优势在疫情防控中得到的充分彰显。

第二章　社会保障基金（6 课时）

一、教学目标

【知识目标】

1. 社会保障基金的界定、概念、特点和分类

2. 社会保障基金的特征和功能，社会保障基金的筹集模式、渠道、方式，社会保障基金的给付

3. 社会保障基金投资运营的基本原则、渠道及社会保障基金的管理与监督

【能力目标】

社会保障基金是社会保障制度得以正常运行的基本保证。从世界各国的情况看，社会保险基金是社会保障基金的主要组成部分。因此，本章主要介绍和分析社会保险基金。通过本章的学习，让学生了解社会保障基金的概念和作用，了解社会保障基金的来源、筹集渠道和运营方式。

【课程思政目标】

分析社会保障基金各个主体的权利和责任，构建知识网络；通过学生的学习收获交流，增强学生的责任意识和主人翁意识，深化学生对中国特色社会保障政策与经济发展之间关系的认识。

二、教学重点难点与实践参与环节

【教学重点】

1. 社会保障基金的概念和作用

2. 社会保障基金的来源

3. 社会保障制度正常运行的基本保证

4. 社会保障基金筹集渠道

5. 社会保障基金投资方向

6. 社会保障基金筹集模式

【教学难点】

1. 底线思维、战略储备是设立社会保障基金的核心

2. 社会保障基金在性质上属于社会公共基金

3. 社会保障制度的运行是筹集社会保障基金、合理分配社会保障基金的过程

【实践参与环节】

主题讨论：讨论《全国社会保障基金投资管理暂行办法》。在社会保障基金筹资来源的过程中结合全国社会保障基金及近年来社会保障基金管理的变化，向青年大学生阐释国家财政在社会保障运行中的"兜底"责任，从侧面反映出党和国家对社会保障基金投入及其资金安全的重视。

第三章　社会保障管理体制（6 课时）

一、教学目标

【知识目标】

1. 社会保障管理内容

2. 社会保障管理体制

3. 中国社会保障管理体制存在的主要问题及完善思路

【能力目标】

通过本章的学习，让学生理解社会保障管理是社会保障制度体系的重要组成部分，科学高效的管理体制是社会保障事业健康发展的必要前提，社会保障管理是由国家或政府制定并实施有关社会保障的法律、政策以及实现社会保障任务目标的行政工作过程。

【课程思政目标】

通过本章的学习，掌握社会保障管理的主要内容和体制，结合实际分析我国社会保障管理体制和发展方向，将知识点与中国社会保障管理体制发展的进程相结合，引导学生树立道路自信、制度自信。

二、教学重点难点与实践参与环节

【教学重点】

1. 国家和政府组织实施的社会保障法规、政策的过程
2. 社会保障的行政管理、基金管理、对象管理
3. 中国社会保障管理体制的特点、存在的问题以及改革和发展

【教学难点】

中国社会保障管理体制存在的问题

【实践参与环节】

（1）实践环节：观看纪录片《中国社会保障纪实》，为学生展现新中国成立以来社会保障制度的改革与发展，组织学生讨论并引导学生树立制度自信，敢为人先，坚定不移走中国特色社会主义发展道路，坚定为国家的发展与建设贡献自己力量的决心。

（2）主题讨论：结合实际分析并讨论我国社会保障管理的方向和以中央决策为动力、自上而下带动地方社会保障体制的改革。彰显当前以高水平信息化为依托的一体化社会保障服务网络建设，推动我国社会保障管理体制现代化。

第四章　社会保险制度（24课时）

通过本章的学习，使学生了解具体的社会保险制度，掌握养老保险、医疗保险、失业保险、工伤保险的具体内容，掌握社会保险制度的制定和实施过程。在教学中，不仅要梳理我国社会保险体系存在的问题和面临的困难，更要让学生理解我国经过70多年的建设和完善，形成了包含养老保险、医疗保险、失业保险和工伤保险的较为全面的社会保险体系的不易。如对中国社会保险四大组成部分的讲解，都是从不同的项目及分工入手的，结合其建立的背景、意义、制度模式、人群覆盖情况、筹资办法、待遇标准等，让学生在具体实践中去理解理论，感受制度发展变化给公民带来的获得感。引导学生在学习中体会，作为人口大国和人口老龄化速度最快的国家之一，我国始终以提高人民生活水平为目标，稳步推进社会保障体系建设和制度完善，在此基础上，加强学生的道路自信和制度自信。

第一节　养老社会保险制度

一、教学目标

【知识目标】

1. 养老社会保险概述

（1）养老社会保险的基本概念

（2）养老社会保险的历史发展

（3）养老社会保险的类型、原则和实施

（4）老年健康保障的基本方式

2. 我国的老年社会保障制度

（1）我国现阶段养老保险的内容

（2）我国城镇养老保险的改革与发展

（3）我国农村养老保险的改革与发展

【能力目标】

通过本章的学习，让学生掌握老年社会保障的概念和意义，了解老年社会保障制度的基本类型、原则和实施方式，老年社会福利的主要内容以及我国当前城镇和农村的养老保险具体内容，运用以上制度对老年人开展专业的社会保障帮扶工作，并认识到在当前全球老龄化的背景下，我国养老保险制度面临的风险和挑战。

【课程思政目标】

从国情出发，结合当前社区养老模式和"互助"养老模式的发展，让学生感受到中国特色社会主义进入新时代后在解决养老问题中的社会进步，理解我国养老保险发展的特点。

二、教学重点难点与实践参与环节

【教学重点】

1. 老年社会保障的基本类型和实施方式

2. 老年社会保障的主要内容

3. 我国城镇和农村当前的养老保险现状和问题

4. 如何建立覆盖全民的社会保险养老保障体系

【教学难点】

我国城镇和农村当前的养老保险现状和问题是本节的教学难点。

【实践参与环节】

（1）实践环节：走访社会养老服务机构，弘扬和宣传中华民族"尊老、爱老"的传统美德。通过改革开放以来我国养老政策和措施的学习与实践活动相结合，学生深刻领会坚持党的集中统一领导，全国一盘棋、集中力量办大事是成就中国特色社会保障事业的法宝，也是社会主义制度优越性的体现。

（2）主题讨论：通过课程讨论，引导学生理论联系实际，思考当前老龄化背景下中国社会的发展问题，深化学生对社会工作专业的认识。

第二节　医疗社会保险制度

一、教学目标

【知识目标】

1. 医疗社会保险概述

（1）医疗社会保险的界定和特点

（2）医疗社会保险基金的筹集和给付

（3）医疗社会保险的改革趋势

2. 中国医疗社会保险制度

（1）城镇职工的基本医疗社会保险制度

（2）城镇居民的基本医疗社会保险制度

（3）新型农村合作医疗制度

（4）城乡医疗救助制度

（5）我国医疗保障制度的改革与发展

【能力目标】

通过本章的学习，让学生明白医疗社会保险的定义、特征及其发展历程，理解医疗社会保险基金的筹集、给付项目、支付方式及费用分担方式，了解当前医疗社会保险制度的改革趋势及我国城镇医疗社会保险的现状、问题及改革情况。

【课程思政目标】

通过我国医保改革，凸显国家的制度优势，有助于增强学生的爱国主义热情，形成正确的国家观。

二、教学重点难点与实践参与环节

【教学重点】

1. 医疗社会保险基金的筹集、给付项目、支付方式及费用分担方式

2. 我国城镇和农村当前的医疗保障制度内容

【教学难点】

我国城镇医疗社会保险的现状、问题及改革情况是本节的教学难点。

【实践参与环节】

（1）政策梳理：组织学生学习和理解脱贫攻坚期对脱贫人口的医疗保障措施，树立制度自信和理论自信。结合知识点，组织学生学习习近平总书记对医保改革的

基本论述:"要坚持不懈、协同推进'三医联动',健全筹资和待遇调整机制,推进国家组织药品和耗材集中带量采购改革,深化医保支付方式改革,完善医药服务价格形成机制,提高医保基金使用效能。"

(2)主题讨论:比较医疗社会保险基金不同支付方式的优劣和分析当前中国医保改革。

第三节 失业社会保险制度

一、教学目标

【知识目标】

1. 失业的界定与类型
2. 失业社会保险的概念、特点、作用及原则
3. 失业社会保险的构成
4. 中国就业保障制度

【能力目标】

通过本章的学习,让学生了解现代就业保障制度的基本构成,全面认识市场经济国家通行的就业保障内容,掌握我国现行就业保障制度规定,能够运用以上政策内容对失业者进行社工帮扶。

【课程思政目标】

在课程教学中,一方面要求学生学习和理解党中央、国务院关于就业的部署要求,另一方面结合当前的政策深化理解失业社会保险的基本内涵。结合党的二十大报告中关于"健全就业公共服务体系,完善重点群体就业支持体系,加强困难群体就业兜底帮扶"的论述,分析近年来我国稳岗就业政策。就业向来是关系国计民生的大事。把稳就业工作摆在更加突出的位置,使广大劳动者共建共享改革发展成果,正是社会主义制度优越性的重要体现。

二、教学重点难点与实践参与环节

【教学重点】

1. 就业保障制度的基本构成
2. 失业社会保险制度的主要内容
3. 中国就业保障制度

【教学难点】

1. 失业保险制度及其改革

2. 筹集资金与企业负担、提高待遇与持续发展的平衡

【实践参与环节】

（1）政策梳理：组织学生梳理近五年的就业政策。通过政策梳理帮助学生理解习近平新时代中国特色社会主义建设背景下的就业政策，将我国失业社会保险的制度建设放在党和政府关于改革、发展和稳定的宏观国家治理格局中来分析，凸显中国特色社会主义制度的优越性。

（2）主题讨论：组织学生讨论"大学生就业"议题。组织学生讨论当前就业的困境，结合国家出台的大学生就业政策，探索从社会保障层面促进大学生就业的政策建议，鼓励学生理论结合实际，培养其分析和解决问题的能力。

第四节　工伤社会保险制度

一、教学目标

【知识目标】

1. 工伤社会保险的概念与范围
2. 工伤社会保险的待遇
3. 工伤预防与工伤康复
4. 中国工伤社会保险制度

【能力目标】

通过本章的学习，让学生掌握工伤社会保险的一般形式，了解我国工伤社会保险的历史，熟悉我国现行的工伤社会保险制度。

【课程思政目标】

中国工伤社会保险制度改革的目标，是建立适应社会主义市场经济体制要求的，覆盖城乡所有用人单位和职工的，制度体系法制化，管理服务社会化，工伤保险与事故预防、职业康复相结合的工伤社会保险制度。

二、教学重点难点与实践参与环节

【教学重点】

1. 工伤社会保险的基本内容
2. 中国工伤社会保险制度

【教学难点】

工伤社会保险制度的中外比较是本节教学难点。

【实践参与环节】

案例分析：课外拓展中学习我国《工伤保险条例》，使学生了解我国工伤社会保险总体情况，理解我国当前已逐步建立起一张覆盖广大职工的"职业安全网"。围绕张海超开胸验肺事件展开讨论，让学生认识到我国社会保障事业的发展是在发展的过程中循序渐进推进的，认识到社会保障制度并非尽善尽美，科学地看待社会保障领域出现的问题，树立对专业价值的认同。

第五章　社会救助制度（7课时）

一、教学目标

【知识目标】

1. 社会救助制度概述
2. 我国社会救助制度

【能力目标】

通过本章的学习，使学生理解社会救助的一般原则，让学生掌握社会救助的标准和目标。要求学生对贫困有一个客观的认识，了解我国最低生活保障制度的实施情况、国家对于农村落后地区的特殊政策。社会救助的实施原则，贫困标准的制定，救助资金的来源，农村扶贫的方式和资金来源，我国的城镇和农村的社会救助是重点。

【课程思政目标】

结合脱贫攻坚，向学生阐释党和政府促进全体人民共享改革发展成果、实现共同富裕的决心，体现了中国特色社会主义制度的优越性。在灾害救助的教学中，向青年大学生阐释在重大事件面前（通过汶川地震等案例说明）党中央的集中统一领导使我国在政治上能够实现新的举国体制，在面临灾害时具备强大的动员能力，能在统一协调下迅速开展对口支援、灾后重建工作。

二、教学重点难点与实践参与环节

【教学重点】

1. 贫困的界定
2. 绝对贫困和相对贫困
3. 社会救助的含义、特征
4. 城市居民最低生活保障制度的内容
5. 农村居民最低生活保障制度的内容

6. 计划经济时期的城市社会救助

【教学难点】

1. 贫困的含义及其度量标准

2. 社会救助的含义、特征

3. 农村居民最低生活保障制度的内容

【实践参与环节】

（1）实施环节：分组展示汇报我国脱贫攻坚成就。回顾我国社会经济发展的历程，从绝对贫困和相对贫困的概念出发，延展到我国脱贫攻坚到巩固拓展脱贫攻坚成果与乡村振兴的阶段转变，树立学生的中国特色社会主义道路自信。

（2）政策梳理：梳理中国古代救助体系，将我国传统文化融入课程学习。古代战争频繁灾害频发，一定程度的社会救济制度和慈善事业的建设是维持社会稳定的良药。研究中国古代的社会救济制度，通过梳理古代的救助体系，认识不同历史阶段的救济方式和救济理念，帮助学生树立文化自信。

（3）实践环节：组织社会调查、实地考察、脱贫人口的志愿服务，组织学生前往当地福利院、特困人员供养服务机构及城乡低保家庭等开展志愿服务，近距离接触各类困难人员，通过实践教学帮助学生理解我国社会救助制度的发展和现实，将课程学习的知识点与社会主义先进文化教育相结合，使学生理解社会救助的兜底保障对于促进"六稳六保"的重要意义，进一步增强学生的社会责任感和社会工作专业使命感，加深学生对社会主义先进文化的理解。

（4）主题讨论：观看脱贫攻坚纪录片，讨论我国脱贫攻坚成就，尤其是在党中央的正确领导下，我国构建了中央统筹、省负总责、市县抓落实的工作机制，形成了省、市、县、乡、村五级书记齐抓扶贫、全党动员共促攻坚的工作格局，以及东西部扶贫协作、党政机关定点扶贫、军队和武警部队扶贫、社会力量参与扶贫的"大扶贫"工作格局，形成了一条中国特色扶贫开发道路。

第六章 社会福利制度（7 课时）

一、教学目标

【知识目标】

1. 社会福利概述

2. 社会福利和职工福利的区别

3. 西方国家的职工福利

4. 中国职工福利制度

【能力目标】

通过本章的学习，使学生了解社会福利制度的基本内容，掌握我国公民享受的社会福利有哪些，相对应的国外社会福利制度的实施情况，以及我国社会福利制度的改革和发展。了解社会福利的界定、性质、类型，国外福利制度的类别和实施情况，我国社会福利制度的发展概况，住房福利的发展沿革。

【课程思政目标】

通过回顾社会福利发展历程，探究社会福利发展的基本理念、主要路径与总体趋势。让学生充分认识我国社会福利制度建立是以增强人民的获得感为目标、以提升社会福利供给质量为核心的。

二、教学重点难点与实践参与环节

【教学重点】

1. 国外相关社会福利内容
2. 中国老年人社会福利缺陷
3. 中国残疾人社会福利制度
4. 中国妇女儿童社会福利制度

【教学难点】

1. 社会福利与职工福利的区别
2. 中西方社会福利制度的比较

【实践参与环节】

（1）学术讨论：比较分析西方社会福利发展和中国社会福利发展，结合思政元素组织探讨"欧洲高福利对我国的社会保障建设是否具有借鉴意义"的辩题，引导学生在开放、辨析的情境中，科学面对不同观点，通过自主辨识、分析，做出正确的判断，提高学生的思辨能力。结合学生展示的养老模式，引领学生分析中国社会福利发展，认同中国特色社会主义进入新时代后取得的巨大成就。

（2）主题讨论：组织学生认真学习 2022 年第 8 期《求是》杂志刊发的习近平总书记重要文章《促进我国社会保障事业高质量发展、可持续发展》并展开讨论，了解当前背景下我国政府对深化社会保障制度改革做出的一系列重要部署。

（3）主题讨论：观看脱贫攻坚纪录片，结合我国农村老年人、儿童社会福利的发展，讨论社会福利的内涵。

第七章　社会优抚和安置制度（7 课时）

一、教学目标

【知识目标】

1. 社会优抚制度的含义、社会优抚的内容、社会优抚的资金来源与运行
2. 社会安置制度的对象和内容
3. 我国社会安置工作的思路与社会优抚事业的发展

【能力目标】

通过本章的学习，使学生理解和掌握社会优抚和安置制度的概念、特征、原则和目标，以及我国社会优抚和安置制度的建立和发展、对象和特殊性、给付标准和待遇项目。重点是我国社会优抚和安置制度的具体内容。

【课程思政目标】

通过本章的学习，使学生了解军人社会保障制度的主要内容，把握我国军人社会保障制度改革前存在的问题，探索我国军人社会保障制度改革的新思路。

二、教学重点难点与实践参与环节

【教学重点】

1. 军人社会保障制度的主要内容
2. 军人社会保障制度改革前存在的问题

【教学难点】

我国军人社会保障制度改革新思路的探索

【实践参与环节】

政策梳理：学习我国当前出台的优抚安置文件，了解中国特色社会主义进入新时代，退役军人优抚安置工作进入新的发展时期，党和政府不断推出的新政策和新举措落实优抚安置，激发学生为实现中华民族伟大复兴而奋斗的积极性、主动性。

参 考 文 献

牟军. 《社会保障概论》课程教学质量提高的方法和手段 [J]. 云南财经大学学报, 2005 (Z1)：223 - 225.

牟军. 实践教学在《社会保障概论》课程教学中的运用研究 [J]. 科学时代, 2010 (11)：234 - 236.

何勤, 袁敏. 基于"新时代劳动精神"培育的专业思政探索与实践: 以劳动与社会保障专业为例 [J].
　　北京劳动保障职业学院学报, 2022 (2): 49-53, 72.

赖志杰, 李春根, 方群. 论社会保障学的课程思政价值与实践路径 [J]. 社会保障研究, 2022 (2): 95-102.

邱伟光. 课程思政的价值意蕴与生成路径 [J]. 思想理论教育, 2017 (7): 10-14.

高德毅, 宗爱东. 从思政课程到课程思政: 从战略高度构建高校思想政治教育课程体系 [J]. 中国高等
　　教育, 2017 (1): 43-46.

李春根, 仇泽国. 高校课程思政元素的挖掘与育人功能: 以《社会保障学》为例 [J]. 中共南昌市委党
　　校学报, 2021 (1): 52-55.

史柏年. 社会保障概论 [M]. 北京: 高等教育出版社, 2004.

孙光德, 董克用. 社会保障概论 [M]. 6版. 北京: 中国人民大学出版社, 2019.

专题六

"人类行为与社会环境" 课程思政课程设计

李雪萍

一、"人类行为与社会环境" 课程思政目标

(一) 总目标

人类在社会环境中生存和发展，社会环境中的家庭（扩展家庭）、群体（同辈群体）、社区、社会组织、文化、大众传媒等形塑人类行为。

党和政府历来重视社会环境建设。家庭、社区、社会组织、文化等是重要的社会环境因素。因此，党和政府强调家庭建设、社区治理（构建社区治理共同体）、组织建设、文化发展等。人们生活的主要环境是家庭、社区、单位等。家庭是社会环境的基础，习近平总书记指出，"不论时代发生多大变化，不论生活格局发生多大变化，我们都要重视家庭建设"。这一重要论断强调了家庭环境的重要性，以及反映了党和政府一贯重视家庭建设的优良传统。党和政府注重社区建设，即便是乡村社区，也要使之产业兴旺、生态宜居、乡风文明、治理有效、生活富裕。

"人类行为与社会环境" 课程作为社会工作专业主干课程之一，积极响应党的号召及高校教学改革，深化课程思政改革的思路，目的是在向学生传授课程知识的同时引导学生树立正确的价值观。联结社会环境的主要因素，本着 "以人为本" 的价值理念，强调家庭环境建设，建构良好的朋辈关系、职业关系等社会关系，将德育与智育相结合，不仅能为学生 "传授知识"，也为学生 "塑造价值"；帮助学生既了解环境，也认识自己。

"人类行为与社会环境" 课程致力于解析人类行为与社会环境之间的关系，更重要的是根据生命历程（胎儿期－婴幼儿期－学龄前期－学龄期－青少年期－成年期－老年期）的不同阶段，探讨身心发展、行为问题及矫治。通过学习本课程，引导学生看到生命历程中不同阶段的行为特征和存在的问题，反思未来作为一名社会工作者应如何帮助服务对象建立良好的社会关系，从而构建相互关怀、共享共治的社会共同体。基于此，"人类行为与社会环境" 课程首先是让学生把握生命历程中各个阶段的行为特征，其次是帮助学生学

习"做人"和"做事"。

(二) 分目标

1. 把握社会环境

通过本课程的学习，使学生懂得社会环境的构成、状况、变化及其作用。理解环境如何形塑人的行为：提供发展空间和方式；是人类成长的有力支持和影响力量；为人类成长提供了时代参照和标准。了解国家改革开放以来的巨大发展，改变环境，塑造行为，由此培养学生爱国心、奉献心。

2. 了解自我，改变认知，改善自我

通过本课程的学习，让学生了解自我，适应环境，改变自我，拥有积极健康的人生态度。具体说来，通过学习了解人生各个阶段可能的问题及具体的介入方法，帮助学生化解自己、家人、同学的内心矛盾和冲突，改善家庭关系、同学关系等社会关系，从而建立良好的社会关系。通过展现成长的艰辛以及家庭的培育，培养学生感恩心、责任心、孝顺心。

3. 提高和丰富专业技能和经验

帮助学生提升认知能力，掌握人类成长过程中各阶段的问题及介入方法，丰富学生处理各种关系的技巧和经验，提升助人心。

二、"人类行为与社会环境"课程思政理念

本课程围绕专业人才培养目标，从社会环境要素及其变迁、生命历程的阶段性问题、学生的思考等出发，挖掘课程蕴含的家国情怀以及专业价值理念，强化学生的爱国心、奉献心、家庭责任心、社会责任感等。

(一) 历史叙事：让学生了解环境变迁，凸显党和政府的引领

社会环境的历史叙事：讲述社会环境的结构和变迁。在课程学习过程中，从三个时段的历史叙事（中华人民共和国成立之前—改革开放前—改革开放后），深刻解析社会环境的变化，以及不同代际人们的行为及其特征的演进。课程讲述在党和政府的领导下取得的巨大成就，强化学生的爱国心，强调"一代人有一代人的使命"；本课程呈现不同代际人们的行为变化，凸显社会工作的专业价值以及社会工作者所需的责任心、奉献心。

(二) 对比分析：对比三代人，呈现社会环境变化，感知国家不断发展

本课程通过三代人社会环境、行为方式的变化，呈现学生已知的时代变迁，既帮助学生掌握专业知识，更强化学生的爱国心。三代人主要指学生的爷爷代、父母代和自己。爷爷代、父母代的经历，是学生在生活中能亲身感知的社会事实，将自己的亲身经历与前两

代人的生活经历对比，凸显国家取得的巨大成就和发展，强化学生的爱国心。

(三) 快乐与艰难叙事：培养快乐健康的生活心态及感恩心、责任心、孝顺心

本课程陈述生命历程中"成长的快乐"，如面对新生儿出生的喜悦、婴幼儿期的天真、学龄前期的"游戏生活"、学龄期的纯粹、青少年期的创造力、成年期的丰厚、老年期的丰硕等，使学生感知快意人生。同时从人在生命历程中经历的艰难困苦展开叙事，培养学生的感恩心、责任心、孝顺心。个体生命的成长与发展是极不容易的过程，可能因为自身或环境会出现诸多行为问题。本课程讲述孩子在胎儿期母亲承受多种禁忌，在婴幼儿期、学龄前期得到事无巨细的照顾，在青春期产生叛逆及其应对等，引导学生体会父母在这一过程中的付出，让学生感恩父母和家人，培养学生的感恩心。本课程讲述人们进入成年期的多角色扮演及其担负的责任（上有老、下有小），强化学生的责任心。课程呈现人们进入老年期（尤其是高龄老人）可能出现的心理问题（如微笑性抑郁）、行为问题（如病痛缠身），需要得到多方面照顾，以此强化学生的孝顺心。

(四) 寻找差距：改变学生的认知，联结行为矫治，树立专业价值

通过课程分析，寻找学生认知与课程观点之间的差异，重塑学生的观念，引导学生建构科学的认知；课程呈现生命历程各个阶段可能出现的行为问题，促进学生掌握处理问题的方法，树立科学的价值与理念，如助人自助的理念以及帮助困难群体的专业价值。具体说来，通过行为偏差及矫正的学习，强化学生多方面意识：热爱家庭，感恩父母及其他长辈；关照困难群体；促进同辈群体的成长等。

三、"人类行为与社会环境"课程思政内容与融入点

(一) 教学的全过程融入

依据教学内容，采取全过程融入。融入的具体内容将在教学设计（教学大纲、教学方法、教学效果等）中体现。课程思政的融入点主要体现在如下几个方面。

（1）中华人民共和国成立以来，尤其是改革开放四十年来，我国社会建设成就（社会环境的变化）及其对社会行为的改变，强化学生爱国意识。

（2）学习和把握相关理论研究的推进与发展，展现相应学科研究的进步与发展，强化专业价值与意识。

（3）把握各个社会环境要素（原生家庭、社区、学校、同辈群体等）对个体或群体行为的深刻影响，建构学生的科学认知和优良行为。例如，自己未来要做最好的家长；再如，通过自己的行为，影响、帮助、照顾长辈。把感恩心、责任心、孝顺心落实到日常行为中。

（4）正视生命历程中每一个阶段生理、心理、行为发展的特征，科学而有效地应对。

例如关照困难群体以及关注生命每一个阶段的脆弱点（如青少年的两极化、青年期的角色问题等），既是专业学习要求，也是做人的重要品质，把助人心落实到行动中。

（二）课外交流的深度融入

本课程重视师生之间课内与课外的交流与互动，在课堂上教师以讲授的形式帮助学生掌握学科知识、树立相关认知，这是课堂教学的重要任务。

课堂教学的时间有限，在大量课外的交流中，师生间通过详细而深刻地分析、讨论、研究相关问题，提升学生对知识的掌握和运用能力，使学生主动地、发自内心地爱祖国、爱人民、亲社会、爱同学、爱家人，并学习爱的技艺。

（三）重学理，强调德行

在对社会环境因素的研讨中，有诸多社会政策问题需要深入探讨，例如家庭环境建设中的生育问题、代际关系，社区环境发展中的社区治理共同体建设、乡村振兴等等。在学理的研究中，去呈现建设规律，强化学生对社会治理、社会政策的研究，树立深层次的文化自觉、国家自信。

强调德行是指在课堂内外与学生共同学习、共同研讨的过程中，做到知行合一，让学生在把握理论知识的同时，形成良好的品德，并指导自身行为。通过把握社会环境与人类行为的关系、相关理论的发展脉络以及生命历程各个阶段生理心理发展、行为问题，建立构建良好社会环境的期许，培养关爱自己、关爱困难群体、照顾长辈（文化反哺、老年人关怀）等"有爱"品德，并指导自身行为。

四、"人类行为与社会环境"课程思政步骤和措施

（一）课程思政实施步骤

（1）设计课程思政大纲，细致研读教材、教学大纲，在课程内容中详细寻找课程思政点。

（2）在教学过程中不断尝试、探索、总结，做到在每个学期都不断增加新内容、进行新尝试。每一次尝试，都邀请学生单独或以小组的形式，予以反馈。反馈后，下一次进一步改进。

（3）发挥学生主动性，让学生在教学过程中帮助教师提出思政点。

（二）课程思政主要措施

1. 课堂教学中的讲授与讨论相结合

课堂教学过程分为两个层面，一是讲授知识点，二是对思政点的分享、讨论、分析。围绕学生的亲身体验分析相关问题，做到学思结合。

2. 课后辅导

利用与学生一起散步的机会以及微信、QQ 等通信工具，指导学生。主要指导形式有两种，一是个别谈话，二是小组交流。

3. 课后阅读与认知扩展

第一，推荐研读经典文献。教学过程中，向学生推荐经典文献，要求学生仔细研读，写出读后感，强化相关认识。主要推荐的有：改革开放四十年以来，关于国家社会建设和发展的顶刊文章；脱贫攻坚社会实践、成果总结；国内外相关问题对比分析的书籍、文章（例如针对重大突发公共卫生事件的应对以及管控措施，推荐阅读《上帝的跳蚤》，了解历史上瘟疫大事以及应对措施，协助学生建立起构建"社会韧性""国家韧性"从我做起的意识）。

第二，扩展认知。推荐相关纪录片等影视作品，让学生课余观看，使其把握不同社会环境下人类社会的多样性，不同文化规约不同族群的社会行为。例如，推荐学生观看《第三极》纪录片，帮助学生了解青藏高原上藏族在其文化规约下的行为，使其更加热爱自己的国家。

4. 从自己、身边做起的学以致用

首先，自我回忆与反思。涉及学生已经经过的生命阶段，分析曾经遇到的问题，了解其为应对问题而做出的调适，分析如何改善自己的心境、家庭氛围、同学关系等。

其次，联系父母、爷爷奶奶（姥姥姥爷）的实际情况，协助他们转变心理状况、心理环境、家庭环境等，更多地帮助自己的原生家庭和扩展家庭。

最后，同学之间在沟通中相互帮助解决情绪问题等。

5. 带学生在校内和校外观察、访谈、参与

教师与学生一起在校内观察家长照顾小孩的情况，并访谈照顾者；访谈校园内独居老人，甚至参与照顾。到校外附近社区参观、考察相关内容，如社区治理等。

6. 针对学生个别的心理问题、突发问题，进行辅导，给予帮助

上述措施是针对本课程全体学生的设计，实际上个别学生会遇到一些特殊情况，需加强个别辅导。

首先是帮助个别有需要的学生，跟他们谈话，转变他们的错误认知。关爱他们，给他们温暖。主要任务是缓解学生的心理问题。

其次是应急服务。学生中总会有人偶尔出现一些生活难题，比如失恋、家人去世、家人生病或遭遇灾祸等。知晓情况后，教师要主动给予更多的帮助，改善学生的心理环境。

五、"人类行为与社会环境"课程思政教学设计

（一）教学大纲

"人类行为与社会环境"课程是针对社会工作专业本科生于二年级下学期开设的专业主干课程之一，3 学分，共计 48 课时。本课程共分为两大模块十章，具体如表 6-1 所示。

表 6-1 "人类行为与社会环境"课程思政教学大纲

课程模块	课程章分布	教学目标	思政目标
基础知识	导论	了解人类行为与社会环境的关系，掌握人类行为、社会环境、成长等基本概念及评估人类行为的生理、心理、社会环境三个维度。	科学合理地拓展人类行为与社会环境课程的广度、深度和温度，从课程所涉的专业理论、概念、阶段特征等角度，增加课程的知识性、人文性，提升引领性、时代性和开放性。
	第一章 人类行为理论	了解各理论的来源，掌握几大理论的主要内容，并能用其解释人类行为。	理论联系实际，注重学思结合、知行统一，增强学生勇于探索的创新精神、善于解决问题的实践能力。通过设置课程讨论环节，让学生在讨论中增强理论运用能力和创新能力。
不同阶段与社会环境	第二章 胎儿发展与社会环境	了解胎儿的发育与出生，掌握影响胎儿发育的因素和胎儿出生对家庭的影响。	理论联系实际，注重学思结合、知行统一，增强学生勇于探索的创新精神、善于解决问题的实践能力。通过设置课程讨论环节，让学生在讨论中增强理论运用能力和创新能力。从社会环境要素、生命历程的阶段性特征和学生自主探索等方面出发，强调课程专业知识传授的同时，挖掘其中蕴含的家国情怀以及专业价值理念，增强学生的爱国心、奉献心、家庭责任感、社会责任感等。
	第三章 婴幼儿行为与社会环境	了解婴幼儿的生理发展及婴儿与同伴的关系，掌握婴儿的动作和婴儿的心理发展，掌握婴儿依恋的形成及其阶段，提升对幼儿与同伴、幼儿与家庭关系的认识。	
	第四章 学龄前期儿童行为与社会环境	了解学龄前期儿童心理发展的特征，掌握学龄前期儿童与同伴，儿童与学校、家庭的关系。	
	第五章 学龄期儿童行为与社会环境	了解童年期儿童心理发展的特征，掌握童年期儿童与同伴，儿童与学校、家庭的关系。	
	第六章 青少年行为与社会环境	了解青春期的生理发展，掌握青春期心理发展的特征，提升对青春期同辈群体、社会性发展的认识。	

续表

课程模块	课程章分布	教学目标	思政目标
不同阶段与社会环境	第七章 青年期的行为与社会环境	了解青年期的生理发展，掌握青春期心理发展的特征，提升对青年期同辈群体、社会性发展的认识。	理论联系实际，注重学思结合、知行统一，增强学生勇于探索的创新精神、善于解决问题的实践能力。通过设置课程讨论环节，让学生在讨论中增强理论运用能力和创新能力。从社会环境要素、生命历程的阶段性特征和学生自主探索等方面出发，强调课程专业知识传授的同时，挖掘其中蕴含的家国情怀以及专业价值理念，增强学生的爱国心、奉献心、家庭责任感、社会责任感等。
	第八章 成年人行为与社会环境	了解成年期不同时期的心理变化，掌握成年期不同时期的问题，并提升对成年期人类行为与环境关系的认识。	
	第九章 老年人行为与社会环境	了解老年期不同时期的心理变化，掌握老年期不同时期（初老—高龄）的问题，并提升对老年期人类行为与环境关系的认识。	

（二）教学方法

（1）理论学习与案例分析相结合。整个课程既包含理论学习，介绍相关理论，也进行案例分析与讨论。

（2）整体情况概述与个案分析相结合。整个课程既总结人生发展各个阶段的情况，也对不同阶段进行案例分析与讨论。

（3）课堂教学与实践活动相结合。课程教学不仅在课堂进行，而且在课后开展实践。

（三）教学效果

首先，课程教学有效促进了专业知识技能与思政教育内容的融合。课程教学中积累了大量的思政教学素材，激发了学生学习兴趣，从而实现知识传授、能力培养和价值塑造的三者合一。

其次，课程教学提升了学生的专业能力，树立了学生的社会主义核心价值观。学生在专业学习中内化社会主义核心价值观，成为具有专业知识和技能的专业人才，同时爱岗敬业、有责任心，为学生未来的职业发展和个人成长打下坚实的基础。

（四）教学章节点

导论（4 课时）

一、教学目标

【知识目标】

1. 人类行为的含义、特征和影响因素
2. 社会环境的含义
3. 人类行为与社会环境之间的关系

【能力目标】

通过阐述普通人类行为、成长、社会环境等概念，增进学生对人类行为与社会环境之间关系的理解能力。

【课程思政目标】

利用历史叙述分析中华人民共和国成立前—改革开放前—改革开放四十年的发展，了解国家-社会-个体三者如何改变环境。通过与学生一起探讨包括国家几十年来尤其是改革开放以来生活中出现的"最大的变化"、总结两代人及学生自己成长过程中社会环境变化，感受国家的进步与发展，以强化学生的爱国情怀。

二、教学重点难点与实践参与环节

【教学重点】

1. 人类成长发展阶段及行为特征
2. 社会环境影响人类行为的不同层面及其作用
3. 人类行为与社会环境之间的关系

【教学难点】

人类行为与社会环境研究取向

【实践参与环节】

（1）主题讨论：讨论过去几十年尤其是改革开放以来社会生活中出现哪些变化。

（2）实践环节：通过展示一组特定年代的相关词汇，比如大哥大和触屏手机、现金支付和手机支付、蜡烛和电灯、搓衣板和洗衣机，邀请学生通过动作展示出来，以此为例，探讨人类行为与社会环境之间的关系。

第一章　人类行为理论（6课时）

一、教学目标

【知识目标】

1. 精神分析理论的概念框架
2. 行为主义理论的概念框架
3. 人本主义理论的概念框架
4. 发展认识理论的概念框架

【能力目标】

本章是人类行为与社会环境的基础部分，通过教学要求学生了解人类行为各流派的理论，提高自身在分析问题和解决问题时的理论运用能力。

【课程思政目标】

通过学习精神分析理论中弗洛伊德的精神分析理论、埃里克森的心理社会发展理论，将人的发展理解为生理的、心理的、社会的统一，把人的一生看作一个统一的发展过程，建构"用生命影响生命"的理念，乐观地看待生命过程，形成积极、健康的心理。

通过学习行为主义理论中华生的行为主义理论、斯金纳的操作行为主义理论和班杜拉的观察学习理论强调学习的作用，建构"终生学习"的理念。同时，利用"刺激"环境与"反应"形成良性互动、操作化模式和观察学习，帮助学生在与环境的互动过程中强化合适行为，消除不合适行为。

通过学习人本主义理论中马斯洛的人本主义理论和罗杰斯的人本主义理论，学习如何优化自己的需求结构，尤其是如何在自我实现的同时给国家、社会贡献力量。

通过学习发展认识理论中皮亚杰的发生认识论，了解如何过滤图示因素，在同化的过程中建构顺应与平衡，以至于建构起身体、心灵的和谐。

二、教学重点难点与实践参与环节

【教学重点】

1. 精神分析理论
2. 行为主义理论
3. 人本主义理论

【教学难点】

发展认识理论

【实践参与环节】

实践环节：结合精神分析理论、行为主义理论、人本主义理论和发展认识理论中任意一个理论，讨论个人如何才能做到健康成长，实现自我价值，并为社会、国家做出贡献。

第二章 胎儿发展与社会环境（4课时）

一、教学目标

【知识目标】

1. 胎儿期的发育过程和影响因素

2. 胎儿出生对家庭的影响

3. 胎儿期相关问题及其干预

【能力目标】

通过教学，要求学生了解胎儿期的发育过程及理解胎儿出生对家庭的影响、掌握胎儿期相关问题及其干预策略。

【课程思政目标】

通过让学生了解影响胎儿发育的社会因素，包括母亲身体状况、母亲情绪状况和环境因素，对诸如如何建构良好的生活方式以远离不良产品（如毒品等），如何让准妈妈有良好的情绪，如何建构良好的家庭氛围，如何理解"绿水青山就是金山银山"等优化社会环境的问题有更深刻的认识。

二、教学重点难点与实践参与环节

【教学重点】

影响胎儿发育的因素

【教学难点】

胎儿期相关问题及其干预

【实践参与环节】

（1）实践环节：收集影响胎儿发育的社会因素相关案例，并让学生在课堂上进行展示和汇报。

（2）主题讨论：谈谈社会和家庭为了保护胎儿的健康发育应该做出哪些努力。

第三章　婴幼儿行为与社会环境（5 课时）

一、教学目标

【知识目标】

1. 婴幼儿期的生理、动作发展特征
2. 婴幼儿期的语言、认知
3. 婴幼儿期的情绪发展规律
4. 婴幼儿期的社会性发展过程
5. 婴幼儿期的行为问题及其矫治

【能力目标】

通过教学，使学生了解婴幼儿期的特征、认知发展、语言发展及理解婴幼儿与父母的互动关系，掌握婴幼儿期行为问题及其矫治策略。

【课程思政目标】

通过了解婴幼儿时期生理、动作、语言、认知、情绪和社会性等发展过程，让学生认识到培养一个健康、乐观的宝宝会遇到很多困难，抚育婴幼儿需要大量的体力和脑力，需要耐心细致，加上充足的相关知识和能力，因此要感恩父母，尊重父母，旨在培养感恩之心。同时，思考社会服务机构和社会工作者应该提供哪些服务为婴幼儿营造良好发展环境，促使其健康成长。

二、教学重点难点与实践参与环节

【教学重点】
婴幼儿期的社会性发展过程

【教学难点】
婴幼儿期的行为问题及其矫治

【实践参与环节】
（1）主题讨论：社会服务机构和社会工作者应该提供哪些服务助力婴幼儿成长发展？
（2）主题讨论：从社会、家庭和个人层面谈谈培养一个健康、乐观的宝宝会遇到哪些问题。

第四章 学龄前期儿童行为与社会环境（6课时）

一、教学目标

【知识目标】

1. 学龄前期的生理发展特征
2. 学龄前期的动作与语言发展规律
3. 学龄前期的认知发展
4. 学龄前期的游戏活动
5. 学龄前期的社会性发展
6. 学龄前期的行为问题及其矫治

【能力目标】

通过教学，要求学生了解学龄前期儿童社会性别的产生与发展及理解适合这个阶段的游戏活动，掌握学龄前期的行为问题及其矫治策略。

【课程思政目标】

通过了解学龄前期儿童的成长发展规律，让学生思考在学龄前期儿童的生理发展过程中如何培育聪明的大脑，家长需要付出什么。在学龄前期儿童的动作和语言发展阶段，思考如何促进孩子的动作技能和语言的发展。在学龄前期儿童的认知发展阶段，总结该时期培养孩子认知发展涉及哪些因素，需要哪些艰苦付出，如何在游戏中提高他们观察、记忆、注意和独立思考的能力，更好地发展他们的学习潜力，如何发展社会工作服务、增强国家社会服务能力。在学龄前期儿童的社会性发展中，思考如何积极地肯定别人以建构良好的社会关系，如何保持良好的互动，避免照顾者伤害到孩子，从而建立和谐关系。学习学龄前期儿童的行为问题和矫治策略，矫治学龄前期的不良行为，培养健康儿童。

二、教学重点难点与实践参与环节

【教学重点】

学龄前期的社会性发展

【教学难点】

学龄前期的行为问题及其矫治

【实践参与环节】

（1）主题讨论：结合学龄前期儿童的特点，思考如何促进儿童动作和语言技能的发展。

（2）实践环节：绘制学龄前期儿童形象图，并标注生理、语言动作、认知等各个方面特征。

第五章　学龄期儿童行为与社会环境（5 课时）

一、教学目标

【知识目标】

1. 学龄期的生理、技能发展
2. 学龄期的认知发展
3. 学龄期的学习活动
4. 学龄期的社会性发展
5. 学龄期的行为问题及其矫治

【能力目标】

通过课程学习，使学生对学龄期儿童的学习有所了解，理解学校对学龄期儿童的社会化所起的作用及电视对儿童的影响，掌握学龄期儿童的行为问题及其矫治策略。

【课程思政目标】

通过了解学龄期儿童的成长发展规律，让学生思考在学龄期儿童生理发展过程中可以通过何种途径培养学龄期儿童的阅读能力，为社会培养热爱读书的人。在学龄期儿童的认知发展阶段，强调照顾者需要加强学习，以培养爱学习、勤思考、善于观察的儿童。在学龄期儿童的学习活动中，思考儿童如何养成良好的学习习惯。在学龄期儿童的社会性发展中，认识到培养人格健全的儿童，对国家、家庭有重大意义。学习学龄期儿童的行为问题及其矫治策略，为国家和社会培养健康的儿童。

二、教学重点难点与实践参与环节

【教学重点】

学龄期的社会性发展

【教学难点】

学龄期的行为问题及其矫治

【实践参与环节】

（1）主题讨论：谈谈培养一个人格健全的儿童，对国家和家庭有什么意义。

（2）主题讨论：结合社会学习理论，讨论如何培养儿童的学习习惯。

第六章　青少年行为与社会环境（4课时）

一、教学目标

【知识目标】

1. 青少年期的生理、认知发展
2. 青少年期的情绪发展
3. 青少年期的社会性发展
4. 青少年期的行为问题及其矫治

【能力目标】

通过教学，让学生了解青少年生理发展中的心理问题、性的问题，并理解目前青少年犯罪问题，掌握青少年的行为问题及其矫治策略。

【课程思政目标】

通过学习青少年成长发展规律，对青少年的生理和认知发展有更深刻的认识，认识到促进青少年德智体全面发展对家庭、社会有重要意义。在青少年的情绪发展中，认识到青少年应充分发挥自己主动性，健全自己的人格，增强自身修养，努力与家长和谐相处。在青少年的社会性发展中，认识到青少年应完善人格，增加自我修养，培养自己独立自主、积极主动、乐观向上的心态。学习和掌握青少年的行为问题及其矫治策略。

二、教学重点难点与实践参与环节

【教学重点】

1. 青少年性行为
2. 青少年吸毒
3. 暴力与犯罪

【教学难点】

1. 网络成瘾
2. 青少年自杀

【实践参与环节】

（1）主题讨论：结合青少年的身心特点，谈谈如何预防青少年犯罪。

（2）案例分析：小朗，男，14岁，初中生，父亲因盗窃罪入狱，母亲忙于工作，再加上自己不善于交际便慢慢地开始接触网络，并沉迷其中。这导致了小朗成绩急速下滑，对学习失去兴趣，经常流连于网吧和游戏机房。结合青少年相关知识，制作一份主题为"小朗拯救计划"的计划书。

第七章　青年期的行为与社会环境（4课时）

一、教学目标

【知识目标】

1. 青年期的身心发展
2. 青年期的能力发展
3. 青年期的社会性发展
4. 青年期的行为问题及其调适

【能力目标】

通过学习，让学生理解青年期的发展理论、婚姻生活和工作，掌握青年期的行为问题及其调适策略。

【课程思政目标】

通过学习青年成长发展规律，对青年期的身心发展有进一步的认识，思考如何适应角色变化，结合自己的能力为家庭、国家做出更大贡献。在青年期的社会性发展中，思考如何在不断适应调整中成为家庭、国家的建设者。了解青年期的行为问题及其调适方式，学习如何协调冲突，调整心理与行为，让青年成为家庭、国家建设的栋梁。

二、教学重点难点与实践参与环节

【教学重点】

1. 青年婚恋观
2. 青年生活压力
3. 暴力与犯罪

【教学难点】

青年期的行为问题及其调适

【实践参与环节】

主题讨论：分小组讨论青年如何适应角色变化，从而为家庭和国家做出更大贡献。

第八章　成年人行为与社会环境（6课时）

一、教学目标

【知识目标】

1. 成年期的身心发展
2. 成年期的认知发展
3. 成年期的家庭生活
4. 成年期的职业发展
5. 成年期的社会性发展
6. 成年期的心理行为问题及其治疗

【能力目标】

通过教学，帮助学生理解成年人的生理变化，理解和掌握成年人家庭的调适方法及面临可能的失业问题时的解决策略，增强自身的韧性。

【课程思政目标】

通过学习成年人成长发展规律，对成年人面临的问题有更深刻的理解，思考如何解决成年后期存在的"再社会化"问题，即学生的父母处于成年人中后期，学生如何帮助父母，促使其提高认知水平。在成年人的家庭生活中，引导学生探索大学生如何协助父母共同经营家庭，形成良好的家庭氛围。在成年人的职业发展阶段中，启发学生研究如何激励父母的职业适应与调整，协助父母接受再教育。在成年人的社会性发展阶段，引导学生探索如何帮助母亲正视现实、知足常乐、情绪稳定和度过更年期。认识和学习成年人的心理行为问题及其治疗方法，帮助父母克服成年期可能出现的心理行为问题。

二、教学重点难点与实践参与环节

【教学重点】

中年人家庭的调适

【教学难点】

中年人的相关问题及其治疗

【实践参与环节】

（1）主题讨论：从国家、社会和家庭层面，谈谈如何帮助父母度过"中年危机"。

（2）主题讨论：分享并讨论中年人容易出现哪些问题以及问题产生的原因。

第九章　老年人行为与社会环境（4课时）

一、教学目标

【知识目标】

1. 老年期的身心发展
2. 老年期的认知发展
3. 老年期的社会性发展
4. 老年期的心理卫生

【能力目标】

通过对老年期的学习，让学生了解老年人的生理特征，理解老年人的心理老化、成功的老化及影响老年人发展的因素，掌握老年人相关问题及其干预策略。

【课程思政目标】

通过学习老年人身心发展规律，对老年人面临的问题有更深刻的理解，引导学生思考如何帮助爷爷奶奶（姥姥姥爷）适应身心变化，进行适宜的调整。帮助爷爷奶奶（姥姥姥爷）增强依赖于知识、文化、经验的智力因素，成为爷爷奶奶（姥姥姥爷）社会性发展中重要的支持力量，帮助爷爷奶奶（姥姥姥爷）构建适宜的死亡观，协助爷爷奶奶（姥姥姥爷）保持心理健康。

二、教学重点难点与实践参与环节

【教学重点】

老年期的社会性发展

【教学难点】

老年人相关问题及其干预

【实践参与环节】

（1）主题讨论：结合我国积极应对人口老龄化的国家战略，谈谈如何协助老年人适应老年生活，处理养老问题。

（2）主题讨论：观看影片《老人日记》节选片段，谈谈影片中老年人的生理、心理和社会关系有哪些特征。

参 考 文 献

阿什福德，雷克劳尔，洛蒂．人类行为与社会环境：生物学、心理学与社会学视角：第二版［M］．王宏亮，李艳红，林虹，译．北京：中国人民大学出版社，2005．

埃里克松．童年与社会［M］．罗一静，徐炜铭，钱积权，编译．上海：学林出版社，1992．

黄丹．"人类行为与社会环境"课程思政建设与实践探索［J］．广东轻工职业技术学院学报，2022（3）：40‐43．

库少雄．人类行为与社会环境研究大纲［J］．中国青年政治学院学报，2002（4）：105‐109．

马红光．理解人类行为的三维框架及其教学应用：《人类行为与社会环境》课程教学思考［J］．社会工作，2012（9）：19‐21．

师海玲，范燕宁．社会生态系统理论阐释下的人类行为与社会环境：2004年查尔斯·扎斯特罗关于人类行为与社会环境的新探讨［J］．首都师范大学学报（社会科学版），2005（4）：94‐97．

"个案工作"课程思政课程设计

陈 琦

一、"个案工作"课程思政目标

(一) 总目标

"个案工作"是社会工作专业本科生的主干课程之一,是社会工作最早发展出来的专业方法之一,在整个社会工作课程体系中占有重要的位置。通过"个案工作"课程的学习,不仅能够让学生掌握个案工作的基本理论和实务方法,也能塑造学生的价值理念,培养健全人格,坚定服务社会的信念。"个案工作"课程思政的总体目标是实现"价值塑造""知识传授"与"能力培养"三个目标的统一,让学生成为拥有正确价值观、丰富专业知识和服务社会能力的德才兼备的社会有用之才。

(二) 分目标

个案工作是社会工作的基本助人方法之一,要求社会工作者秉承一定的价值理念,运用科学的理论知识和专业方法,帮助个人和家庭解决面临的困难和问题。个案工作是深具挑战性的工作,不仅要求助人者具有服务社会的家国情怀,还要求助人者系统掌握相关的理论和方法,具备开展实务工作的能力。基于个案工作服务社会的内涵,结合课程思政的性质,"个案工作"课程思政要达成以下几个目标。

1. 塑造学生服务社会的价值观

助人是人类历史上的传统美德,人们在生命历程中离不开他人的帮助,而人们又在不同程度上、以不同的方式帮助着他人。社会工作的出现使得传统意义上的助人向专业化、职业化的方向发展,进一步助力人们美好生活目标的实现。社会工作的神圣性正是以价值理念作为支撑的。作为社会工作专业的学生,要认识到个人与社会的关系,认识到助人和服务社会的意义。在"个案工作"课程教学过程中不仅要培养学生的专业价值理念,还要塑造积极向上的社会价值,让学生成为对社会有用的人才。培养学生正确的价值追求,坚定学生服务社会的理想信念，引导学生践行社会主义核心价值观，塑造学生健全的人格和道德品格。

2. 丰富学生服务社会的专业知识

社会工作专业化和职业化的特征，对助人者提出了更高的要求。社会工作者服务社会与一般意义上的志愿服务等存在着本质的区别，专业知识为社会工作者服务社会提供了必要的条件，也增强了社会工作服务的效能。个案工作作为一项专业助人的活动，需要专业理论和专业知识的指导。"个案工作"课程设计中强化学生对专业知识的掌握和内化；引导学生认识个案工作助人的性质，让学生充分理解助人的文化传承、助人的人文情怀；引导学生理解个案工作的学理性，让学生掌握助人的理论基础和服务模式；引导学生遵守个案工作的职业伦理，让学生认知助人的伦理道德；引导学生通过建构性学习，构建多元知识体系。

3. 培养学生服务社会的能力素养

能力素养是个案工作者的基本素养之一，包含了将专业价值、专业知识、专业技术转化为现实助人活动的各种能力要素，能力素养的提升能够充分彰显社会工作服务社会的专业效能。"个案工作"课程的训练体系以专业能力的培养为目标，在课程设计上强化对学生能力的培养，在教学过程中充分运用理论与实践相结合的方法，促使学生将专业价值、专业知识以及专业技术等在实践中运用和发展，提升学生服务社会的能力素养。

二、"个案工作"课程思政理念

"个案工作"课程以"立德树人"为价值旨归，在教学过程中充分挖掘课程中所蕴含的育人元素和思政资源，把思政价值引领贯穿到各个教学环节，通过价值引领促进专业学习，通过专业学习形塑价值理念，最终实现知识传授、能力培养与价值引领的有机统一。

(一) 充分挖掘思政元素，实现与课程的有机融合

"个案工作"课程自身蕴含着较多的思政元素。例如，个案工作的价值理念和专业伦理中本身就包含了丰富的思政元素，个案工作强调助人、强调对社会的关怀和责任、强调服务社会的情怀等都是有利的思政元素。在课程教学中充分挖掘课程中蕴含的除专业知识之外的育人元素和思政资源，在课程教学过程中更加凸显这些元素，并结合本课程的内容特点进行有机融合。例如，将社会主义核心价值观与课程相应知识点进行结合，让学生在潜移默化中接受熏陶。

(二) 以价值引领促进专业学习，提升服务社会的能力

价值引领能够解决学生为什么学、学什么、如何学、如何用等方面的困惑。正确的价值引领，可以促进学生对专业领域的认知，增强学习的动力，提升学习的效果，并最终提升服务社会的能力。"个案工作"课程蕴含着丰富的价值观元素，可以充分与专业知识互

相融合，形成知识传授与价值引领的同频共振。在课程教学过程中要充分利用课程中涉及的专业价值、专业伦理、职业道德等价值观元素，激发学生的学习动力，坚定学生学好专业课程的信念，引导学生求真务实、勤学善思，培养学生批判性思维和专业精神等，最终促进学生的专业学习，提高服务社会的能力。

（三）通过专业学习形塑价值理念，培育德才兼备的人才

"立德树人"为培养什么样的人才指明了方向。在大学教育的过程中，专业学习是育人的载体之一，掌握知识技能的重要性不言而喻，但是在专业学习中对学生的价值塑造尤为重要。"个案工作"课程思政要求在专业学习的各个环节中充分体现思政元素，把专业知识、专业技能的传承与形成健全人格、道德品格的自我激励以及关怀社会、服务社会的理想信念充分结合。在全方位育人中提升学生的个人品格、道德情操、人文素养、专业素养，使学生树立正确的世界观、人生观和价值观，坚定学生的理想信念等。

三、"个案工作"课程思政内容与融入点

"个案工作"课程具有较强的实践性特征，本课程力图使学生掌握个案工作的基本理论、介入模式、个案服务的过程和技巧，以及个案工作者的专业素养、伦理规范等，以便更加专业地为服务对象服务。"个案工作"课程在教学内容、实践服务等方面充分融入思政元素，形成知识传授与价值引领融为一体的课程教学体系。

（一）教学内容与思政元素的融合

"个案工作"课程的教学内容可全过程融入思政元素，并在教学设计中具体呈现。本课程内容与思政元素的融合将重点聚焦以下几个方面：

1. 个案工作的性质与思政元素的融合

个案工作是以感受困难的个人和家庭为服务对象的专业助人活动，需要社会工作者具有强烈的人文关怀、忧国忧民意识以及奉献社会的情怀，这与中华传统文化中的仁爱、民本、奉献等精神一脉相承。在传授知识时，要引导学生认识到个案工作中体现的中华优秀传统美德和社会主义核心价值观，坚定学生服务社会的理想信念。

2. 个案工作的价值观与思政元素的融合

价值观是社会工作实践的灵魂，是社会工作"神圣性"的重要体现，是社会工作区别于其他助人工作的标志。接受并承诺在工作中遵守专业价值观是对个案工作者的基本要求。个案工作中包含的为他人提供服务、追求社会公正、关怀和尊重他人、正直诚信、包容接纳等价值观都体现了中华优秀传统美德和社会主义核心价值观。在传授知识时，引导学生将个案工作专业价值观与社会主义核心价值观相结合，引导学生自觉把"小我"融入"大我"。

3. 个案工作的理论与思政元素的融合

个案工作理论中蕴含的人人平等、忠于职守、人道主义、互相帮助、共同发展、社会

福利、追求理想等内容是重要的思政元素。在传授理论知识时，引导学生坚定理想信念，培养学生的家国情怀、道德修养，引导学生不断追求国家的富强、民主、文明、和谐和社会的自由、平等、公正、法治等，引导学生深刻理解并自觉践行职业精神和职业规范。

（二）实践服务与思政元素的融合

个案工作是一门注重实践的课程，其中的理论知识和具体技巧等都需要在实践中得以体现，学生通过实践服务来增进对理论知识和技巧的理解，增强对个案工作价值理念的内化，提升服务社会的能力素养。根据"个案工作"课程的性质和教学目标，本课程的实践服务可包括课堂实践、社会实践、志愿服务、实习实训等活动，在实践服务中可直接向有需求的个人、家庭等提供服务，在服务提供的过程中让学生充分感受助人自助、人文关怀、追求理想等价值理念。

在实践服务方面，广泛拓展实践平台，充分利用基层政府机构、社会服务机构、社会工作实践教学基地、其他社会组织等平台，主动融入"个案工作"课程思政教学内容，让学生在广泛的实践服务中更加深刻地了解社会，培养学生关怀社会的责任意识和服务社会、奉献社会的情怀，全面提升学生的思想政治素养。此外，在实践服务过程中加强对学生的指导与引导，既增强了学生对专业的信心，也体现了人文关怀等价值理念。学生通过实践服务可以将所学知识运用于实践，学生在助人过程中能够体会到助人的快乐，从而提升自我价值感及专业认同感，坚定服务社会的信念。同时，在实践服务过程中，学生可以将个案工作中积极向上的价值理念和思政元素传递给更多人。

（三）言传身教与思政元素的融合

著名的教育家陶行知先生曾言"学高为师，身正为范"，教师不是单纯的知识传授者，同时也应该是言传身教的榜样。教师的言传身教是加强课程思政的关键，榜样的示范比苦口婆心的说教更能影响学生的心灵。课程思政要靠教师去实践，教师的育人理念、育人能力、个人素养、道德情操、理想信念等都会影响育人的效果。

"个案工作"课程教学同样需要把教师的言传身教与思政元素有机融合。这种言传身教不仅体现在教学活动过程中，也体现在教师的个人生活中。在教学活动中言传身教，传授知识的同时塑造学生的品行，培养学生的道德修养、社会责任感与家国情怀等。此外，言传身教也体现在课堂之外，教师在课堂之外也要做到身体力行，示范引导。教师要加强个人的修养，同时要积极参与服务社会的实践活动，例如开展服务社会的科研项目研究，参与社会工作服务、志愿服务活动等，为学生做好榜样。

四、"个案工作"课程思政步骤和措施

结合"个案工作"课程的特点以及《高等学校课程思政建设指导纲要》，"个案工作"课程思政主要包括以下步骤和措施。

（一）提升授课教师的思政意识与能力

首先，授课教师要有立德树人的责任意识和主动融入课程思政的积极性。要深刻领会《高等学校课程思政建设指导纲要》和相关文件精神，认真思考培养什么样的学生、如何培养学生等问题，努力增强自身的思政意识。

其次，授课教师要努力提升课程思政的能力。"个案工作"课程思政体系的建设，不仅要求授课教师在个案工作专业领域有较高的理论水平，还要求授课教师有较高的思想政治理论水平。此外，将思政元素和专业知识有机融合还需要授课教师掌握课程思政的教学技巧，如何将思政元素以"润物无声"的方式融入课程教学考验着授课教师的能力。授课教师应养成对思政理论、专业知识和其他多方面知识终身学习的自觉性，这样才能结合专业问题自然地、有针对性地融入思政内容。

（二）科学挖掘和配置课程思政资源

按照《高等学校课程思政建设指导纲要》的要求对课程思政做整体设计和推进，形成完整的课程思政教学体系。在课程的培养目标、教学大纲和教学内容中有机融入思政元素，使得专业内容与思政内容无缝对接，融为一体。根据"个案工作"课程的性质和内容，深入挖掘提炼专业知识体系中所蕴含的思想价值和精神内涵，例如个案工作价值观中所蕴含的服务社会、助人、关怀等价值理念，以此拓展专业课程的广度和深度。同时，拓展思政元素的内容，将专业知识之外的思政元素与专业内容深入结合。此外，加强"个案工作"教材的建设，为了满足"个案工作"课程思政教学体系建设的需求，对现有教材进行重新编排，更新教材内容，加强教材的价值导向，合理纳入课程思政元素。

（三）运用多种教学方法引导学生全方位参与

在具体教学方法的运用方面，根据学生的心理特征和成长需求选择有效的教学方法。"个案工作"课程的教学方法要灵活、综合，并运用巧妙。本课程的教学过程中采取案例教学、影像教学、讨论辩论、实践教学、读书分享等教学方法，引导学生全方位参与和互动。通过多样化的教学方法让学生更直观地理解社会，自觉运用所学理论知识，增强综合分析问题的能力，锻炼学生的思辨和表达能力，让课程中的思政元素更加生动，让学生在参与中深刻感受思政元素，提升自我认识，逐步形成价值认同，增强服务社会的责任意识和能力素养。

五、"个案工作"课程思政教学设计

（一）教学大纲

"个案工作"课程是针对社会工作专业本科生于二年级上学期开设的专业主干课程之

一，4 学分，共计 64 课时。本课程共分为三大模块十章，具体如表 7-1 所示。

表 7-1 　　　　　　　　　　　"个案工作"课程思政教学大纲

课程模块	课程章分布	教学目标	思政目标
基本知识	导论	了解个案工作的发展历史；领会个案工作的本质、内涵、特征、功能；掌握个案工作与其他助人活动的区别与联系。	提高学生服务社会的责任意识，引导学生形成助人、给予、爱心和奉献的精神，增强学生对社会、专业、服务的高度道德责任感和为他人谋福利的使命感；激发学生的生命热情，增强人生动力，提升成就动机，引导学生充分发挥社会功能；提升学生关注困难群体、追求公平正义的觉悟。
	第一章 个案工作的价值体系	了解个案工作的哲学基础，社会工作价值观的含义及其功能；掌握社会工作的价值观及其在个案工作中的运用；掌握社会工作的专业伦理及其在实践中的运用。	引导学生自觉运用马克思主义哲学思想看待自身的成长、发展，增强自身的哲学素养；引导学生将社会主义核心价值观内化为精神追求、外化为自觉行动，逐步培养学生热爱生活、服务他人、促进公平、维护正义、改善人和社会环境的理想追求，引导学生将个人理想与社会的共同理想统一起来；引导学生尊重他人的权利、价值和尊严，增强学生在学习、生活和工作中的伦理意识，增强学生的助人使命感和服务精神，培养学生忠于职守的伦理道德。
	第二章 个案工作者的素养	掌握个案工作者的知识素养及其建构性学习方法；掌握个案工作者的能力素养及能力素养形成的方法；掌握个案工作者的心理素养及保持心理健康的方法；掌握个案工作者的角色素养及预防职业枯竭的方法。	强化学生提升专业能力服务社会的意识；引导学生形成内在的、相对稳定的和具有发展功能的人格品质，形成健康的心态；引导学生扮演好自身角色，积极适应生活和学习，促进个人成长；引导学生深刻理解并自觉实践职业精神和职业规范，增强职业责任感。
实务技巧	第三章 个案工作的基本技巧	掌握人际沟通的技巧；掌握个案会谈中的支持性技巧、引领性技巧和影响性技巧，并在生活中加以运用；掌握个案记录的方法和技巧；掌握个案评估的方式方法。	让学生深刻理解传统文化中有关人与人、人与社会互动的哲学思想、道德理念、价值标准等，让学生学会理解人、尊重人、善待人；培养学生的人际沟通技巧，改善人际沟通能力，形成良好的人际关系。
	第四章 个案工作的专业关系	了解个案工作专业关系的内涵及意义；掌握如何建立专业关系，并避免可能的错误；掌握专业关系建立过程中服务对象的心理需求及应对方式。	引导学生形成良好的处世态度；增强学生对困难群体的关注、友爱与支持；引导学生深刻认识职业道德规范的重要性，并养成良好的职业规范意识和职业精神。

续表

课程模块	课程章分布	教学目标	思政目标
实务技巧	第五章 个案工作程序	掌握接案的技巧；学会判断服务对象的问题；掌握制定工作目标和工作计划的技巧；了解个案工作服务计划实施中的工作内容；掌握结案的处理方式。	引导学生与身边的人建立轻松、舒适、愉快、信任、温暖的关系；引导学生运用马克思主义世界观和方法论认识问题；引导学生在生活和工作中协调多种角色之间的矛盾冲突；增强学生助人的动力、信念与能力。
	第六章 个案介入模式	掌握心理社会治疗模式的基本理论和技巧；掌握认知行为治疗模式的基本理论和技巧；掌握理性情绪治疗模式的基本理论和技巧；掌握任务中心模式的基本理论和技巧；掌握危机介入模式的基本理论和技巧。	培养学生积极主动、乐观向上的心态，健全自己的人格；引导学生主动改变不正确的世界观和价值观，避免有违社会规范和道德准则的行为；引导学生增强对社会的理性认知，避免在社会生活中的不理性行为；让学生认识到解决问题聚焦主要矛盾，集中力量办大事的精神内涵；增强学生对身处危机的困难人群的人文关怀并以实际行动践行爱人、助人的理念。
	第七章 家庭介入模式	掌握结构家庭治疗模式的基本理论和技巧；掌握萨提亚家庭治疗模式的基本理论和技巧；掌握叙事家庭治疗模式的基本理论和技巧。	培养学生感恩父母的意识和建构良好家庭关系的能力；增强学生通过良好人际互动改善家庭关系、构建和谐人际关系的意识和能力；引导学生客观认识自己，积极面对生活中的困难，挖掘生活中积极向上的故事，培养学生积极向上的心态，增强克服困难的勇气。
	第八章 个案管理	了解个案管理的基本理论、个案管理与个案工作的区别；掌握个案管理的实务技巧。	引导学生学会运用辩证唯物主义和历史唯物主义看待问题、分析问题和解决问题；引导学生将自己的成长放到社会、国家的大系统之中，学会处理个人利益与集体利益、国家利益的关系。
专业反思	第九章 个案工作的专业质疑	了解反专业权威的发展方向；了解反技术理性的发展方向；了解反病态治疗的发展方向；了解反学科规训的发展方向。	引导学生运用马克思主义世界观和方法论来客观分析社会；引导学生形成独立思考的意识；增强学生批判性反思意识。

（二）教学方法

"个案工作"课程是一门理论与实践相结合的课程，也是一门思政元素与专业知识结合较为紧密的课程，要想达到"价值塑造""知识传授"与"能力培养"多重目标，需要在课程教学过程中灵活运用启发式、参与式、案例式、情境式等教学方法，具体采取的方法包括案例教学、影像教学、讨论辩论、实践教学、读书分享等，引导学生全方位参与和互动。

1. 案例教学

在教学过程中，根据课程内容的特点设计案例教学，特别是在"个案工作的专业关系""个案工作程序""个案工作的基本技巧""个案介入模式""家庭介入模式"等章中要重点突出案例教学，通过案例让学生把学到的专业知识加以运用，增强学生对专业知识的理解，提升学生服务社会的能力。

2. 影像教学

在相应章节中引入影像教学，以更加直观的方式增进学生对专业价值、专业理论和专业技巧的理解。例如在"个案工作的价值体系"一章中引入相应的影视作品增进学生对专业价值的理解，增强价值引导，把学生培养成有"温度"的助人者。

3. 讨论辩论

在课程体系中设置不同的讨论辩论主题，引导学生从不同的视角来领会知识，引导学生学会运用马克思主义世界观和方法论来看待问题、分析问题，培养学生独立思考的能力。例如引导学生就"社会工作为什么是一种道德实践""社会主义核心价值观如何指导个案工作的专业实践""如何准确应用个案工作的技巧""如何选择合理的介入模式"等主题展开讨论，以增进学生对理论知识的理解。

4. 实践教学

实践教学是"个案工作"课程的关键一环，在教学过程中采取多种方式进行实践，包括在课堂之内的模拟实验，在课堂之外的个案工作服务实践，在学习生活中的实践等。例如在"个案工作的基本技巧"一章，引导学生运用沟通技巧与身边的人和谐相处。再如，在"个案工作程序"一章，与学生一起为有困难的个人或家庭提供服务。

5. 读书分享

阅读是丰富学生知识、开阔学生眼界的重要手段。在"个案工作"课程教学中引入经典著作的阅读，尤其是个案工作相关的理论知识，引导学生阅读经典理论著作等，能够增进学生对理论知识的理解，拓展课本内容的深度和广度。

（三）教学效果

"个案工作"课程的预期效果主要体现在三个方面：一是思政方面，让学生在课程学习中形塑正确的价值观，培养学生积极的心态，形成健康的人格，激发学生服务社会的责任意识，坚定学生的理想信念，引导学生正确处理个人、社会和国家的关系。二是知识方面，让学生全面掌握个案工作的基本理论和基本技巧，促进专业理论和专业实践的融合，增强学生服务社会的知识储备。三是能力方面，增强学生客观分析问题、解决问题的能力，提升学生将专业知识转化为实际助人活动的能力，增强学生将理论知识运用到社会生活中的能力，培养学生的科研探索能力。

（四）教学章节点

导论（4课时）

一、教学目标

【知识目标】

1. 个案工作的基本概念
2. 个案工作的目标及应用领域
3. 个案工作的历史发展

【能力目标】

让学生学会从不同角度理解个案工作的本质以及与其他助人活动的区别，学会客观认识个案工作的积极意义及其局限，学会以比较的方法看待个案工作在国内外的发展历程。

【课程思政目标】

结合个案工作的本质特征，让学生深刻理解个案工作助人自助、利益单向性以及传递社会福利的内涵，提高学生服务社会的责任意识，引导学生形成助人、给予、爱心和奉献的精神，增强学生对社会、专业、服务对象的高度道德责任感和为他人谋福利的使命感。通过对人生任务、应对能力、个案工作目标等知识的了解，激发学生的生命热情，增强人生动力，提升成就动机，引导学生充分发挥社会功能。让学生理解个案工作济贫扶弱的历史传统，领悟个案工作作为道德实践注重社会公平正义的理念等，提升学生关注困难群体、追求公平正义的觉悟。

二、教学重点难点与实践参与环节

【教学重点】

1. 个案工作的本质特征
2. 个案工作与其他助人活动的区别
3. 人生任务、应对能力及其关系
4. 个案工作的目标分层
5. 个案工作的应用领域
6. 个案工作在欧美的产生与发展
7. 个案工作的不同流派（功能派个案工作、心理暨社会派个案工作、问题解决

派个案工作、行为修正派个案工作)

8. 个案工作在中国的发展以及个案工作教育的发展

【教学难点】

1. 个案工作作为专业助人活动与其他助人活动的联系与区别

2. 个案工作为什么是一种道德实践，如何内化个案工作的价值理念

【实践参与环节】

主题讨论：阅读文献《社会工作的本质：道德实践与政治实践》(朱志强)，讨论社会工作为什么是一种道德实践。

第一章　个案工作的价值体系 (6 课时)

一、教学目标

【知识目标】

1. 个案工作的哲学基础

2. 个案工作的价值系统

3. 社会工作的核心价值原则及其在个案工作中的应用

4. 社会工作专业伦理

5. 中国社会工作价值伦理体系的构建

【能力目标】

让学生理解不同哲学思想对社会工作的贡献，提升将哲学思想应用于生活的能力；学会处理社会价值观与专业价值观的关系；学会在助人活动中应用社会工作的价值观；增强处理伦理困境的能力；提升对社会工作价值伦理体系本土化的思考能力。

【课程思政目标】

通过对个案工作哲学基础的学习，引导学生自觉运用马克思主义哲学思想看待自身的成长、发展，增强自身的哲学素养。通过对个案工作价值系统的学习，引导学生将社会主义核心价值观内化为精神追求、外化为自觉行动，逐步培养学生热爱生活、服务他人、促进公平、维护正义、改善人和社会环境的理想追求，引导学生将个人理想与社会的共同理想统一起来。通过对社会工作专业伦理的学习，引导学生尊重他人的权利、价值和尊严，增强学生在学习、生活和工作中的伦理意识，增强学生的助人使命感和服务精神，培养学生忠于职守的伦理道德。

二、教学重点难点与实践参与环节

【教学重点】

1. 社会工作和哲学的关系

2. 哲学如何指导社会工作实践

3. 新教伦理、人道主义、乌托邦思想和社会福利思想与社会工作的关系

4. 社会工作价值观的含义和作用

5. 社会价值观与社会工作价值观的关系

6. 西方社会工作价值体系

7. 社会工作价值体系在个案工作中的应用

8. 社会工作价值的伦理困境

9. 社会工作专业伦理的内容和特点

10. 中国社会工作价值伦理体系构建的挑战

11. 中国社会工作价值伦理体系构建的理论基础

【教学难点】

1. 社会工作价值体系在个案工作中的应用

2. 如何处理个案工作中的伦理困境

3. 西方社会工作价值伦理在中国的本土化构建

【实践参与环节】

（1）主题讨论：社会主义核心价值观与个案工作专业价值的关系是什么？社会主义核心价值观如何指导个案工作的专业实践？

（2）案例分析：播放社会工作影片（如《何必有我》《癫佬正传》等），让学生更加直观地体会社会工作的价值理念等。引入涉及个案工作中价值观（例如保密原则、接纳原则、个别化原则、服务对象自决原则等）的案例进行分析，引入有关个案工作中伦理困境的案例进行分析。

第二章　个案工作者的素养（6 课时）

一、教学目标

【知识目标】

1. 个案工作者的知识素养

2. 个案工作者的能力素养

3. 个案工作者的心理素养

4. 个案工作者的角色素养

【能力目标】

增强学生建构性学习的能力；增强学生将专业理论、专业知识、专业技巧转化为实际助人活动的能力；增强学生的自我觉察能力并形成健康的心理；引导学生对社会角色的认识并提升扮演好社会角色的能力。

【课程思政目标】

培养学生对知识的批判性认识和反思，促进学生在与社会环境互动的情境下进行知识学习。帮助学生掌握马克思主义世界观和方法论，从历史与现实、理论与实践等维度深刻认识社会。引导学生认识专业知识和专业能力的关系，强化学生提升专业能力服务社会的意识。引导学生处理生活中的情绪和内心感受，形成内在的、相对稳定的和具有发展功能的人格品质；促进学生自我反省，形成健康的心态和助人精神。引导学生扮演好自身角色，积极适应生活和学习，促进个人成长。引导学生深刻理解并自觉实践职业精神和职业规范，增强职业责任感。

二、教学重点难点与实践参与环节

【教学重点】

1. 实证主义知识观、社会决定论知识观、历史主义知识观、社会建构论知识观

2. 静态知识结构和动态知识结构

3. 建构性学习的路径

4. 专业能力的内涵、内容、架构和指标

5. 专业知识核心能力、专业技术核心能力和专业价值核心能力的关系

6. 如何培养专业能力

7. 个案工作者的基本特质

8. 自我觉察的内容以及自我觉察的提升

9. 心理健康的标准

10. 如何保持心理健康

11. 个案工作者角色的多元性、动态性和统筹性

12. 职业枯竭的内涵、特点及影响因素

13. 如何预防职业枯竭

【教学难点】

1. 如何融合不同的知识观进行建构性学习

2. 如何将专业知识、专业技术和专业价值转化为核心能力

3. 如何培养健康的心理

【实践参与环节】

（1）主题讨论：结合当前个案工作的实践谈一谈个案工作者应该拥有什么样的专业能力，社会工作专业的学生应该从哪些方面来培养这些能力。

（2）实践环节：运用卡特尔16PF人格量表、SCL90量表等开展人格特质和心理特征的测量，让学生理解自身的人格特质、能力特质、心理状态等，引导学生客观认识自己，消除心理困扰，塑造健康的人格。

第三章　个案工作的基本技巧（8课时）

一、教学目标

【知识目标】

1. 个案工作沟通

2. 个案工作记录

3. 个案工作评估

【能力目标】

让学生掌握沟通技巧，增强人际沟通能力，学会如何与他人相处；培养学生认真观察和聆听的能力；培养学生掌握个案工作评估的技能。

【课程思政目标】

在个案工作沟通中融入中华优秀传统文化的元素，让学生深刻理解传统文化中有关人与人、人与社会互动的哲学思想、道德理念、价值标准等，让学生学会理解人、尊重人、善待人。通过个案沟通技巧的学习，培养学生的人际沟通技巧，改善人际沟通能力，形成良好的人际关系。

二、教学重点难点与实践参与环节

【教学重点】

1. 人际沟通的内涵与效果

2. 人际沟通的原则和技巧

3. 培养良好的人际沟通能力

4. 个案会谈的特点

5. 支持性技巧、引领性技巧和影响性技巧的运用

6. 个案记录的意义、功能、原则与要求

7. 过程式记录和摘要式记录

8. 个案工作评估的内涵和功能

9. 需求评估、生态系统评估、资源评估、资源障碍评估、形成评估、结果评估、过程评估和效率评估

10. 个案工作评估的原则

11. 单个个案评估的设计

【教学难点】

1. 如何在服务中合理运用个案工作会谈的不同技巧

2. 如何将个案工作会谈的技巧运用于生活

3. 不同个案工作评估的设计

【实践参与环节】

（1）主题讨论：个案会谈中最常犯的错误有哪些，应该如何避免？如何运用个案会谈的技巧来改善自身的人际沟通效果？

（2）案例分析：观看有关影视剧的会谈视频片段（如《女心理师》《从心开始》等），深刻理解视频中所使用的会谈技巧（如同理、倾听、自我披露等），并尝试对视频做出分析。

（3）实践环节：将学生分成小组，小组成员分别扮演服务对象、个案工作者和观察员，由组员共同确定会谈的主题，演示个案工作的会谈技巧并分享。

（4）读书分享：阅读有关个案工作沟通的著作，全面掌握个案工作沟通技巧〔如：《社会工作技巧演示——直接实务的开始》（第二版），琳达·卡明斯等著；《社会工作技巧实践手册》（第二版），帕梅拉·特里维西克著；《社会工作技巧手册》，Barry Cournoyer 著；《精通社会工作沟通——从理解到实操》，Linda Gast、Martin Bailey 著〕。

第四章 个案工作的专业关系（6课时）

一、教学目标

【知识目标】

1. 个案工作专业关系的内涵

2. 个案工作专业关系的建立

3. 服务对象的需求与工作者的对策

4. 移情与反移情

【能力目标】

让学生学会在生活中运用同感、尊重、真诚等技巧，构建良好的人际关系；增

强将同感、尊重、真诚等技巧外化为自觉行动的能力；学会把握服务对象的心理需求并增强应对能力；增强处理移情与反移情问题的能力。

【课程思政目标】

强调专业关系中关心他人、承诺与责任、同感、真诚等思政元素，引导学生形成良好的处世态度，增强学生在生活中与他人和睦相处的能力。培养学生的同理心，引导学生认识身边困难群体对温暖、安全、尊重、自由与和谐的需求，增强学生对困难群体的关注、友爱与支持。让学生理解个案工作过程中移情与反移情的危害，引导学生深刻认识职业道德规范的重要性，并养成良好的职业规范意识和职业精神。

二、教学重点难点与实践参与环节

【教学重点】

1. 专业关系的内涵与特点
2. 专业关系的性质
3. 专业关系对于助人的意义
4. 同感的不同层次以及表达方式
5. 尊重的内涵及行动方式
6. 真诚的内涵及表达
7. 表达简洁具体
8. 避免在个案介入初期的错误
9. 专业关系中工作者与服务对象的互动关系
10. 服务对象在求助过程中的基本心理需求
11. 个案工作者如何应对服务对象多样化的心理需求
12. 移情与反移情的内涵
13. 个案工作者如何应对移情和反移情

【教学难点】

1. 个案工作专业关系与其他专业关系的区别
2. 如何理解同感的不同层次并加以运用
3. 应对服务对象基本心理需求的基本原则与社会工作价值观的关系

【实践参与环节】

（1）主题讨论：假设你在学习方面出现困扰，努力学习但无法取得预期成绩，心里非常苦恼，在向个案工作者寻求帮助时会有什么心理需求？

（2）实践环节：将学生分成小组，小组成员分别扮演服务对象、个案工作者和观察员，由组员共同确定会谈的主题，演示不同层次的同感并分享。

第五章 个案工作程序 (6 课时)

一、教学目标

【知识目标】

1. 接案与建立关系
2. 收集资料与问题判断
3. 制定目标和工作计划
4. 服务计划的实施
5. 结案与评估

【能力目标】

增强学生客观分析问题、判断问题、解决问题的能力；增强学生科学制定工作目标和工作计划的能力；增进学生对服务计划实施中个案工作者角色的理解。

【课程思政目标】

通过对个案工作中服务对象的理解，让学生客观认识生活中的困难人群，引导学生与身边的人建立轻松、舒适、愉快、信任、温暖的关系。培养学生敏锐的问题意识，引导学生运用马克思主义世界观和方法论来深入认识问题，让学生学会辨别主要问题和次要问题，形成全局意识和大局意识。引导学生在生活和工作中扮演好自身的角色，注重协调多种角色之间的矛盾冲突。通过实践教学，让学生尝试为困难群体提供服务，引导学生分享服务过程与展示服务成效，增强学生助人的动力、信念与能力。

二、教学重点难点与实践参与环节

【教学重点】

1. 求助者的现实性心理反应
2. 如何处理求助者的现实性心理反应
3. 转介以及如何转介
4. 如何把握接案的技巧
5. 服务对象的个人资料与环境资料
6. 直接收集资料与间接收集资料的方法
7. 判断问题的原则、视角和技巧
8. 制定目标的原则：直接目标、中间目标和终极目标

9. 制定目标的步骤：制订科学的工作计划

10. 使能者、联系人、教育者、倡导者和治疗者多种角色的融合

11. 服务计划实施中个案工作者的工作内容

12. 结案的基本条件

13. 结案时服务对象的基本心理

14. 个案工作者如何处理服务对象的心理

15. 转案的条件及如何转案

16. 个案工作的总结评估与跟进服务

【教学难点】

1. 如何准确分析服务对象面临的问题并区分主要问题和次要问题

2. 如何制订科学合理的个案工作服务计划

【实践参与环节】

（1）主题讨论：引导学生对案例中服务对象的问题、工作的目标、可能的工作计划等进行分析和讨论。

（2）实践环节：与学校所在社区合作，选取社区中面临困难的个人或家庭提供服务，制订服务计划并具体实施，分享服务过程和展示服务效果。

第六章　个案介入模式（10课时）

一、教学目标

【知识目标】

1. 心理社会治疗模式

2. 认知行为治疗模式

3. 理性情绪治疗模式

4. 任务中心模式

5. 危机介入模式

【能力目标】

增强学生将理论知识运用于助人活动和社会生活的能力。

【课程思政目标】

通过心理社会治疗模式的学习，培养学生积极主动、乐观向上的心态，健全自己的人格，主动抵制社会不良因素的影响；通过认知行为治疗模式的学习，引导学生主动改变不正确的世界观和价值观，在生活和学习过程中学会控制情绪，避免有违

社会规范和道德准则的行为；通过理性情绪治疗模式的学习，引导学生认识非理性信念带来的影响，让学生学会理性看待身边的人和事，引导学生增强对社会的理性认知，避免在社会生活中的不理性行为；通过任务中心模式的学习，让学生认识到解决问题聚焦主要矛盾，集中力量办大事的精神内涵；通过危机介入模式的学习，增强学生对身处危机的困难人群的人文关怀，并以实际行动践行爱人、助人的理念。

二、教学重点难点与实践参与环节

【教学重点】

1. 心理社会治疗模式的理论假设和特点
2. 直接治疗技巧与间接治疗技巧
3. 反映性治疗技巧与非反映性治疗技巧
4. 认知行为治疗模式的理论假设和特点
5. 认知行为治疗模式的技巧
6. 理性情绪治疗模式的理论基础和特点
7. 常见的非理性信念
8. 非理性信念的检查技巧
9. 非理性信念的辩论技巧
10. 任务中心模式的理论假设和特点
11. 任务中心模式的治疗技巧
12. 危机介入模式理论假设和特点
13. 危机介入模式的基本原则和方法

【教学难点】

1. 针对不同服务对象如何合理选择不同的个案工作介入模式
2. 不同个案介入模式的技巧运用

【实践参与环节】

（1）读书分享：阅读个案工作相关理论著作，系统了解个案工作不同的介入模式并在课堂上分享［如：《社会工作理论与方法》，Barbra Teater 著；《社会工作理论（上）》，简春安、赵善如著；《社会工作理论》，何雪松著］。

（2）实践环节：将学生分成小组，由组员确定适合采用不同个案介入模式的服务对象，分别制订不同个案介入模式的服务计划，并分享如何运用不同个案介入模式的技巧。

第七章　家庭介入模式（10 课时）

一、教学目标

【知识目标】

1. 结构家庭治疗模式
2. 萨提亚家庭治疗模式
3. 叙事家庭治疗模式

【能力目标】

增强学生将理论知识运用于助人活动和社会生活的能力。

【课程思政目标】

通过对结构家庭治疗模式的学习，让学生认识到个人系统与家庭系统的关系，体验不恰当的三角关系对家庭成员的影响，培养学生感恩父母的意识和建构良好家庭关系的能力。通过对萨提亚家庭治疗模式的学习，让学生理解不恰当的互动方式所造成的不良体验，增强学生通过良好人际互动改善家庭关系、构建和谐人际关系的意识和能力。通过叙事家庭治疗模式的学习，引导学生客观认识自己，积极面对生活中的困难，挖掘生活中积极向上的故事，培养学生积极向上的心态，增强克服困难的勇气。

二、教学重点难点与实践参与环节

【教学重点】

1. 结构家庭治疗模式的理论背景
2. 结构家庭治疗模式的基本概念与假设
3. 结构家庭治疗模式的方法与技巧
4. 萨提亚家庭治疗模式的理论背景
5. 萨提亚家庭治疗模式基本概念与假设
6. 萨提亚家庭治疗模式的方法与技巧
7. 叙事家庭治疗模式的理论背景
8. 叙事家庭治疗模式的基本概念与假设
9. 叙事家庭治疗模式的方法与技巧

【教学难点】

1. 针对不同服务对象如何合理选择不同的家庭介入模式
2. 不同家庭介入模式的技巧运用

【实践参与环节】

（1）读书分享：阅读个案工作相关理论著作，系统了解不同的家庭介入模式并在课堂上分享（如：《故事、知识、权力：叙事治疗的力量》，Michael White、David Epston著；《家庭与家庭治疗》，米纽庆著；《萨提亚家庭治疗模式》，萨提亚等著）。

（2）主题讨论：将学生分成小组，由组员确定适合采用不同家庭介入模式的服务对象，分别制订不同家庭介入模式的服务计划，并分享如何运用不同家庭介入模式的技巧。

第八章 个案管理（6课时）

一、教学目标

【知识目标】

1. 个案管理概说
2. 个案管理的理论基础
3. 个案管理原则、模式与实务体系
4. 个案管理的运作程序

【能力目标】

让学生增强对个案工作与个案管理的认知；学会分析不同的理论，并在实际生活中加以运用；掌握并运用个案管理的不同模式；掌握个案管理的运作程序，增强分析问题、判定问题和解决问题的能力。

【课程思政目标】

通过对个案管理的学习，让学生认识到个体面临的困境和问题的复杂性，学会运用辩证唯物主义和历史唯物主义看待问题、分析问题和解决问题。通过对系统理论的学习，让学生认识到个人是社会的最小系统，不同系统之间会相互产生影响，引导学生将自己的成长放到社会、国家的大系统之中，学会处理个人利益与集体利益、国家利益的关系。

二、教学重点难点与实践参与环节

【教学重点】

1. 个案管理的概念
2. 个案管理与个案工作的区别
3. 个案管理模式产生的背景与条件

4. 系统理论与社会工作四大系统

5. 生态系统理论及其基本类型

6. 社会支持网络理论

7. 个案管理的工作原则

8. 个案管理的五分模式和三分模式

9. 个案管理的实务体系

10. 个案管理的运作程序

【教学难点】

1. 理解个案管理和个案工作运用的不同情境

2. 个案管理不同模式的运用

【实践参与环节】

（1）主题讨论：在个案工作实务中已经有了各种较为成熟的介入模式，为什么还需要进行个案管理？个案管理与个案工作有哪些方面的异同？

（2）案例分析：引入个案管理案例，引导学生评估服务对象的需求、问题、资源网络及资源障碍，撰写个案管理服务计划书等。

第九章　个案工作的专业质疑（2 课时）

一、教学目标

【知识目标】

1. 证据为本以及增权实践的发展方向

2. 反思实践以及道德和政治实践的发展方向

3. 优势视角和抗逆力强化项目

4. 福柯主义者的话语实践策略

【能力目标】

培养学生科学理性和客观分析问题的能力，增强学生科研探索的能力。

【课程思政目标】

引导学生运用马克思主义世界观和方法论来客观分析社会，培养学生独立思考问题的能力，增强学生批判性反思意识。

二、教学重点难点与实践参与环节

【教学重点】

1. 专业权威的迷思与拆解

2. 证据为本的实践模式

3. 增权取向的实践策略

4. 对专业技术理性的批判

5. 反思实践策略

6. 道德和政治实践策略

7. 对以病态为基础的精神医学模式的批判

8. 优势视角和抗逆力强化项目

9. 对作为学科规训体制的批判

10. 后福柯的话语实践策略

【教学难点】

个案工作专业质疑和发展转向的内在逻辑

【实践参与环节】

学术讨论：阅读个案工作相关理论著作，了解个案工作专业质疑和发展转向的理论基础。

参 考 文 献

朱飞. 高校课程思政的价值澄明与进路选择 [J]. 思想理论教育，2019（8）：67 - 72.

梁平. 课程思政"立德树人"四层级目标论 [J]. 河南师范大学学报（哲学社会科学版），2023（4）：151 - 156.

张波. 培养完整的人：课程思政导向的价值观育人 [J]. 教育研究，2023（5）：92 - 102.

张红伟，张杰. 新时代高校课程思政协同育人创新机制探赜 [J]. 中国大学教育，2022（6）：71 - 80.

"小组工作"课程思政课程设计

顾永红

一、"小组工作"课程思政目标

小组工作作为社会工作专业方法之一，立足于服务社会群体，指向社会参与和社会公正，"小组工作"课程有大量课程思政的资源有待挖掘。"小组工作"课程目标、内容和小组实践方案都可以与课程思政进行深度融合和再设计。传统"小组工作"课程教学强调实践技术和能力的训练和提升，对"培养什么人""怎么培养人"和"为谁培养人"的问题关注较少。对"小组工作"进行课程思政建设，可以实现专业知识的传授与社会价值的引导，促使学生在提升专业能力的同时积极承担社会责任、实现社会价值。

（一）知识目标

通过课程思政与"小组工作"深度结合，贯彻社会价值导向，在课堂教学理论、方法和实践演练中，帮助学生构建小组工作方法的整体知识体系，引导学生在分组实践演练和课外小组实践的探索中，夯实理论基础。

（二）能力目标

通过课程思政与"小组工作"深度结合，在学习理论知识、方法和技巧的同时，系统培养学生观察能力、分析能力，引导学生根据服务对象的具体情况结合专业理论设计开展小组活动，提升学生的实务能力。

（三）素质目标

通过课程思政与"小组工作"深度结合，挖掘专业知识蕴藏的人文精神与科学精神，激活专业课程内涵的教化功能。[1] 在巩固学生专业知识、提升学生实务能力的基础上，完

---

[1] 伍醒，顾建民."课程思政"理念的历史逻辑、制度诉求与行动路向 [J]. 大学教育科学，2019（3）：54-60.

成社会主义核心价值观的认同教育,让学生具有增进民生福祉、推动社会进步的责任感,最终实现知识传授、能力培养和价值塑造的三位一体目标。

二、"小组工作"课程思政理念

"小组工作"课程思政不是简单地将思政内容和专业课程串联在一起,而是将二者有机融合、无缝对接,互为支撑、相互促进。通过课程思政的贯彻实施,更好地提高学生的思想道德素质、创新能力和社会责任感,培养高质量的人才。"小组工作"课程思政理念,如图8-1所示。

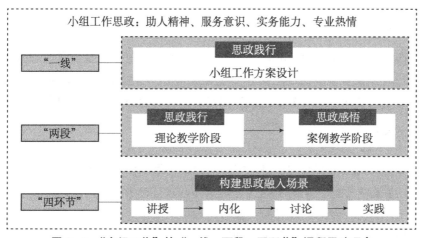

图8-1 "小组工作"的"一线、两段、四环节"课程思政理念

如图8-1所示,"一线"指的是小组工作方案设计,强调以教授学生设计小组工作方案为课程主线,贯穿于"小组工作"课程教学的全程,小组类型和主题的确定、具体活动的设计和开展,蕴含着大量可待挖掘的思政元素。"两段"指理论教学和案例教学两个重要阶段,教师有意识地引导学生在此过程中进行思政践行和思政感悟。"四环节"指讲授、内化、讨论与实践四个环节,"四环节"是构建思政融入场景的四个必要环节,学生通过教师讲授获取知识,通过知识内化吸收营养,通过小组讨论丰富认知,最终通过实践巩固成果。总的来说,本课程在"一线、两段、四环节"的教学过程中,遵循教授与渗透相结合、理论与实际相结合、显性教育与隐性教育相结合的原则,充分挖掘"小组工作"课程蕴含的思政元素,将思政元素基因式融入课堂教学的各个环节,通过"思政引导—思政感悟—思政践行"链条实现教学全程思政育人,让专业文化起到"润物细无声"的价值引领作用。[①]

依托学院社会工作专业主干课程建设资源背景,结合当前社会工作专业学生的课程安排特点,"小组工作"课程以知行合一,优化教学为指导,采用"一线、两段、四环节"的课程思政理念,将课程理论学习与实务竞赛相结合,使学生在潜移默化中感受助人的意

① 边云岗.电子商务专业文化引领下的专业课课程思政建设:以《电子商务原理》课程为例 [J].豫章师范学院学报,2022 (2):40-43.

义，体验服务带来的满足感，逐步增强助人精神，树立服务意识，提升实务能力，点燃专业热情。

（一）助人精神

"助人自助"是社会工作专业核心价值理念，小组工作者通过提供专业化的服务，在帮助服务对象解决问题的同时，提升服务对象自己解决问题的能力，以便服务对象日后可以独立自主地面对类似的生活挫折和困难。"助人自助"是小组工作者帮助服务对象"自救自助、自主人生"的过程，是小组工作者本着坚信服务对象的领悟力、自决力和创造性，促进服务对象发挥自身主导作用的一个过程。

（二）服务意识

社会工作是一种专业的助人活动，小组工作服务意识是一种基于专业服务而展现出来的职业精神，拥有服务意识的小组工作者更能站在服务对象的立场，为服务对象提供服务，使服务对象感受到平等和尊重、包容和接纳，从而为服务活动的顺利开展提供保障。

（三）实务能力

社会工作是一门注重实践的学科，实务能力是小组工作者有效解决服务对象问题、达成服务目标的能力。因此，小组工作实务能力不仅要求小组工作者有相关理论知识储备，也要求小组工作者有一定的实践经验，能够应对小组工作开展过程中出现的各类问题，并从中不断反思总结，提升自己，真正做到以人为中心。

（四）专业热情

专业热情是在专业发展过程中伴随小组工作者的一种积极情绪体验，拥有饱满的专业热情，使小组工作者全身心地投入小组活动，为小组活动的质量和效果提供保障，这种积极的状态可以获得小组成员的认可，感染小组成员，使其更加积极地参与到小组活动当中，有效促进小组目标的实现。

三、"小组工作"课程思政内容与融入点

（一）理论教学引导课程思政

在理论教学阶段，本课程教学以"课堂导入—梳理单元知识体系—明确学习目标—讲授重点难点—课堂小结—布置课后任务"为链条进行组织实施。教师结合教学内容融入思政元素进行价值引导[①]，如讲授"小组工作的价值观和职业伦理"时，融入尊重、平等意

---

① 边云岗．电子商务专业文化引领下的专业课课程思政建设：以《电子商务原理》课程为例［J］．豫章师范学院学报，2022（2）：40-43.

识，倡导学生尊重服务对象，体现民主参与原则、尊重组员的参与自由等；讲授"小组工作理论与小组动力"时，引用习近平总书记的论断"要发挥社会工作的专业优势，支持广大社工、义工和志愿者开展心理疏导、情绪支持、保障支持等服务"，引导学生拓宽视野，既要关注社会的整体性发展，也要关注困难群体的生活，维护困难群体享受美好生活的权利。同时，引导学生在开展活动的过程中正确运用小组工作理论、充分发挥小组动力，不断打磨自身，提升为人民服务的能力。"小组工作"课程思政内容与融入点设计，如表 8-1所示。

表 8-1   课程思政内容与融入点

教学环节	教学设计	思政融入
课堂导入	用短小精悍的案例故事、视频、报道等引出授课内容。	提出相关思政问题，引发学生思考。
梳理单元知识体系	用思维导图展示单元知识框架。	培养学生系统思维，构建知识体系。
明确学习目标	从知识能力和素质方面明确学习目标。	结合具体教学内容，植入思政目标。
讲授重点难点	选择 3~4 个知识点进行互动式精讲。	融入相关思政元素，进行价值引导。
课堂小结	总结单元知识要点。	强调学生要有意识提升个人思政修养。
布置课后任务	自主完成课后习题"说考做"作业，准备下次课的课堂讨论环节。	引导学生在课外内化吸收过程中，养成自主学习的习惯，提高自我管理能力。

（二）案例教学感悟课程思政

在案例教学阶段，本课程教学以"教师介绍案例背景—学生自主预习—小组课堂讨论—同学举手分享—教师总结与点评—学生小组整理总结"为链条进行组织实施。[①] 首先，教师向学生介绍案例的背景和情境，让学生初步了解案例内容的同时提出案例中蕴含的思政元素。课前，学生自主预习案例内容，查找相关资料，结合教师提出的问题体会案例中蕴含的思政元素。课中，学生被分配到小组中讨论和分析案例，分享个人的观点和想法，交流自己的思政感悟。小组讨论结束后，学生举手分享小组的见解和结论，在与其他小组的交流和互动中产生更多的思政灵感。在此期间，教师也将积极参与并提出问题、引导讨论。在小组讨论结束后，教师将总结和点评整个案例教学的过程和结果，与学生一起挖掘案例中的思政元素。课后，学生将小组的总结整理成结构化的文档，进一步加深对案例的理解。在案例教学阶段，教师运用"讲授—内化—讨论—实践"四个环节，激发学生的学习兴趣和主体性，帮助学生更深入地理解所学知识，提升理论联系实际的应用分析能力，在潜移默化中塑造其良好的价值观。

---

① 边云岗. 电子商务专业文化引领下的专业课课程思政建设：以《电子商务原理》课程为例 [J]. 豫章师范学院学报，2022（2）：40-43.

（三）实践教学践行课程思政

小组工作方案设计作为课程思政理念中的"一线"，对于践行课程思政是十分重要的。在小组工作方案设计任务启动时，教师邀请历届成功的小组成员做经验分享，让学生更加了解小组工作方案设计和小组活动开展的实质，同时以学长学姐为榜样，激发学生开展小组工作的热情和主动性，强化责任感及担当意识，为小组工作方案设计及后续顺利开展提供助力。另外，学生在初次开展小组工作实践过程中，难免会遇到困难和冲突，学生解决问题的过程也是践行小组工作专业文化精神的过程，教师引导和鼓励学生通过团队协作克服困难和解决冲突，培养学生的创新思维以及勇于奉献等良好的精神品质。活动结束后，教师布置学生撰写心得体会，归纳在小组开展过程中的感悟，以此来总结小组工作过程中遭遇的问题、解决问题的方式以及在小组工作中所体现出的课程思政理念。同时，教师发起"小组工作实践优秀小组"评选活动，将优秀作品进行线上展示，增强学生成就感和荣誉感的同时，引导学生之间互相学习、彼此借鉴。对优秀作品进行鼓励和指导，继续打磨，与思政元素进一步结合。学生在开展小组工作实践的过程中，深入体会和践行"助人精神""服务意识""实务能力""专业热情"等"小组工作"课程思政理念，明确今后努力的方向。

四、"小组工作"课程思政步骤和措施

"小组工作"课程思政采用优化课程设计、完善教学内容，丰富教学形式、培养服务意识，融入社会服务、提高实务能力的步骤和措施，具体实施如下：

（一）优化课程设计、完善教学内容

课程标准的完善与最终定稿主要经历了两个阶段：一是 2019 年 3 月至 7 月，初步修改与完善"小组工作"课程标准；二是 2019 年 9 月进行了再次修改并定稿。在此过程中，团队任课教师多次进行线上和线下的沟通交流，并与学院骨干教师探讨，向行业专家咨询，征求各方建议与意见，最终定稿。完善的课程标准主要做了两方面修改：一是将社会主义核心价值观融入"小组工作"课程教学，在课程标准中体现为课程目标融合了课程思政、三全育人、立德树人的重要元素；二是深度融合行业最新发展与需求开展"小组工作"课程教学，在课程标准中实践教学任务依据最新行业需求进行调整。

在课程标准完善的基础上，任课教师进行了课程的优化设计，主要做了以下五方面内容调整与安排：一是优化理论教学。突破常规，打破章节式教学，设计了"认识小组工作""小组工作价值观""小组工作理论、模式与发展""小组沟通与领导""小组方案设计与评估"和"小组工作之我见"六个专题，内容主要包含小组工作基本概念、历史沿革、发展趋势、小组工作过程、小组工作者引领技巧和小组方案设计，以期实现小组工作从理论到实践层面上的联动。二是优化课堂（教室内）教学，采取实验教学与模拟训练相结合

的教学手段。在小组工作实验室中先由教师初步阐述理论，再带领学生进行模拟和演练，演练环节采取角色扮演等多种呈现方式，演练结束后运用探讨和归纳的方式再进行总结。三是走出教室，将社会服务嵌入课程教学。充分运用"博雅社会工作服务中心"这一校外社会工作实训室，以此为平台，串联起学校及周边家属区的社区资源，给学生创造课程实践的"土壤"，让学生在社会服务中体验需求调研、小组设计、计划书撰写、小组实施、小组记录、小组评估等全过程。四是丰富任课教师教学角色，发挥"督导"作用。学生参与服务过程中，教师充当"督导"，为学生提供全程的督导服务。五是践行"引进来"理念，邀请行业专家进入课堂。邀请行业专家以课程讲座的形式给学生做分享、交流，让学生接触行业最新信息，增进对行业的了解，明晰小组工作者需要具备的基本素质。

（二）丰富教学形式、培养服务意识

根据前期课程内容设计，进行授课计划的调整与确定。具体形式上，主要采用理论教学与案例教学相结合、实践教学与角色扮演相结合的方式。

1. 理论教学与案例教学相结合

"小组工作"课程中的理论教学与案例教学不是割裂的，而是相辅相成的。理论教学主要是讲授相关理论知识，帮助学生了解小组工作的基本概念、原则、技巧和方法等；而案例教学则是通过分析实际的小组工作案例，帮助学生理解理论知识的实践应用，加深对小组工作的认识。这两种教学方法相互关联、相互促进，帮助学生更好地掌握小组工作的理论和实践，提升学生解决问题的能力。在教学环境上，教师将教学场地固定为小组工作实验室，创造更有利于开展小组工作的教学环境，让学生对小组产生直观认识，体会小组从成立到成熟再到结束的发展过程。在教学内容上，依据前期设计的六个专题，具体介绍小组工作基本概念、历史沿革、发展趋势、小组工作过程、小组工作者引领技巧和小组方案设计等内容，实现小组工作理论和实践层面的联动。在教学方式上，采用学练结合的方式。在小组工作案例教学中，教师对理论知识进行初步的阐述和讲解，让学生对所学知识形成大致的概念。随后，教师带领学生进行案例模拟和演练，让学生在实际操作中逐步掌握理论知识的应用技巧。在演练结束后，教师再运用探讨和归纳的方式对所授知识进行总结，帮助学生更好地理解和掌握所学内容。

2. 实践教学与角色扮演相结合

实践教学主要是让学生将其在"小组工作"课程中所学的方法和技巧付诸实践，深入了解小组工作的流程、技巧和方法，将理论知识转化为实践能力，并在实践中不断优化和提升。在实践教学中，教师将学生划分为组织者、参与者和督导者三种角色并进行分工：在小组活动的开展过程中，组织者负责开展专业活动、控制小组进程；参与者负责扮演不同的小组组员，全身心投入到活动当中；督导者则负责观察整个小组活动的进程，从旁观者的角度针对活动开展提出建议。教师引导学生在活动结束后进行讨论，组织者分享自己在开展小组活动过程中出现的问题和困惑，参与者分享自己对整个活动的直观感受，评价活动的有效性，督导者则通过对全局的观察来评价活动开展情况，提出具有针对性的改进建议。实践教学与角色扮演相结合可以让学生在开展小组工作的具体情境中进行实践操作，使其更加深入地了解所学知识，培养了他们解决问题、协作与沟通的能力。

（三）融入社会服务、提高实务能力

在理论知识讲解的基础上，融入社会服务，利用实践平台，最终让学生能够在针对服务对象需求独立设计、开展并完成一个完整的小组服务过程中，增强学生的服务体验与实务能力，其过程主要包括：

1. 需求调研与机构探访相结合

将班级学生按 4～5 人一组，形成"小组工作"课程学习小组，根据小组同学感兴趣的话题，借助博雅社会工作服务中心、校内社区资源，针对服务对象开展需求调研。具体服务对象包括本校的本科生、研究生以及社区居民等；调研方式为问卷调查、访谈、文献研究等。结合调研结果，确定小组主题。除此之外，为增强学生对机构运作、项目运行的了解，教师带领学生到社会服务机构进行探访了解，邀请社会服务机构的社会工作者为学生介绍机构的相关情况，学生就自己感兴趣及有疑惑的问题进行提问，通过与社会工作者的互动交流增加对社会服务机构实务的认识。

2. 小组计划书撰写

结合教师意见以及前期的需求调研结果，每个学习小组确定一个小组主题，并进行小组工作计划书的撰写。其中小组工作计划书主要包括小组名称、小组理念、理论架构、小组目标、活动设计、所需物资、应急预案及小组评估。初稿完成后，由教师进行批阅与修改，学生进行完善，并最终定稿。除此之外，每个学习小组在教师的指导下设计一份完善的小组活动宣传海报。在不断打磨小组计划书和宣传海报的过程中，学生对开展的小组主题有了进一步的认识。

3. 小组活动实施

小组根据所属小组的主题招募小组成员、开展小组活动、进行小组记录与评估等。结合实际，每个学习小组共开展至少五次小组活动，小组中的每个成员都要作为小组领导者组织一次小组活动，其他成员则做好物资购买、小组记录、小组摄像等辅助工作，分工明确，各司其职。每一次小组活动完成后，教师立即进行现场督导，保证小组实践服务效果。教师在小组初期、小组中期、小组末期分别进行班级集体督导，针对学生反映的困难和问题进行探讨与回答，有利于学生从整体上把握小组各个阶段的特点，明确自身不足，激发学习动力。

4. 小组活动实践汇报展示

小组在每一次小组活动结束后，进行本次小组活动记录的完善、小组资料的整理、小组 PPT 的制作等，为小组活动的总结汇报做准备。在回归课堂后，通过小组实践总结，学生可以更好地了解自身优势和不足，反思在实践过程中遇到的问题，为今后开展小组活

动奠定良好基础。

5. 小组活动实践反思

小组的工作实践结束后，教师引导学生对小组沟通技巧、小组冲突处理技巧、小组事件应对与处理、小组工作者角色、小组活动设计以及小组本土化等进行反思，将课程思政元素融入其中，在提升学生专业能力的同时助推其良好价值观的形成，为未来小组活动的开展提供方向性的指引。

五、"小组工作"课程思政教学设计

(一) 教学大纲

"小组工作"课程是针对社会工作专业本科生于二年级下学期开设的专业主干课程之一，4 学分，共计 64 课时。本课程共分为六大模块十三章，具体如表 8-2 所示。

表 8-2　　　　　　　　　　　"小组工作"课程思政教学大纲

课程模块	课程章分布	教学目标	思政目标
认识小组工作	第一章　小组工作概述	掌握小组和小组工作的内涵，小组的类型和小组工作的功能以及小组工作在西方、中国港台和大陆的发展状况。	认识小组工作服务对象，反思小组工作在中国的发展现状及其影响因素，培养学生专业热情及服务意识。
小组工作价值观	第二章　小组工作的价值观和职业伦理	理解和掌握小组工作的基本价值观，开展小组工作过程中应该遵循的职业伦理守则，小组工作的标准，小组工作者的基本素质要求及应对伦理困境的方法。	在明确小组工作价值理念的同时，引导学生意识到党建引领是社会工作创新发展的重要抓手，关注国家时事。
小组工作理论模式与发展	第三章　小组工作理论与小组动力	理解和掌握小组工作的相关理论，小组动力的含义、作用，小组的主要动力因素以及这些因素如何相互作用形成小组的动力过程。	引导学生认识到小组工作服务以人为中心，以人的需要为本，积极将理论与实践相结合，将小组工作与群团工作相融合，以群团组织为载体，真正意识到为人民服务的重要意义。
	第四章　小组工作的主要模式及其理论基础	了解四大模式的理论基础和具体内容，认识和反思四大模式的优势和限制及四大模式在中国的适用性。	从微观到宏观，引导学生不仅关注处于困境的个人、家庭和社区的福祉，同时关注社会结构。

续表

课程模块	课程章分布	教学目标	思政目标
小组沟通与领导	第五章 小组的领导	理解和掌握小组领导的含义，小组领导者需要具备的特质和基本训练要求，小组过程中小组领导者的角色与功能，领导小组的方式与技巧，初为小组领导者的困难和问题及协同领导。	在提升学生小组领导能力的同时，引导学生在担任小组领导者的过程中体味社会责任感，关注社会困难群体的需求。
	第六章 小组的沟通和冲突	理解和掌握沟通在小组工作中的作用，小组中常见的沟通模式；学习如何在小组中建立良好的沟通模式，小组冲突的作用有哪些，解决冲突的主要策略是什么及如何解决小组中不同类型的冲突。	引导学生创造性地将专业的方法技巧与中国的本土文化相结合，发展出适合中国本土情境的服务方法技巧。同时注重发展性小组工作经验的总结，提炼发展性小组工作服务的方法和技能，推动发展性小组工作服务的实践，开展更符合当今社会发展的小组活动。
小组方案设计与评估	第七章 小组构成	理解小组的构成要素，认识和协助小组组员，理解小组工作者的素质，认识小组工作者与组员之间的关系，设计小组活动节目，认识小组结构诸要素彼此的关系。	将社会服务嵌入课程教学，引导学生走出教室、深入实地，真正了解服务对象的需求，解决个人、家庭和社区遇到的各种问题，为提升人民福祉、提高人民幸福感和获得感做出贡献。
	第八章 小组的筹备	寻找组员的真实需求并形成小组介入目标，根据需求（问题）和目标选择小组组员，思考小组介入计划是否符合组员的真实需求；根据一个真实的案例评估需求、确定目标、撰写小组介入计划书。	引导学生撰写一份小组介入计划书，体现问题导向、规范契约、科学技术与专业方法的融合。
	第九章 小组初期	了解小组阶段的划分方法，把握小组初期的特征和工作；结合中国人的特点，分析小组初期小组工作者主要担当哪几种角色；在给定的具体案例中，分析小组所处的阶段和组员的特征，并阐述小组工作者应该如何介入。	掌握小组初期的阶段特点，通过课堂讲授、案例分析、情景模拟等教学环节，提升学生的服务能力和人文关怀。

续表

课程模块	课程章分布	教学目标	思政目标
小组方案设计与评估	第十章 小组中期	把握小组中期的特征和工作；结合中国人的特点，分析小组中期小组工作者主要担当的角色；在给定的具体案例中，分析小组所处的阶段和组员的特征，并阐述小组工作者该如何介入。	掌握小组中期的阶段特点，通过课堂讲授、案例分析、情景模拟等教学环节，提升学生的服务能力和关心服务对象真实需求的意识。
	第十一章 小组后期	把握小组进入后期的主要标志及后期小组成员的特点，巩固成员在小组中取得的改变成果，做好小组工作者的跟进工作。	掌握小组后期的阶段特点，通过课堂讲授、案例分析、情景模拟等教学环节，提升学生的服务能力和关心服务对象真实需求的意识。
	第十二章 小组的评估	学习如何证明小组工作的有效性，小组工作评估的主要类型有哪些，怎样选择小组评估的测量工具，如何撰写评估报告。	在学习小组评估知识的过程中，引导学生树立公平公正的价值观。
小组工作之我见	第十三章 小组工作在不同人群中的运用	学习如何将小组工作基本价值观和原则运用于对不同人群的服务，认识在给不同人群提供小组服务时需要关注的问题，思考小组工作在中国的实践给我们的启发。	引导学生在开展小组工作的过程中，关注不同人群的个体化差异，灵活运用小组工作的原则和方法，为他们提供所需要的服务，满足服务对象需求。

（二）教学效果

"小组工作"课程采用"一线、两段、四环节"的课程思政理念，取得了较好的效果，主要体现在以下方面：

（1）学生课程参与度高。"小组工作"课程围绕小组工作方案设计展开，让每个学生都能参与教学环节，提高了学生对课程的兴趣，课程参与度高。

（2）学生服务意识提升。结合小组同学感兴趣的话题，借助社会工作服务中心及校内社区资源，学生走进社区、深入社会服务机构开展实践，学生在服务过程中遵守道德规范和职业伦理，服务意识显著提升。

（3）依托该课程，对学生开展的小组工作实践活动进行汇总梳理及经验总结，每学期编撰一本"小组工作理论、实践与反思"的案例集，作为教辅参考资料。

(三) 教学方法

1. 讲授法

教师系统地讲授小组工作的基本理论与实践方法，强调社会文化背景的变化及其对小组工作的影响，使学生能够理解小组工作的现实意义和重要性。在讲授的过程中，教师引导学生进行独立思考和反思，耐心解答学生提出的问题和疑惑，帮助学生形成较为完整的知识结构，提高其理论研究和实践应用的能力。

2. 案例教学

教师在课程讲授中穿插案例的同时组织专门的案例讨论。在每次案例讨论中，教师可以根据不同的主题，选择与之相关的实际案例，引导学生从多个角度思考和分析案例中的问题，拓宽学生思维。

3. 研究性教学

将学生分为几个小组，要求每组设计一份小组活动方案。要求各小组以社会工作的相关理论为基础，运用问卷调查、个案访谈及文献研究等方法，开展案例的收集、整理和研究活动，评估潜在组员的需求，在此基础上，设计小组活动方案。

4. 实践性教学

各组根据其小组活动方案，开始进行小组组员招募及筛选，在招募完成后按每次活动内容开展具体的实务工作。学生担任实习社会工作者，教师则担任督导的工作。每次活动完成后，小组成员分享和总结活动经验及不足，最后在过程和结果评估中，完成一份完整的评估报告。

(四) 教学章节点

第一章　小组工作概述（4 课时）

一、教学目标

【知识目标】

1. 小组和小组工作的内涵
2. 小组的类型和小组工作的功能
3. 小组工作在西方、中国港台和大陆的发展状况

【能力目标】

引导学生形成对小组和小组工作的正确认识，以及能够根据服务对象的需求判断适合开展何种类型的小组活动。

【课程思政目标】

引导学生认识小组工作服务对象，反思小组工作在中国的发展现状及其影响因素，培养学生专业热情及服务意识。

二、教学重点难点与实践参与环节

【教学重点】

1. 小组工作的含义
2. 小组工作的分类标准
3. 小组工作的发展历史

【教学难点】

1. 小组工作各个发展阶段的基本特征
2. 小组工作不同于其他社会工作方法的主要特征
3. 小组工作课程学习与社会工作实践需求的结合
4. 小组的性质和目的对小组工作所做的分类及现实中的应用

【实践参与环节】

主题讨论：梳理国内外小组工作的发展脉络，明确小组工作的特征及分类，讨论不同类型小组的具体应用及其在中国本土的适应性。

第二章　小组工作的价值观和职业伦理（6课时）

一、教学目标

【知识目标】

1. 小组工作的基本价值观
2. 开展小组工作过程中应该遵循的职业伦理守则
3. 小组工作的标准
4. 小组工作者的基本素质要求
5. 应对伦理困境的方法

【能力目标】

引导学生正确认识小组工作基本价值观以及职业伦理守则，培养学生能够根据现实情况对面临的伦理困境进行判断和应对的能力。

【课程思政目标】

在明确小组工作价值理念的同时，引导学生意识到党建引领是社会工作创新发展的重要抓手，关注国家时事。

二、教学重点难点与实践参与环节

【教学重点】

1. 小组工作的基本价值观
2. 小组工作中必须遵循的职业伦理

【教学难点】

1. 社会工作价值观的基本范畴
2. 反思自身价值观并有所觉醒
3. 在面临价值观、伦理冲突时能做出较好的决定

【实践参与环节】

（1）案例分析：通过具体的两个案例，发现自身的价值观与社会工作的价值观之间有何差距。

（2）案例分析：结合案例就小组工作者在服务过程中可能产生的伦理困境展开讨论并提出解决方案：一是社会工作专注困难群体，追求社会公正，而社会大众追求市场经济中的效率。二是自决与他决。三是保密与泄密。四是价值中立与价值介入。五是服务对象利益与机构利益。举例："小组工作的价值观和职业伦理"是在"小组工作"课程中与思政联系较为紧密的一章。社会工作价值观是社会工作实践的灵魂，是社会工作者的精神动力；职业伦理能够为小组工作者的具体实践提供指引。因此，正确认识并坚持小组工作的价值观、遵循小组工作的职业伦理对于顺利开展小组工作活动是至关重要的。个人的价值观与专业的价值观是相互联系、相互影响的。在教授这部分内容时，选取相关热点话题，如网络暴力、性侵等等，现实的复杂事件对于小组工作价值观的践行有着更大的挑战，也蕴含着更多的伦理冲突。通过引导学生在面对现实复杂情况时做出符合小组工作价值观和职业伦理的判断，潜移默化地塑造学生正确的价值观。

第三章　小组工作理论与小组动力（4 课时）

一、教学目标

【知识目标】

1. 小组工作的相关理论
2. 小组动力的含义、作用

3. 小组的主要动力因素以及这些因素如何相互作用形成小组的动力过程

【能力目标】

引导学生正确认识小组工作理论的适用情境，培养学生充分发挥小组动力的能力。

【课程思政目标】

引导学生认识到小组工作服务以人为中心，以人的需要为本，积极将理论与实践相结合，将小组工作与群团工作相融合，以群团组织为载体，真正意识到为人民服务的重要意义。

二、教学重点难点与实践参与环节

【教学重点】

1. 小组工作的相关理论
2. 小组动力的含义
3. 小组动力模型

【教学难点】

1. 不同理论对小组工作的启示
2. 小组的主要动力因素及各动力因素的相互作用

【实践参与环节】

（1）主题讨论：不同的理论在小组工作中有哪些具体的应用？

（2）主题讨论：在面对具体的案例时，如何选择恰当的理论介入实际案例并指导实践？

第四章 小组工作的主要模式及其理论基础（4课时）

一、教学目标

【知识目标】

1. 小组工作四大模式的理论基础和具体内容
2. 小组工作四大模式各自的优势和限制
3. 小组工作四大模式在中国的适用性

【能力目标】

使学生能够根据不同服务群体以及服务对象的不同问题和需求，在小组工作实践中运用具有针对性的工作模式。

【课程思政目标】

从微观到宏观，引导学生不仅关注处于困境中的个人、家庭和社区的福祉，同时关注社会结构。

二、教学重点难点与实践参与环节

【教学重点】

1. 小组工作四大模式的定义
2. 小组工作四大模式的目标
3. 小组工作四大模式中社会工作者所需要扮演的角色

【教学难点】

不同模式在中国社会的应用

【实践参与环节】

案例分析：一位社会工作者观察到社区中单亲家长的数量日益增加。他们大多数是一个母亲抚育一至两个小孩。这些单亲母亲大多数也是家庭的谋生者，因此照顾孩子非常困难。假设你是尝试向这些女性单亲家长提供小组工作服务的社会工作者，运用四种小组工作模式中的任何一种来界定问题，写出提纲。

注意：小组工作的不同模式在小组工作实践中对同样问题有不同界定。

第五章 小组的领导（8课时）

一、教学目标

【知识目标】

1. 小组领导的含义
2. 小组领导者需要具备的特质和基本训练要求
3. 小组过程中小组领导者的角色与功能
4. 领导小组的方式与技巧
5. 初为小组领导者的困难和问题
6. 协同领导

【能力目标】

引导学生看到作为小组领导者可能遇到的困难和容易发生的问题并明确应如何对待解决，让学生掌握整合式的服务方法，提高服务的专业化水平。

【课程思政目标】

在提升学生小组领导能力的同时，引导学生在担任小组领导者的过程中体味社会责任感，关注社会困难群体的需求。

二、教学重点难点与实践参与环节

【教学重点】

1. 小组领导的含义
2. 小组领导者需要具备的特质
3. 三种小组领导方式
4. 开展小组的基本技巧
5. 小组促进和干预技巧

【教学难点】

1. 小组工作者的领导与权力来源
2. 小组领导者特质的培养
3. 不同小组领导方式的差异比较及对自身领导风格的觉察
4. 开展小组的各种技巧

【实践参与环节】

（1）实践环节：在具体情境中模拟领导技巧中的"听"与"说"。
（2）实践环节："聆听"技能测试、自我领导潜质和风格测试。

第六章 小组的沟通和冲突（8课时）

一、教学目标

【知识目标】

1. 沟通在小组工作中的作用
2. 小组中常见的沟通模式
3. 小组中建立良好沟通模式的方法
4. 小组中不同类型的冲突
5. 小组冲突的作用
6. 解决小组冲突的主要策略

【能力目标】

提升学生的沟通交流能力以及理性解决冲突的能力。

【课程思政目标】

引导学生创造性地将专业的方法技巧与中国的本土文化相结合，发展出适合中国本土情境的服务方法技巧。同时注重发展性小组工作经验的总结，提炼发展性小组工作服务的方法和技能，推动发展性小组工作服务的实践，开展更符合当今社会发展的小组活动。

二、教学重点难点与实践参与环节

【教学重点】

1. 沟通的种类

2. 沟通的方式

3. 发讯人方面的障碍

4. 收讯人方面的障碍

5. 沟通需具备的良好的个人素质

6. 冲突的功能

7. 解决冲突的策略

【教学难点】

1. 沟通的模型

2. 沟通的不同方式及效率

3. 认知层面的障碍

4. 态度层面的障碍

5. 行为层面的障碍

6. 沟通技巧的运用

7. 小组中冲突的功能及正确冲突观的形成

8. 解决小组冲突的四种策略

【实践参与环节】

（1）案例分析：提供案例供学生进行讨论，思考何种沟通方式对小组的发展最有利、社会工作者应当如何引导组员进行顺利沟通。

（2）实践环节：填写冲突行为问卷，确定自己解决冲突的类型，讨论不同解决冲突策略的优缺点。

（3）实践环节：创设情境，让学生分组进行角色扮演，在实际情境中体会沟通和冲突解决的技巧。

第七章 小组构成（2课时）

一、教学目标

【知识目标】

1. 小组的构成要素
2. 认识和协助小组组员
3. 小组工作者的素质
4. 小组工作者与组员之间的关系
5. 小组活动节目的设计
6. 小组结构诸要素的关系

【能力目标】

引导学生形成对小组和组员的正确认识，提升学生判断小组状况、设计小组活动节目的能力。

【课程思政目标】

将社会服务嵌入课程教学，引导学生走出教室、深入实地，真正了解服务对象的需求，解决个人、家庭和社区遇到的各种问题，为提升人民福祉、提高人民幸福感和获得感做出贡献。

二、教学重点难点与实践参与环节

【教学重点】

1. 小组的构成要素
2. 小组活动节目设计的结构

【教学难点】

1. 小组活动节目设计的方法
2. 小组活动的外部结构要素

【实践参与环节】

实践环节：学生根据小组提供的小组工作案例进行小组活动节目设计，并阐明这样设计的理由。

第八章　小组的筹备（6 课时）

一、教学目标

【知识目标】

1. 寻找组员的真实需求并形成小组介入目标
2. 根据需求（问题）和目标选择小组组员
3. 小组介入计划是否符合组员的真实需求
4. 根据一个真实的案例评估需求、确定目标、撰写小组介入计划书

【能力目标】

提升小组成员分析服务对象需求、判断服务对象需求紧迫性，从而设计具有针对性的小组活动的能力。

【课程思政目标】

引导学生撰写一份小组介入计划书，体现问题导向、规范契约、科学技术与专业方法的融合。

二、教学重点难点与实践参与环节

【教学重点】

1. 需求评估
2. 目标确定
3. 道德认知的发展
4. 道德情感的发展
5. 道德行为的发展
6. 品德发展的一般规律

【教学难点】

1. 与服务对象同行
2. 小组目标的操作化
3. 皮亚杰、科尔伯格的道德认知发展理论
4. 班杜拉的社会学习理论
5. 品德发展过程中的主客观相互作用
6. 德育过程与品德发展过程的联系与区别
7. 德育过程与其他教育过程的区别

8. 自我教育能力在德育过程中的作用

9. 德育原则在德育过程中的灵活运用

【实践参与环节】

（1）主题讨论：分析并讨论是社会工作者的需求还是服务对象的需求。

（2）实践环节：根据一个真实的案例评估需求、确定目标，撰写一份小组介入计划书。

（3）实践环节：举办小组活动方案设计大赛。制定详细的评分规则，请本系本专业的专家担任评委，待各小组答辩后评选出最优方案。

第九章　小组初期（6 课时）

一、教学目标

【知识目标】

1. 小组阶段的划分方法

2. 小组初期的特征和工作

3. 小组初期小组工作者主要承担的角色

4. 小组初期组员的特征及小组工作者的介入

【能力目标】

培养学生正确判断小组初期阶段、分析目前亟待解决的问题、正确扮演小组工作者角色的能力。

【课程思政目标】

掌握小组初期的阶段特点，通过课堂讲授、案例分析、情景模拟等教学环节，提升学生的服务能力和人文关怀。

二、教学重点难点与实践参与环节

【教学重点】

1. 第一次聚会的特征

2. 第一次聚会的工作

3. 规范形成时期的特征

4. 规范形成时期的工作

【教学难点】

1. 第一次聚会的工作技巧

2. 规范形成时期的工作技巧

【实践参与环节】

（1）实践环节：撰写访问报告。事先准备访问单，内有姓名、年龄、家庭状况、学历背景、职业、个性、特征、喜好、最满意和最不满意的事、参加这个训练的期望等栏。请每位组员找到另一位组员，彼此做五到十分钟的访问。访问完毕，互相介绍对方，被介绍的组员可以自己补充，最后可利用一点时间复习每位组员及其最特殊或令人印象深刻的资料，最终形成每位组员的个人档案。

（2）实践环节：制定小组规范。

第十章　小组中期（6课时）

一、教学目标

【知识目标】

1. 小组中期的特征和工作
2. 小组中期小组工作者主要承担的角色
3. 小组中期组员的特征及小组工作者的介入

【能力目标】

培养学生正确判断小组中期阶段、分析目前亟待解决的问题、正确扮演小组工作者角色的能力。

【课程思政目标】

掌握小组中期的阶段特点，通过课堂讲授、案例分析、情景模拟等教学环节，提升学生的服务能力和关心服务对象真实需求的意识。

二、教学重点难点与实践参与环节

【教学重点】

1. 小组冲突时的特征
2. 小组冲突时的工作
3. 小组成熟时的特征
4. 小组成熟时的工作

【教学难点】

1. 小组冲突时的工作技巧
2. 小组成熟时的工作技巧

【实践参与环节】

(1) 实践环节：价值拍卖，澄清冲突。

(2) 主题讨论：探讨自我，深度探索谁是我。

第十一章 小组后期 (6 课时)

一、教学目标

【知识目标】

1. 小组进入后期的主要标志

2. 小组后期组员的特点

3. 小组成员在小组中取得改变成果的巩固

4. 小组工作者在小组后期的跟进工作

【能力目标】

培养学生正确判断小组所处阶段、分析目前亟待解决的问题、正确扮演自己角色的能力。

【课程思政目标】

掌握小组后期的阶段特点，通过课堂讲授、案例分析、情景模拟等教学环节，提升学生的服务能力和关心服务对象真实需求的意识。

二、教学重点难点与实践参与环节

【教学重点】

1. 小组后期的特征

2. 小组后期的目标和任务

3. 离别准备和情绪处理

4. 小组的结束

5. 小组结束后的跟进

【教学难点】

1. 小组后期的工作技巧

2. 小组结束的工作技巧

【实践参与环节】

(1) 实践环节：尝试设计并举办一些象征小组结束的活动，如文艺表演、会餐、合影留念、纪念册签名等。

（2）实践环节：撰写新生活计划书，引导小组成员结合自身在参与小组活动中的收获以及对于未来的展望，撰写具有个性化的、可操作的新生活计划书。

第十二章　小组的评估（2 课时）

一、教学目标

【知识目标】

1. 小组工作的有效性
2. 小组工作评估的主要类型
3. 小组评估测量工具的选择
4. 评估报告的撰写

【能力目标】

使学生掌握需求评估、过程评估及结果评估等较为专业的评估方法，培养学生评估服务对象需求以及评估项目质量的能力。

【课程思政目标】

在学习小组评估知识的过程中，引导学生树立公平公正的价值观。

二、教学重点难点与实践参与环节

【教学重点】

1. 过程评估和结果评估
2. 组前评估、需求评估、过程评估和效果评估
3. 单一个案设计
4. AB 设计
5. ABAB 设计
6. 评估报告的结构和思路

【教学难点】

1. 过程评估
2. 评估工作的设计
3. 评估报告的写作方法

【实践参与环节】

实践环节：在前期小组工作实践的基础上，撰写一份小组活动实务评估报告。

第十三章 小组工作在不同人群中的运用（2 课时）

一、教学目标

【知识目标】

1. 将小组工作基本价值观和原则运用于对不同人群的服务
2. 向不同人群提供小组服务时需要关注的问题
3. 小组工作在中国的实践给我们的启发

【能力目标】

培养学生在面对不同服务对象时有针对性地开展小组工作的能力。

【课程思政目标】

引导学生在开展小组工作的过程中，关注不同人群的个体化差异，灵活运用小组工作的原则和方法，为他们提供所需要的服务，满足服务对象需求。

二、教学重点难点与实践参与环节

【教学重点】

1. 将小组工作基本价值观和原则运用于对不同人群的服务
2. 向不同人群提供小组服务时需要关注的问题
3. 小组工作在中国的实践给我们的启发

【教学难点】

向不同人群提供具有针对性和有效性的服务

【实践参与环节】

实践环节：将学生分成几个小组，每个小组从妇女服务、家庭服务、老人服务、儿童服务等领域中选择一个感兴趣的，探讨该领域的特点以及在开展服务时需要注意的事项。

参 考 文 献

伍醒，顾建民. "课程思政"理念的历史逻辑、制度诉求与行动路向［J］. 大学教育科学，2019（3）：54-60.

边云岗. 电子商务专业文化引领下的专业课课程思政建设：以《电子商务原理》课程为例［J］. 豫章师范学院学报，2022（2）：40-43.

"社区工作" 课程思政课程设计

刘 杰

一、"社区工作"课程思政目标

(一) 总目标

党的二十大报告明确指出,"必须坚持在发展中保障和改善民生,鼓励共同奋斗创造美好生活,不断实现人民对美好生活的向往",这不仅突出了增进民生福祉、提高人民生活品质在党和国家各项工作中的重要性,更体现了中国共产党坚持以人民为中心的发展思想。

社区是提升人民生活水平过程中的重要场域。社区不仅是社会治理的基本单元,更是人民日常生活的中心。社区的和谐与稳定影响着社会的稳定与人民的幸福。因此,社区治理在整个基层治理体系中有着举足轻重的地位。在加强基层治理体系和治理能力现代化的背景下,社区工作对于破解社区治理难题、提升社区治理水平有着重要的作用。徐永祥主编的《社区工作》教材中明确指出社区工作有广义和狭义之分,作为社会工作方法之一的社区工作,一般概指狭义上的社区工作,特指专业社会服务机构及社会工作者关于社区工作的理论、方法、技能及其应用过程。本课程积极推进教学改革,将思政教育融入课程之中,在教授社区工作基础知识时,注重培养学生与时俱进、实事求是的意识,帮助学生结合实践掌握社区发展、社区策划、社区行动、社区教育、社区照顾、社区服务中的方法和技巧。

本课程坚持实践教学与思政教学紧密结合的原则。作为一门实务导向的学科,实践教学是提升专业教育质量和学科建设水平的重要保障。从中国社会工作转型发展的内涵来看,社会工作应具备专业性、本土性与社会性"三性合一"的特性,实践教学是实现"三性合一"达至"知-觉-行"统一教学目标的重要手段。基于此理念,本课程的实践教学与思政教学秉承"全程融合式"理念,立足于社会工作转型发展的专业性、本土性、社会性"三性合一"特质,坚持推进"课堂-专业实验室-课程实践基地"三位一体的有效互动、纵向反思和横向实践的结合，实现"知-觉-行"有机统一的教学目标。从内容上看，该理念基于学生每个年级或每个学期的专业理论内容，相应地配置专业实验室供学生主动举办专业活动，同时采取课程基地实践教学的方式，有针对性地提升学生获取专业知识的能力。该理念从课程教学模式上看则是一种拓展学习的横向实践，也是"知-觉-行"有机统一的完美呈现。学生可以从教师教授的课堂教学中收获"知"、在专业实验室的活动中得到"觉"，最终在社会实践中落实"行"，成为一名有着较高专业认同感的社区社会工作者。"全程融合式"社区工作实践教学理念，从不同方面突破现有教学中的单一性、片面性，以"三性合一"为目标，将科研、教学、实践进行系统化、整体化融合，具有多维立体化、坚持学生主体地位等特征。

（二）分目标

1. 社区工作的教学过程要增"底气"

帮助学生梳理社区工作的发展脉络、理论基础以及学习社区工作的四大模式，帮助学生掌握社区工作开展的方法以及形成需要具备的社会工作价值观，提升专业素养和专业能力，增强社区工作研究和实践的底气。

2. 社区工作的实践过程要接"地气"

社区工作的学习不能仅局限课堂，还要开展接地气的社会实践。只有深入社区，了解社区，才能在实践中不断熟悉自身所学，达到学以致用。引导学生在实践中积极发现新现象新问题，丰富已有的理论知识，总结升华以提高实践技能。

3. 社区工作的科研过程要有"骨气"

作为社会工作方法之一的社区工作是一个"舶来品"，长期以来在设置教育目标和教育体系过程中陷入"西学中用"的境地。本课程思政教学的目标之一就是改变"西学中用"的尴尬境地，增强"骨气"。当前中国社会工作的发展处于转型和快速发展期，摒弃范式论争，促进专业性、本土性和社会性"三性合一"应是现阶段社会工作应有的行动。社区工作的学科研究亦应如此。

二、"社区工作"课程思政理念

（一）课程思政理念

本课程建立知识融合、能力融入、经验体悟、价值感悟的"双融双悟"教学体系，旨在实现理论与实践、专业与思政的结合。在教学内容上，以推动国家治理体系和治理能力现代化为方向，将社区工作的理论与方法同我国基层治理的现状与经验相融合，提升学生运用社区工作知识分析基层现状、参与基层工作的能力。在教学过程中，以培养职业化社区工作人才为目标，将社区工作的典型案例与社区实践引入教学之中，带领学生深入社区进行实地学习，在实践中运用社区工作专业知识，通过典型经验与亲身体验启发和激励学生，切身领悟社区工作参与基层治理、促进社区和谐与善治的内涵及价值。同时，也注重培养学生扎根社区、服务基层的奉献精神，引导学生成为担当时代大任的有为青年。"社区工作"课程思政教学体系，如图 9-1 所示。

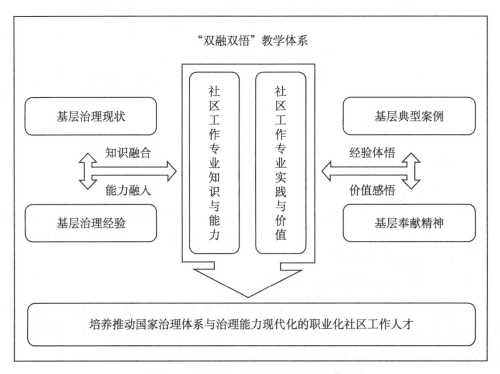

图 9-1 "社区工作"课程思政教学体系

（二）课程思政内容

本课程将从以下四个方面将课程内容与思政内容相结合，引导新时代大学生成为堪当中华民族伟大复兴重任的时代新人。

1. 习近平总书记关于社区工作的重要论述

本课程首先结合习近平总书记关于社区工作的重要论述开展教学。党的十八大以来，习近平总书记多次深入社区实地考察，在陕西考察时曾强调，"社区工作是一门学问，要积极探索创新，通过多种形式延伸管理链条，提高服务水平，让千家万户切身感受到党和政府的温暖"。因此，本课程内容突出新时代对于社区工作的新要求，以习近平总书记关于社区工作的重要论述为根本遵循开展授课，让学生深入了解和熟练掌握作为一名新时代的合格社区工作者应当具备的能力。该部分教学的一个要点在于，使学生理解社区治理不是简单地通过发号施令、制定和执行政策来达到管理的目标，而是通过合作、协商、构建伙伴关系、确立认同和制定共同目标等方式来实施对公共事务的管理。通过学习，促使学生积极探索社区工作的新内涵，不断提升自我参与社区工作的水平。

2. 中共中央、国务院《关于加强基层治理体系和治理能力现代化建设的意见》中的重要论述

社区工作是基层治理体系中的重要一环，提升社区工作者的能力和水平是推动治理能力现代化的重要途径。习近平总书记指出，"推进国家治理体系和治理能力现代化，社区治理只能加强、不能削弱。要加强党的领导，推动党组织向最基层延伸，健全基层党组织工作体系，为城乡社区治理提供坚强保证"。因此，本课程的学习目标不仅在于让学生掌握社区工作的相关理论和方法，更重要的是将所学内容融入整个国家与社会的治理体系，让学生意识到学习和应用社区工作的相关知识不只在于解决社区问题、促进社区发展，更重要的是在当前社会治理主体多元化的背景下，社会工作者积极参与社会治理，推动基层治理体系和治理能力现代化。

3. 国家层面关于基层治理体系和治理能力现代化的政策文件

社会工作专业学生需要了解基层，扎根于基层一线。基层工作面向群众，对于相关政策文件要有深入透彻的理解，才能将国家层面的战略意图落到实处。因此，本课程在授课过程中帮助学生解读国家层面关于基层治理体系和治理能力现代化的政策文件，包括《中共中央关于制定国民经济和社会发展第十四个五年规划和二○三五年远景目标的建议》、党的十九大报告、党的二十大报告等重要政策文件中关于基层治理体系和治理能力现代化的重要表述。通过在授课过程中引导学生对相关政策文件的学习，一方面可以使学生学习关于社区工作的政策文件，更加深入地了解社区工作在国家治理体系中的位置以及国家对于社区工作的宏观部署，另一方面可以提高学生的政策解读能力，有利于其在开展实践的过程中更加准确、灵活地落实相关政策文件精神。

4. 有关社区工作的典型案例和先进经验

为了使学生更加生动地理解社区工作的实际运用，本课程的教学还融入了有关社区工作的典型案例和先进经验。"枫桥经验"是社会治理创新宝贵经验中最杰出的代表，是以人民为中心的共建共治共享的基层社会治理经验，强调自治、法治、德治融合，其基本做法是发动和依靠群众化解人民内部矛盾。习近平总书记在基层代表座谈会上的讲话中曾指出："要加强和创新基层社会治理，坚持和完善新时代'枫桥经验'，加强城乡社区建设，强化网格化管理和服务，完善社会矛盾纠纷多元预防调处化解综合机制，切实把矛盾化解在基层，维护好社会稳定。"通过将"枫桥经验"等典型案例和先进经验融入到课程教学之中，使学生能够了解和学习我国当前先进的社区治理经验，使学生更加生动形象地理解课程中所学的知识，同时了解到当前社区工作的实际情况，便于其将社区工作知识与技巧应用于实践之中。

三、"社区工作"课程思政内容与融入点

"社区工作"课程通过对社区工作的基础理论、方法技巧等内容的教学，使学生能够将理论与实践更好结合，提升实践中问题解决能力，同时也顺应时代要求，从宏观的课程

设计到具体的内容设置，将课程内容与思政内容相结合，更好引导新时代大学生成为堪当中华民族伟大复兴重任的时代新人。"社区工作"课程思政融入，如图 9-2 所示。

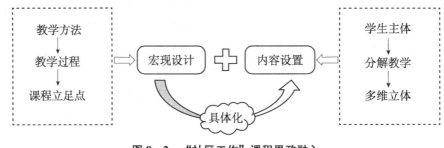

图 9-2 "社区工作"课程思政融入

（一）宏观设计相互融合

1. 改进教学方法，更新教学观念

本课程转变传统的"填鸭式"教学，重视实验教学环节，提升学生在课堂中的主体投入度，让学生在积极参与中巩固所学知识，推动学生知识体系的构建。本课程内容突出新时代对于社区工作的新要求，重视对课程思政教学理念的融入，通过结合社区工作相关重要论述开展授课，让学生能够深入了解和熟练掌握作为一名新时代的合格社区工作者应当具备的能力。通过学习，促使学生积极探索社区工作的新内涵，不断提升自身开展社区工作的水平。在保证课程体系的科学性和完整性的前提下，突出本课程的时效性、前沿性、研究性和理论性。

2. 利用课程教育、思政教育增进融入

本课程的教学不仅是传授社区工作的基本知识及技巧，更重要的是培养社区工作的信念、价值体系。社区工作强调对社会的责任和担当，其中涉及一些价值体系和意识形态的冲击，例如平等、公正、民主、人权、参与、自决、操纵等等，学生对社区工作价值观、意识形态的认识和反省有助于促进学生的个人成长和社区工作使命感的建立。如果社区工作教育只强调知识和技巧的传授，忽视了社区工作价值观的灌输，培养出的社区工作者将只是一些懂得去做的技术人员，他们对社区工作的投入程度将会大打折扣，也势必会造成社区工作者的流失。因此，在社区工作价值观课程的设计方面，要求学生多做批判性探讨，帮助其反思社区工作者的使命和责任，更多安排社区实践活动，让学生亲身接触和感受社区居民，尤其是困难群体的生活状况。

3. 利用信息化手段，扩大资源获取渠道

随着互联网技术的不断发展，传统课堂利用网络技术进行教学成为可能。首先，网络课堂与现实课堂连接。学生以及教师可以通过网络平台找寻相关课程资料和学习素材，以扩充知识面和提升知识融会水平。其次，加强外部资源获取。学生能够通过网络平台获取到现有课程之外更加优秀的资源。

4.增强课程立足点,响应时代号召

本课程的学习不仅在于让学生掌握社区工作的相关理论和方法,更重要的是将所学内容融入整个国家与社会的治理体系,让学生意识到学习和应用社区工作的相关知识不只在于解决社区问题、促进社区发展,更重要的是在当前社会治理主体多元化的背景下,社会工作者积极参与社会治理,推动基层治理体系和治理能力现代化。

(二)内容设置相互渗透

1.引入思政元素,完善内容融入

就"社区工作"课程而言,思政元素的引入需要做到将思政元素与课程所涉及的内容高度契合以及能够明确专业授课内容与思政元素嵌入之间的关系,做到"思政元素+专业知识"的有效结合。在课程中引入思政元素,完善课程内容设置,从培养爱国精神、守法精神、奉献精神、敬业负责等方面入手,在教学过程中有效引导学生深度思考,使学生在日常学习以及实践过程中做到行动有引导、行动有方向。"社区工作"课程思政元素,如图9-3所示。

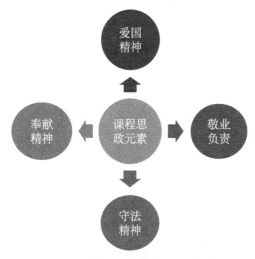

图 9-3 "社区工作"课程思政元素

2.坚持学生主体,满足学生所需

在实践教学体系中,注重对学生能动性的挖掘,让学生的创造性发挥、主动参与和自主选择等在不同的环节中都可以得到体现和锻炼,从而使其主体性得到充分发挥。学生的主体地位体现在以下三个方面:一是课堂教学中的小组讨论与展示,这是学生主动参与学习的过程,同时也是学生创造性思维的体现。在小组讨论和展示的准备过程中,学生将经历主动探索、学习、消化、讲述专业知识的过程,从被动地接受知识变成主动地学习并反馈知识,同时将自己的思考融入讲述当中,是学生与教师两个角色结合的初级表象。二是在社会工作实验室的使用上,学生有能动性和创造性。社会工作实验室是学生学习社会工作技巧的专业场所,主要目的是希望学生在理论学习之后能够通过模拟训练和现实演练,掌握基本的实践技巧与能力，增强伦理意识。社会工作实验室除了在教师的带领下开展活动，更多的是自主组织的学生社团根据专业需要开展相应的专业实践活动，活动内容和操作方式等都由学生自己设定。三是在实习的专业方向和地点方面，学生有自主选择权。学生可根据个人兴趣选择实习的专业方向，在实习地点的选择上以学生自主选择为主，对个别情况进行合理调控。坚持学生的主体地位，以学生发展为本，关注学生实习实践中的"过程"体验。

3. 多维立体，丰富教学实践

不论是社会工作专业的发展还是具体课程的展开，都强调对于实践环节的重视。例如在本课程的内容设置中，重视实践教学体系建设，其全程融合式实践教学理念的多维特征主要体现在同时重视课堂、专业实验室、实践基地和教学全过程的评估。就其实践教学方法与内容来说，不仅有课堂教学中的经典案例教学、情景模拟教学，实验室实践中的个案工作实验、小组工作实验、社会统计实验、心理咨询实验，社会服务机构实习基地中的经典案例观摩、志愿服务倡导、认知实习体验、项目流程参与、自主创新设计内容，还有课堂中的学习小组讨论、情景模拟展示，专业实验室中的学生社团活动参与，社会服务机构中的实习活动。本课程教学评价模式有教师自我评价、学生评价、教师互评、学生互评、学生-教师-实习督导评价的多维度多方位的综合评价模式，多元评价更显教学实际成效。社会工作专业实践教学的立体化是建立在联动的多维特征基础之上，结合分年级的纵向实践，构成一种网状立体结构。在该模式中多维化、层级化、多维与层级之间存在较强的关联性，其联动效果明显。

四、"社区工作"课程思政步骤和措施

(一) 课程思政的实施步骤

1. 制订教学计划，促进学生参与

充分梳理本课程所蕴含的思政元素和所承载的思政教育功能，将其融入课堂教学各环节，根据课程性质设计相应教学环节，并将课程思政元素融入学生的学习任务，体现在学习评价方案中。课程采用线上线下混合教学方法，将课程知识点迁移到课前学习、课后巩固阶段，弥补课堂教学时间的不足；通过课中画龙点睛式总结、引入专题讲座、学生情感体验等，改善课程知识碎片化问题，引导学生全方位参与。

2. 丰富课堂教学，提升专业能力

"全程融合式"教学理念下社区工作的思政教育需要对课堂教学方法进行创新，需要树立"教师组织和学生自组织有机融合的教学理念"[1]，坚持学生的主体地位，借助案例教学法和情景模拟法展开教学。案例教学法是将在社区工作实践中经常遇到的事件在课堂上作为案例进行分析，引导学生思考面对此种事件时应该如何进行合理干预，锻炼和提升学

---

① 黄海波. 社会工作专业实践教育效果：问题管窥、影响因素与提升策略 [J]. 社会科学家，2016 (11)：51-54.

生分析、判断和解决问题的能力。"全程融合式"教学理念下的课堂讲授所采用的案例教学法，不是简单地在授课过程中举例说明，而是对案例进行深入剖析，案例是"学生研究、讨论的材料"，而不是"一种导入或补充性质的工具"，案例教学的知识结论是"从案例的分析当中提炼出来的，而不是由教师告知的"①，案例教学法是传统意义上教师讲授为主授课方式的有益补充。情景模拟法在社区工作专业能力提升方面有较强的适应性，其在课堂上再现或者模拟真实社区工作的场景和过程，学生模拟社区工作者，体会社区工作角色内涵、角色期待、角色地位、角色作用，亲身体验社会工作者在实务工作中的地位、处境以及工作要领和技巧，在短时间内加深理解所学内容、迅速提高专业能力。

3. 重视课程实验教学，增强学生反思意识

实验室教学在社会工作专业教育中占据着重要地位，是"社会工作实务的前提与基础，是连接社会工作课堂与社会工作实务的桥梁"，是"社会工作实务开展的预演场所以及社会工作研究的平台"②。"社区工作"作为社会工作专业主干课程之一，必须进一步重视课程实验教学。实验室教学的主要目的在于让学生了解和掌握社会工作的"觉"，是对"知"的理解和提升，更是在"专业性"基础上对"本土性"的初步思考。我们在实验室教学层面需要增加对实验设计理论前置性的讨论，其目的在于锻炼学生在实验操作的过程中自觉地系统运用相应的理论，避免在实验室教学中过度强调社会工作的实务取向而让学生产生"反理论"③ 倾向，增强学生的理论自觉，提升学生的理论素养；同时，在实验室教学的过程中，引导学生结合现实情境对西方社会工作理论与价值伦理进行本土化反思。

4. 拓展课程基地实践，促进学生知行合一

"全程融合式"教学理念倡导将社区工作的课程实践安排在社会服务机构或社区中，目的在于让学生进一步深刻认识社区工作的专业性和本土性，进而感悟社区工作的社会性。认知实习体验是课程实践的重要内容，系统地将学生关注点聚焦于认知，激发学生将实践基地实习中的所见所闻所得联系到课堂所学知识，它是对课堂教学"知"与"觉"进行的总结和反思。课程实践包括两个阶段：第一阶段是在实践过程中对课堂教学和实验室实习两个阶段中的知识的梳理和反思，系统地温习专业理论知识与价值伦理；第二阶段是将梳理的知识与实践督导及教师进行交流，不断丰富和修正自己的认知。自主创新设计是课程实践的重要目标，也是社区工作教育中培养创新型社区工作人才的重点环节。在本课程的基地实践阶段，学生将实现从对社区工作理论知识、价值伦理、方法等方面的掌握到理解应用的转变，这是对社区工作专业"知"的升华，对专业性的深刻领悟。同时，课程的基地实践面对的现实情境，更易迫使学生对专业性"知"的本土性调适应用，"进一步参与社会治理创新和社会服务创新，推动整个社会的团结、公平与正义，助力实现人民群众的美好生活"④，

---

① 周序，刘周灵润. 如何认识案例教学?：关于"案例教学法"提法的思考［J］. 中国教育学刊，2020（4）：74-78.
② 杨旭. 社会工作教学实验设计研究［J］. 社会工作，2012（6）：24-29.
③ 文军，何威. 从"反理论"到理论自觉：重构社会工作理论与实践的关系［J］. 社会科学，2014（7）：65-78.
④ 闵兢，梁祖彬，陈丽云，等. 我国社会工作教育的历史轨迹与范式转向［J］. 社会建设，2019（5）：32-39.

实现"知-觉-行"有机统一的教学目标，使得社区工作的课程教育实现"专业性""本土性""社会性"的"三性合一"。

（二）课程思政的建设路径

本课程采用"多元互动教学"模式，一方面在课程知识讲授中，重在知识启发，运用知识启发式教学，强化互动参与，互动层次延伸到教师之间、师生之间、学生之间以及学生与学习材料之间，实现多主体、多层次的复合式互动。另一方面在课程延展上，课程重在案例实践。基于多元互动教学模式，运用案例实践式教学，借助多个平台引导学生进行案例探索，培养学生理论联系实际的意识，提高学生运用专业理论和方法来分析解决现实问题的能力和水平。通过第一课堂"启发式"知识教学和第二课堂"参与式"案例实践教学的"双向互动"方式，提升学生对于专业知识的学习效果。"社区工作"课程思政建设路径，如图9-4所示。

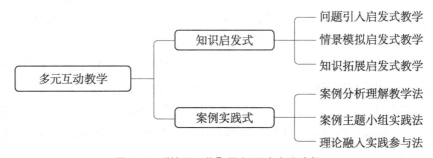

图9-4 "社区工作"课程思政建设路径

1. 知识启发式教学

（1）问题引入启发式教学：在教学的过程中，通过设置问题促使学生积极思考。一是课内采取问题启发式授课。通过一些新颖有趣的问题设置，引导学生发现问题、独立思考、获得知识。在授课、提问、互动、反思的过程中使学生逐步加强对知识点的掌握和运用。二是课外安排问题启发式复习思考。针对每个知识单元内容设计重点思考题、经典语句理解、拓展思考题等留给学生课外讨论和学习，以强化学生对知识点的理解和引导学生深入思考。

（2）情景模拟启发式教学：针对晦涩的知识点，设置具体情景环境和前置问题，引导学生进行关联性思考和发散性思考，从而建立起知识间的联系。在课程教学内容中会有一些较为晦涩的历史思想和理论概念，学生不容易理解和学习。教师借助情景模拟有利于启发学生形成发散性思维，通过对一些基础概念和理论的深入了解，进而更好地掌握专业知识。

（3）知识拓展启发式教学：为了让学生能在吸收基本知识点的基础上进一步拓宽视野，每个知识模块从内容纵向深度上分为两个层次，一是基本知识概念和体系的阐释，二是知识拓展和前沿追踪。在基本知识学习的基础上引入前沿理论热点和深度理解视角。课程积极引入经典案例分析、前沿热点时事分析，充分利用PPT、视频资料，并适当组织辩论式讨论，给学生提供更多思考知识点的视角，立体地呈现课程教学内容。

2. 案例实践式教学

(1) 案例分析理解教学法：将在社区工作实践中经常遇到的事件在课堂上作为案例进行分析，引导学生思考面对类似事件时应该如何进行合理的干预，锻炼和提升学生分析、判断和解决问题的能力。需要指出的是，该实践教学体系的课堂讲授中，采用案例教学法，不是简单地在授课过程中举例说明，而是对案例进行深入剖析，案例是"学生研究、讨论的材料"，而不是"一种导入或补充性质的工具"，案例教学的知识结论是"从案例的分析当中提炼出来的，而不是由教师告知的"，这种实践式教学能提升学生的参与性与主动性。

(2) 案例主题小组实践法：通过第一课堂的教学方式为后续的案例实践进行前期引导和训练。通过实践主题作业对学生进行初阶实践训练。学生围绕教师提前布置的小组任务，以小组为单位进行合作。教师针对完成情况及时进行评阅和指导，给予完成度较高的小组平时分数奖励和课堂展示机会，积极调动学生的参与性。一方面，课堂上学到的知识可以在课外得到进一步的巩固；另一方面，通过小组模式帮助学生形成问题意识和团队合作意识，并以此驱动学生实现学习目标，同时提高语言表述和交流协作能力。通过每个知识模块中给学生提供可进行实践研究的选题方向，为后续学生进行实践研究进行前期的选题铺垫，引导学生进行不同的研究主题和实践思考。

(3) 理论融入实践参与法：将第二课堂作为师生课堂互动的一个自然延伸和补充。通过第二课堂可以有效扩大课程学习的时空范畴，促使课外学生与学生、学生与教师积极进行互动、讨论和合作，营造学习氛围。可以通过第二课堂的相关活动，将第一课堂知识点与第二课堂实践进行融合，主要方式有"知识点融入案例大赛实践""知识点融入三下乡社会实践""知识点融入本科生研究训练计划项目实践（SRDP）""知识点融入建言献策实践"。这种教学环节"以学生为主导，教师辅助参与"的方式让学生从专业的视角发现问题、解决问题，提升学生的责任感和使命感，实现专业理论和社会实践的结合。

五、"社区工作"课程思政教学设计

(一) 教学大纲

"社区工作"课程是针对社会工作专业本科生于三年级上学期开设的专业主干课程之一，4学分，共计64课时。本课程共分为三大模块十一章，具体如表9-1所示。

表9-1   "社区工作"课程思政教学大纲

课程模块	课程章分布	教学目标	思政目标
社区工作基础知识	第一章 社区工作导论与社区概述	介绍社区和社区工作的基本概念，使学生对课程有基本了解。	了解我国的社区和社区工作的现状。
	第二章 社区工作及其社会功能	学习社区工作的社会功能，了解社区工作在当今社会中的作用。	学习我国进行社区治理的必要性，了解社区工作在基层治理体系中的地位与作用。

续表

课程模块	课程章分布	教学目标	思政目标
社区工作基础知识	第三章 社区工作的发展历程	了解社区工作的发展历程。	对我国社区和社区工作发展的独特历史进行了解。
	第四章 社区工作的价值观和基本原则	学习社区工作专业价值观、原则及理论基础。	在学习社区工作专业价值观、原则和理论的同时，了解我国开展社区工作的本土背景，对相关知识进行本土化的理解和学习。
社区工作基本模式	第五章 地区发展模式	学习地区发展模式基本概念，了解该模式的任务与策略，掌握工作角色与方法，并带领学生进行田野实践。	引导学生将地区发展模式与我国的扶贫开发、乡村振兴等战略相结合。
	第六章 社会策划模式	学习社会策划模式基本概念，了解该模式的任务与策略，掌握工作角色与方法。	启发学生运用社会策划模式来分析我国的农村与城市社区建设。
	第七章 社会行动模式	学习社会行动模式基本概念，了解该模式的任务与策略，掌握工作角色与方法。	鼓励学生关注社会不平等现象，培养帮助困难群体的意识。
	第八章 社区照顾模式	学习社区照顾模式基本概念，了解该模式的任务与策略，掌握工作角色与方法，并带领学生进行田野实践。	启发学生在老龄化、少子化的社会背景下，因地制宜运用社区照顾模式。
社区工作实务与宏观政策	第九章 社区工作者	了解社区工作者的含义，重点学习其使命、任务、所需知识等。	强化学生扎根社区、奉献基层的使命感。
	第十章 社区工作方法与技巧	学习社区工作的方法与技巧，学习如何分析社区、动员社区资源、与社区建立关系等。	提升学生参与基层治理的能力。
	第十一章 社区工作政策及政策分析	了解社区工作政策与政策分析，从国家与社会关系的分析框架出发，剖析国家与社区的关系，说明社区政策的功能与作用。	帮助学生将实际的社区工作与国家宏观政策相结合，促进基层治理体系和治理能力现代化。

（二）教学方法

1. PBL 教学法

PBL 教学法中的"PBL"，其全称为 problem-based learning，或者 project-based learning。

在本课程教学中的运用，主要指以社区工作理论与实务中的问题或项目为导向、以学生为中心的教学方法。

该教学方法具有以下特点：第一，教师是引导者，只给出案例，不给出具体的问题和答案，是学生获取认知、学习技巧的观察者，发挥和提升学生自主探究能力和创新思维能力。第二，学生是主体，学生必须担负起学习的责任，其可以使学生变被动为主动，找到自己的短板和兴趣，增强责任意识。第三，以问题为学习的起点，学生的一切学习内容是以问题为主轴架构的，没有固定的解决方法和过程，培养学生的问题意识和归纳能力。第四，偏重小组合作学习和自主学习，较少采用讲述法教学，学习者能通过社会交往发展能力和协作技巧，培养学生团队协作、语言表达和自主学习的能力。第五，在每一个问题完成和每个课程单元结束时要进行自我评价和小组评价，增强学习效果的互动认可性。

2. 研究型教学法

首先基于问题的教学与研究型教学结合。按照 PBL 教学方法，要领式地呈现每个学习板块的基础理论知识、框架结构线索、重点难点问题，启发学生思考问题，引导学生学习社区工作的相关基础理论，提出问题、分组讨论、课外探索，在此基础上下次课再分别呈现，最后给予总结。同时注重在对社区工作基本理论及知识较好掌握的基础上加强学生对社区工作基础理论的理解与把握。保证社区工作教学理论性的前提下，注重科学性和系统性，就基础理论部分，讲清基本概念、基本知识和基本理论，突出重点难点。坚持教学相长的原则，采取互动式的教学方法。除了课堂教学外，特别注重让学生到社区中进行实习和锻炼，培养自己的实际操作能力。

使用该教学法的目的在于努力提高学生的理论水平，培养学生分析问题和解决问题的能力。注重学生科研兴趣的培养，结合本课程开展科学研究，并且强调专业社区工作实务理论与中国实际的结合。要坚持理论联系实际的教风，理论问题分析透彻，联系实际调查研究，开拓学生思路，扩大学生视野。

3. 实践教学法

这种方式是课堂教学的延续，实现了课内和课外的结合，具有较大的优势。通过对社区的实际探访考察，在社区中践行社会工作助人自助理念，运用社区工作专业知识与能力。实践教学能使学生不仅在实践中加深对所学理论知识的认识，并且通过在社区内的亲身实践，增强扎根社区、服务基层的奉献精神。

（三）教学效果

"双融双悟"的教学体系将专业和思政结合，促进学生的全面发展。在专业上，使学生了解社区、社区工作的基本概念和历史沿革，理解社区工作的价值观、原则和理论基础，理解社区组织与管理体制，了解社区工作的过程，并且进一步掌握地区发展模式、社会策划模式、社会行动模式、社区照顾模式等社区工作模式，学习社区工作者的角色、使命与素质以及社区工作过程中的方法和技巧。通过理论联系实际的教学方法，将理论知识的传授与实践案例的介绍紧密联系，提升学生分析和解决现实问题的能力。在思政上，一方面，通过教学，使学生对我国的社区、社区工作、社区建设、基层治理等内容进一步熟悉，并能将专业知识与国家政策相结合，将自己的专业能力应用到社区的发展之中；另一方面，典型案例分析和社区实践使得学生更加真实地体会到我国社区工作的特点，通过他们的亲身经历来培养学生扎根社区、服务基层的奉献精神，为国家治理体系和治理能力现代化培养人才。

（四）教学章节点

第一章　社区工作导论与社区概述（4课时）

一、教学目标

【知识目标】

1. 社区工作的概念、内涵、历史发展及其与其他概念的关联
2. 社区的要素、功能及类型

【能力目标】

使学生能够运用专业知识对不同类型社区做出判断。

【课程思政目标】

通过案例分析，使学生了解我国社区及社区工作的特点。

二、教学重点难点与实践参与环节

【教学重点】

1. 社区的定义、分类
2. 社区工作的定义

【教学难点】

社区的学理界定和政策界定

【实践参与环节】

（1）你的家乡属于地域型社区的哪种类型？结合社区的四大要素描述一下你家乡的特征，可有详有略。

（2）如何减轻社区对个人和整个社会可能带来的发展障碍？

第二章 社区工作及其社会功能（4课时）

一、教学目标

【知识目标】

社区工作的主要目标和类型划分、主要特征及社会功能

【能力目标】

使学生在分析社区问题时寻找到社区工作的切入点。

【课程思政目标】

学习社区工作在我国基层治理中所能发挥的重要作用以及发挥作用的路径。

二、教学重点难点与实践参与环节

【教学重点】

社区工作的目标、功能及其模式

【教学难点】

社区工作的过程

【实践参与环节】

展示：分小组选择一个社区中可能存在的问题，介绍社区工作如何介入其中，帮助问题得到改善。

第三章 社区工作的发展历程（6课时）

一、教学目标

【知识目标】

1. 社区工作发展的历史脉络
2. 社区工作在中国的实践

【能力目标】

使学生对社区工作的历史发展有正确认识。

【课程思政目标】

引导学生理解社区建设在中国的意义，并发现其中的不足。同时，提高对我国社区建设与社区工作关系的认识。

二、教学重点难点与实践参与环节

【教学重点】

社区工作的发展历程

【教学难点】

社区工作发展历程中的实践运用

【实践参与环节】

(1) 查阅中国有关社区工作发展的政策文件，谈谈我国社区工作与基层治理体系及治理能力现代化的关系。

(2) 查阅有关社区工作发展的相关文献以及政策文件，谈谈对社区工作发展的认识。

(3) 进行中西方社区工作发展比较（案例讨论）。

第四章　社区工作的价值观和基本原则（6课时）

一、教学目标

【知识目标】

1. 社会工作的价值观体系及其分层与分类

2. 介绍代表性国家的社会工作价值观体系，重点解读社区工作的价值观，尤其是社区工作价值观与社会工作价值观相比的独特性

3. 社区工作的工作原则体系及其类型构成，以及不同地区、学者观点的异同

4. 社区工作的理论构成，尤其是重要的基础理论

【能力目标】

增强学生对社区工作价值观和基本原则的认识，学会实际运用。

【课程思政目标】

通过对西方社区工作价值基础和演变过程的学习，探讨适应当今中国社会和社区发展所需要的社区工作价值观。

二、教学重点难点与实践参与环节

【教学重点】

1. 社区工作的价值观

2. 社区工作的基本原则

【教学难点】

社区工作价值观的特征

【实践参与环节】

（1）案例分析：南方某大学的学生调查显示，130名乞讨者中，只有5人以乞讨为生，其余人乞讨大多数因贫困、疾病等所致。有人建议，政府应加强管理，发放证书，以限制乞讨。对此，你有何看法？

（2）主题讨论：个人、家庭、社区所面临的问题，原因主要是个人的还是社会的？政府是否应该承担相应的责任？

第五章 地区发展模式（8课时）

一、教学目标

【知识目标】

1. 地区发展的多元内涵、发展历史与基本假设
2. 地区发展的双重目标、基本原则与主要任务
3. 地区发展中社区工作的介入策略、主要方法及社区工作者的角色

【能力目标】

通过专题嵌入、学生思考、小组讨论等，使学生掌握地区发展模式下的工作方法和策略。

【课程思政目标】

帮助学生理解地区发展模式的概念、工作方法以及工作者角色，通过融入我国扶贫开发、乡村振兴等政策，使学生进一步掌握地区发展模式在我国的应用。

二、教学重点难点与实践参与环节

【教学重点】

1. 地区发展的概念和目标
2. 地区发展模式中社区工作方法和社会工作者角色

【教学难点】

地区发展路径选择

【实践参与环节】

（1）收集多种运用地区发展模式开展社区工作的案例，对不同案例进行分析，

探讨不同案例的异同。

（2）给定一个具体的社区背景，由学生自主运用地区发展模式相关知识来针对社区问题设定具体的目标、策略、任务和方法等内容，形成工作计划书。

（3）进入社区实习，通过对社区的实地考察发现社区存在的问题，并尝试运用地区发展模式为社区解决相关问题。

第六章　社会策划模式（8 课时）

一、教学目标

【知识目标】

1. 社会策划的多元内涵、发展历史与基本假设

2. 社会策划的双重目标、基本原则与主要任务

3. 社会策划中社区工作的介入策略、主要方法及社区工作者的角色

【能力目标】

通过专题嵌入、学生思考、小组讨论等，使学生掌握社会策划模式下的工作方法和策略。

【课程思政目标】

通过专题讨论、案例分析等教学过程，将我国农村、城市社区建设融入课程学习，帮助学生理解社会策划模式理念以及方法策略在我国的应用与发展。

二、教学重点难点与实践参与环节

【教学重点】

社会策划的含义、内容、过程方法

【教学难点】

社会策划的过程方法

【实践参与环节】

（1）收集运用社会策划模式开展社区工作的方案，运用实际方案开展教学与讨论，了解社会策划模式的基本要素与实际运用中的注意事项。

（2）给定一个具体的社区背景，由学生自主运用社会策划模式相关知识来针对社区问题设定具体的目标、策略、任务和方法等内容，形成工作计划书。

第七章 社会行动模式（6 课时）

一、教学目标

【知识目标】

1. 社会行动模式的任务、策略、类型、社区工作者的角色和方法
2. 社会行动模式在我国的发展路径探究

【能力目标】

通过专题嵌入、学生思考、小组讨论等，了解社会行动模式的概念、特点、社区工作者的角色，掌握社会行动模式下的工作方法和策略。

【课程思政目标】

通过专题讨论、个人思考等教学过程，将思政元素融入课程学习。帮助学生理解社会行动模式概念、特点等知识，坚持融入马克思主义哲学观和社会主义核心价值观，促进价值观念与工作融合、与生活融合。

二、教学重点难点与实践参与环节

【教学重点】

社会行动的含义、介入方法

【教学难点】

1. 社会行动的假设
2. 社会行动与社会运动的联系与区别

【实践参与环节】

（1）选取历史上知名的社会行动案例，通过对案例的全过程分析，了解不同社会行动的缘起、目标、策略、结果等内容，并由此对不同社会行动做出评价。

（2）对社会行动模式与其他模式的优劣进行比较和讨论。

第八章 社区照顾模式（8 课时）

一、教学目标

【知识目标】

1. 社区照顾模式的任务、策略及社区工作者的角色和方法

2. 老龄化背景下社区照顾模式与社区居家养老服务的融合探究

3. 社区照顾模式的讨论与启示

【能力目标】

通过专题嵌入、学生思考、小组讨论，增强学生对社区照顾模式下的工作方法和策略以及社区工作者角色的掌握。

【课程思政目标】

结合我国老龄化、少子化的社会背景，使学生更好地运用社区照顾模式进行分析和开展工作。

二、教学重点难点与实践参与环节

【教学重点】

社区照顾的基本内容

【教学难点】

社区照顾模式中社区工作者的角色和工作技巧

【实践参与环节】

（1）结合当前我国人口结构变化和社区养老机构的兴起，讨论社区照顾模式在我国推行的可行性。

（2）实地探访社区养老机构和典型社区，实地了解社区照顾模式的运作过程。

第九章 社区工作者（6课时）

一、教学目标

【知识目标】

1. 社区工作者的含义及使命

2. 社区工作者的素质及教育

3. 社区工作者的角色

【能力目标】

通过专题嵌入、学生思考、小组讨论等，增强学生对社区工作者的使命及角色的掌握。

【课程思政目标】

加强学生对社区工作者的了解，提升学生使命感、责任感和扎根社区、服务基层的奉献精神。

二、教学重点难点与实践参与环节

【教学重点】

1. 社区工作者的素质
2. 社区工作者的角色

【教学难点】

社区工作的方案设计

【实践参与环节】

（1）针对目前情况，讨论我国社区工作者如何介入社区工作，并在社区工作中扮演什么角色。

（2）每个小组探访一个社区，总结梳理该社区目前面临的困境，以及思考应该怎么应对这些困境。

第十章 社区工作方法与技巧（4课时）

一、教学目标

【知识目标】

1. 社区分析技巧
2. 关系建立与问题介入技巧
3. 社区组织工作技巧
4. 社区项目评估

【能力目标】

通过专题嵌入、学生思考、小组讨论等，增强学生对社区工作方法与技巧的掌握。

【课程思政目标】

通过教学，培养学生参与基层治理的能力，促进国家治理体系和治理能力现代化。

二、教学重点难点与实践参与环节

【教学重点】

社区工作的方法与技巧

【教学难点】

社区项目评估

【实践参与环节】

（1）讨论在具体的社区工作实施中可以运用哪些方法和技巧。

（2）每个小组在深入了解社区的时候，会发现哪些需要结合实际情况因地制宜采用的社区工作方法，需要在哪些方面进行创新？

第十一章　社区工作政策及政策分析（4 课时）

一、教学目标

【知识目标】

社区工作政策

【能力目标】

通过专题嵌入、学生思考、小组讨论等，提升学生对社区工作政策的分析能力。

【课程思政目标】

使学生能够准确地分析我国的社会政策和社区政策。

二、教学重点难点与实践参与环节

【教学重点】

社区工作政策

【教学难点】

社区工作政策分析

【实践参与环节】

（1）讨论目前的社区工作政策是否适合当地社区发展。

（2）每个小组深入社区并对这些社区的政策进行合适的调整建议，根据社区居民的具体意见进行政策方面的创新，并思考该从哪些方面创新。

参 考 文 献

刘杰，邹英 . 社会工作专业"全程融合式"实践教学体系的内涵与建构 ［J］. 社会工作，2021（2）：60 - 68，108.

陈立周 . "找回社会"：中国社会工作转型的关键议题 ［J］. 思想战线，2017（1）：101 - 107.

古学斌 . 道德的重量：论行动研究与社会工作实践 ［J］. 中国农业大学学报（社会科学版），2017（3）：67 - 78.

关信平．当前我国专业社会工作的内在能力建设及其对社会工作教育的要求 [J]．社会建设，2017，
　　(4)：12－15.

郭未，沈晖．从传统走向非传统：社会工作专业教育的新取向 [J]．南京大学学报（哲学·人文科学·
　　社会科学），2018 (5)：119－128.

黄海波．社会工作专业实践教育效果：问题管窥、影响因素与提升策略 [J]．社会科学家，2016 (11)：
　　51－54.

金碧华，孙心恬．高校社会工作专业实践教学的困境与发展思路：以浙江理工大学为例 [J]．教育现代
　　化，2020 (48)：37－40.

刘艳霞，张瑞凯．社会工作实习教育成效的组织因素分析：基于6所高校的抽样调查 [J]．浙江学刊，
　　2019 (3)：111－122.

闵兢，梁祖彬，陈丽云，等．我国社会工作教育的历史轨迹与范式转向 [J]．社会建设，2019 (5)：32－39.

史柏年．新世纪：中国社会工作教育面对的选择 [J]．北京科技大学学报（社会科学版），2004 (1)：30－35.

史柏年．教师领办服务机构：中国社会工作专业化的理性选择 [J]．华东理工大学学报（社会科学版），
　　2013 (3)：30－35，59.

谭磊，丁建定．中国社会工作专业教育现状初探 [J]．青年探索，2005 (3)：41－44.

童敏．空间思维的实践转向：本土社会工作专业化何以可能 [J]．社会科学辑刊，2020 (4)：93－99.

王思斌．社会治理结构的进化与社会工作的服务型治理 [J]．北京大学学报（哲学社会科学版），2014
　　(6)：30－37.

王思斌，阮曾媛琪．和谐社会建设背景下中国社会工作的发展 [J]．中国社会科学，2009 (5)：128－
　　140，207.

王婴．中国专业社会工作的非均衡、非协调发展：历史社会学视角下国家、学术和社会的互动过程 [J]．
　　华东理工大学学报（社会科学版），2018 (1)：31－41.

文军，何威．从"反理论"到理论自觉：重构社会工作理论与实践的关系 [J]．社会科学，2014 (7)：
　　65－78.

文军，吕洁琼．社会工作专业化：何以可能，何以可为？[J]．河北学刊，2018 (4)：156－163，174.

向荣．创新、共融、整合：突破当下社会工作教育困境的路径探索 [J]．中国农业大学学报（社会科学
　　版），2017 (3)：79－89.

徐选国．从专业性、本土性迈向社区公共性：理解社会工作本质的新线索 [J]．社会科学战线，2016
　　(8)：184－193.

杨旭．社会工作教学实验设计研究 [J]．社会工作，2012 (6)：24－29.

易松国．社会工作认同：一个专业教育需要正视的问题 [J]．学海，2019 (1)：116－123.

张曙．我国社会工作实习教育整体性合作模式探讨 [J]．南京理工大学学报（社会科学版），2012 (1)：
　　99－105.

郑广怀．教育引领还是教育降维：社会工作教育先行的反思 [J]．学海，2020 (1)：106－112.

郑广怀，向羽．社会工作回归"社会"的可能性：台湾地区社会工作发展脉络及启示 [J]．社会工作，
　　2016 (5)：30－42，126.

周序，刘周灵润．如何认识案例教学？：关于"案例教学法"提法的思考 [J]．中国教育学刊，2020
　　(4)：74－78.

朱健刚．服务学习：社会工作教育的通识化 [J]．学海，2020 (1)：113－118.

"社会行政" 课程思政课程设计

高玉玲

一、"社会行政"课程思政目标

学校和课堂在培养人的思想政治素质、促进人的全面发展中发挥着至关重要的作用。但是如果学校、课堂不能与广阔的社会、生动的实践有效对接起来、密切关联起来，不能够充分灌注社会生气、敏锐反映时代精神、准确把握社会脉动，那么其教育的效力就会大打折扣。从这个意义上讲，课程思政要想真正发挥立德树人的关键作用，就必须打开"教室"之门，直面时代、贴近生活、根植实践，充分吸收利用社会现实和实践中丰富多样的教育资源。"社会行政"课程通过参与式教学连接课堂与真实世界，联系理论与实践，链接认知与行动，在实现课程专业目标的同时，实现课程思政目标。

"社会行政"课程将利用本身蕴含的思政元素，达成以下四个方面的课程思政目标。

（1）增进学生对中国社会与社会工作专业的了解，坚定"四个自信"。给学生提供从专业的角度思考中国社会发展脉络的机会，重点是在中国社会发展过程中，去认同困难群体福利水平稳步提升的事实与趋势。帮助学生从中国社会发展的现实中坚定中国特色社会主义道路自信、理论自信、制度自信和文化自信，从中国社会发展的现实中增进学生对社会工作专业和行业的全面了解。

（2）培育学生社会公正的理想、淬炼学生的专业技巧，涵化学生的专业责任心，培育学生经世济民的职业素养。在课堂中提供社会服务机构与社会服务项目的设计的机会，让学生从实务中去回应困难群体的需要，巩固社会公平正义的信念，并运用所学的专业知识去摸索社会公平正义从理念走向现实的路径。

（3）掌握社会服务机构中的组织与领导、员工与志愿者管理、筹资与营销等能力和技巧，领会并践行社会工作者角色，提升专业能力和职业操守。在课堂中提供参与机会，让学生在参与中提升人际关系质量、提升社会行政的具体能力和技巧，推动学生的学习策略从记忆、监控迈向构建，以适应非常规、复杂的社会工作专业服务场景。让学生成为合格的社会工作行政人员，并在为困难群体提供服务的过程中，提升自身工作能力和思想水平，并且将能力与廉政视为社会工作者的基本素养。

（4）让学生参与真实社会问题的学术探索，培养学生的问题分析能力和科研探索能力，滋养学生的创新精神。本课程的预期效果是促进学生思考社会的属性，思考自身的使命，具象化价值观念学习的环境，让学生头脑中的价值观念从知识走向行动。本课程以参与式教学为主要特点：一方面，通过各种参与方式深入各个教学环节，让学生从课堂的静默者变为课堂的共建者；另一方面，让学生从价值行为的知晓者变成价值行为的行动者。

二、"社会行政"课程思政理念

"社会行政"课程思政理念是参与。参与是联系理论与实践的中间步骤。"理论-实践-理论"的循环往复，不仅是达成高阶教育目标的必由之路，更是从价值认知到价值行为的必由之路。

首先，参与是一种综合高效的学习方式。根据学习者的参与程度/外显活动，学习方式分类学将不同的知识变化过程和学习结果分成四种不同的学习方式——交互方式、建构方式、主动方式与被动方式，这四种方式对学习活动的有效程度依次递减。这表明参与度越高，学习效果就越好。学习方式分类学的上述猜想在不同学习活动、不同学科领域和不同年龄学生的实证研究中得到支持，成为一种综合性教学理论。学习方式分类学理论对"社会行政"课程的教学设计具有十分重要的指导意义，即设计深层次的参与环节、提供形式丰富的参与活动，对学生学习"社会行政"课程并最终达成课程教学目标具有不可替代的作用。

其次，参与是价值行为的培养路径。长期以来，我国价值教育的知识化与形式化，使价值理念与日常行为的分离成为青年思想政治教育中常见的问题。因此，价值教育知识化并脱离日常生活的趋势必须得到扭转。通过设计各种参与活动提升学生对价值行为的具身敏感性，因为借助参与活动中的讨论、展示、辩论环节，学生将经历"创设具体情境—捕捉价值行为—显化价值行为—强化正向价值行为"的过程。将价值观念的学习与价值行为的训练融入课堂的每一个环节，是培养学生价值行为的重要路径。因此，"社会行政"课程的思政目标是促进学生思考社会的属性，思考自身的使命，具象化价值观念学习的环境，让价值教育从认知走向行动。通过参与活动，在课程目标实现的过程中，学生的思想道德品质得到提升、学生的价值行为得到引领，即实现课程教学的思政目标。

上述理念表明，"社会行政"课程教学的专业目标和思政目标通过一系列层次递进的参与活动来实现。具体到每一个课程教学主题中落实参与计划，并遵循从简单到复杂的逻辑——基本概念和基本原理在前，分析问题、解决问题乃至知识能力创新在后。如果说复杂学习任务的完成是参与的核心关注点，那么在讲授基本概念和基本原理的时候就必须让学生热身，积蓄参与的势能，将这一势能导向复杂学习任务，以实现参与的教学目标。基于此，在"社会行政"课程的课堂中，参与计划通常包含了五个环节，即引入/入题、初步参与、递进参与、深入参与和创新。而在这个过程中，学生价值观念会在问题分析中得以展示，在解决问题时其"价值观念与价值行为的一致性"将得到检验，而在选择解决问题的取向时，学生的价值行为将会给他们带来极大的成就感。

第一是主题的引入，课程将以开放性问题、自由回答的形式，让学生体验参与的乐趣，并在其中展示自己的价值观念。第二是初步参与，课程将以简单问题求解的方式，让学生发挥其主体性，并在与同学的讨论中使自己对社会问题的看法更全面。经过引入/入题与初步参与环节的热身，学生可以分析简单问题。第三是递进参与，即以专门问题求解的方式，让学生收获课堂参与的正向反馈。通过小组任务的方式解决专门问题，表明课堂中的学生群体已经具备了完成任务的初步能力和动力。第四是深入参与，即提供一个开放性难题，让学生通过寻找、对决、展示等环节来探究答案。深入参与任务的完成需要学生持续付出。这个讨论的过程事实上就是学生对优秀解决方案的界定过程，学生对知识的使用范围和使用方法有实践操作能力，这不仅是知识的获取过程，亦有了知识创造的可能，即涉及将隐藏在思维深处的观念想法发展为显性知识。第五是创新，即创新性活动。创新性活动是一项复合型任务，目的是将学生所内化的特质转变为一种行为能力。

引入/入题、初步参与、递进参与、深入参与和创新等五个环节，同时展示了从社会中截取某个具体问题，创设具体情境，以捕捉价值行为（比如反思捐赠意识与捐赠动机），显化价值行为（比如展示自己的意愿并说服/被说服），强化正向价值行为（比如合理的捐赠行为被认可的条件），因而有助于促进学生价值行为的生成。

以"引入/入题—初步参与—递进参与—深入参与—创新"这一脉络来制订章节的参与计划，遵循循序渐进、从易到难的原则推动学生参与课堂，能够较好地完成章节的教学任务，课程教学的参与策略的执行过程，也是教学目标和思政目标达成的过程。

三、"社会行政"课程思政内容与融入点

（一）针对教学实际问题和价值教育问题的整合教学设计

"社会行政"课程教学过程中面临的主要困境是缺乏提升学生专业服务能力的训练机会，学生以知识讲授的方式学习专业技能面临多种局限。社会工作专业的主旨是用专业方法帮助身处困境中的个人和群体摆脱困境、获得发展。参与和服务是社会工作专业人才的题中应有之义，也是社会工作人才培养的重中之重。然而，综合多个学校的社会工作专业人才培养方案可以发现，参与和服务的特点主要体现在对实习/实践环节的重视上，而课程教学依然按照知识获得的隐喻展开。参与和服务在课程教学中的缺失会带来学生参与服务意识、参与服务能力的缺陷。参与和服务能力既是一种学习目的，同时也是达成其他学习目的的手段。这种能力的培养，不仅在于实习/实践环节的安排，而且在于日常教学过程中对学生参与能力的重视、滋养以及训练。因而参与式教学是提升学生社会工作专业服务能力的关键。

学生思想政治教育面临的主要问题是价值观念与价值行为的分离。对于什么是我们党和国家倡导的价值观点和道德行为,学生并非没有认知,而问题在于,学生对于这些价值发自内心的认同,以及在自己认同的价值观念指导下做出符合价值观念的行动/行为。"社会行政"课程将设计成参与式课堂,让学生成为课程的共建者,并在此基础上推动学生去尝试参与课堂中的活动和社会中的服务学习项目,以达成学生专业成长和个人品德成长的双重目标。在实施参与式教学的过程中,对学生实施沉浸式的思想政治教育,同时利用参与活动,引导和强化其正向的价值行为。

通过参与式教学,让专业学习目标与思政教育目标彼此成就,是"社会行政"课程的主旨。

(二)专业教学目标、课程思政目标互融的教学设计

"社会行政"课程从课程模块与章节构成两个层面进行构思设计,让参与理念贯穿于课程始终,并在细节上采取相关技术,确保教学目标和思政目标的实现。

在对课程结构和教学目标进行分析的基础上,从总体上规划课程的参与策略。"社会行政"是社会工作专业学生在学习了介绍直接方法的课程之后最先接触到的介绍间接方法的课程。"社会行政"课程之后学生会接触到"社会政策"和"社会福利"等理论性课程。基于这种承启作用,本课程的目标通常被表述为与社会福利行政相关的理论认知、专业技巧和执行能力。整体来看,课程内容分为三大模块。第一模块是宏观层面的,主要介绍社会行政的背景知识——概念与体制;第二模块是中观层面的,介绍社会行政的主干内容——机构和项目;第三模块是微观层面的,介绍社会行政的关键技巧——领导、人力资源管理和资金管理。

根据不同的教学内容与教学目标特征,课程教学团队构思出各课程模块的参与策略,并发展出相应的参与任务。具体而言,第一模块的内容具有抽象性的特点,参与策略是实践性导入和学术性产出,即借用采买活动解释抽象概念和体制背景,之后由一般的政策制度梳理引出领域内的学术问题。实践性和学术性兼具的参与策略,紧紧扣住了该模块内容的理论性和抽象性特点,将教学内容与学生的生活实际相联系,将教学内容与学术研究的前沿相联系,以实现教学目标。第二模块的内容特点是实务操作性和学术思辨性,因而参与策略是实务性导入和设计方案产出。通过具体社区的困难群体需求调查、设计社会服务项目、构想社会服务机构并进行展示和评选,训练学生抓住目标、宗旨和为服务人群设计社会服务机构的能力,以及抓住服务对象、需求和理论基础设计社会服务项目的能力,并生成理论、实际、行动的学习逻辑。第三模块的内容是对社会行政专项能力的训练,因而实验性导入和技巧性产出成为主要的参与策略。通过案例、实验和实际任务让学生在具体的服务活动中探索自身并训练相关专业技能,发展出具象化的专业服务能力。

以第一模块为例。第一模块的主要教学目标是让学生领会社会行政的基本环节和主要影响因素,同时对社会行政体制尤其是中国的社会行政体制有深入的了解。思政目标是让学生了解我国困难群体福利发展的现状与趋势,坚定"四个自信",并明确自己的专业责

任。在这一部分，课程设计了三个主题参与活动。第一个主题活动是"分小组副食采买"，意在让学生体会、分享从"现金到食物/服务"的过程，活动经验迁移到课堂，有助于思考"社会资源如何变为社会服务""其间需要考虑哪些因素"等问题，与教学内容密切关联。在课堂展示环节，采买活动模拟出社会行政的主要环节："讨论需要什么样的副食"直指"需求评估"，"制订采买计划"对应"社会服务计划"，"实施采买任务"映射"社会服务项目的执行"，而"分享评价副食"则与"社会服务的评估"吻合。"分小组副食采买"任务将日常生活经验带入课堂，使学生能够生动形象地了解社会行政的过程。第二个主题活动是让学生分组梳理我国困难群体享有的社会福利服务，在专业上增进学生对我国社会政策发展脉络的了解，在价值上引导学生坚定道路自信、理论自信、制度自信、文化自信。第三个主题是学术讨论"项目制"，即以文献《项目制：一种新的国家治理体制》为资料基础，以目前在社会服务领域盛行的项目制为研究焦点进行学术讨论和辩论。学生在广泛的资料收集基础上，分享了项目制的起源、特点、优势和局限。这类参与能够引领学生初步接触社会行政中的学术热点，并以问题为引导，去寻找答案，较好地实现了宏观模块的学术目标。

紧扣课程内容、瞄准教学目标和思政目标，制定合适的参与策略、布置主要的参与任务，是参与式课程设计的基石。

四、"社会行政"课程思政步骤和措施

（一）课程思政的实施步骤

学生的价值观念指导着学生的言语和行为。以"引入/入题—初步参与—递进参与—深入参与—创新"这一脉络来制订章节的参与计划，不仅能够按照循序渐进、从易到难的原则推动学生参与课堂，较好地完成专业教学任务。同时在一系列参与活动中，学生的言语和行为，也体现着他们的价值观念和品德操守，而学生参与课堂活动的过程与"创设具体情境—捕捉价值行为—显化价值行为—强化正向价值行为"的价值行为学习与强化路径相吻合。第一，在引入阶段，为学生创设一个具体的社会情境。第二，在初步参与阶段，学生可以在活动中捕捉彼此言语和行动背后的价值观念。第三，在递进参与阶段，让学生有机会将自己的言语和行动背后的价值观念展示在课程学习共同体中，通过交流、讨论等环节厘清自己的言语和行动及其背后的价值观念。第四，在深入参与和创新阶段，在教师的点评引导下，学生有机会强化自身符合社会主义核心价值观的言语与行为，同时注意自身言语和行为的社会影响。因此，参与式课堂教学的过程，实际上是学生价值观念交锋和品德行为强化的过程。

（二）课程思政的主要措施

1. 参与活动在设计上体现出层次性和差异性

本课程注重参与活动的层次性。引入/入题、初步参与、递进参与、深入参与和创新

具有层次上的递进关系。在课程初期和每章的开始，低层次的参与活动较多，以调动学生的积极性，促进氛围形成；在课程中后期和每章的中后部分，安排深入参与，促使学生深度卷入课程任务，进而促进他们在知识获得、能力锻炼和知识创新等各方面的成长。参与层次与学生能力/成熟度相匹配。相对于学生能力而言，太难的参与活动会令学生产生挫折感，进而丧失参与的兴趣，而太容易的活动又容易让学生懈怠，觉得没有挑战性而无法成长，所以本课程将根据学生情况选择恰当的参与任务。本课程注重参与方式的差异性。一是参与形式丰富多彩。使用物资采买、机构设计、项目计划展示、无领导小组讨论等多种参与形式，不仅能增进学习效果，还能使学习过程富有节奏感，不显得单调、乏味，令学生保持高度的学习兴趣和学习热情。二是团队人数的灵活组合。1人单独报告，2人协同作战和5～7人团队展示，既可以让学生独立发表见解，也可以和同伴协商/辩论，同时还可以以小组为单位共同完成特定的任务。通过不同规模的小组，训练学生在不同集体中的参与能力，为学生以后的工作和生活打下良好的基础。

2. 使用资源/媒介的真实性和有效性

参与式课堂的建设需要有效的资源/媒介支持。在真实的社会生活中寻找资源，并将其归集分类，编制课程资源库。课程教学团队归集整理的资源来源多种多样，有来自学术期刊和论著的，有来自实习团队和海外拓展项目的，有来自互联网或电视媒体的，有来自专业培训课程的，也有来自社会服务机构的。多种多样的真实资源，形成了课程资源库。同时，注重资源的遴选与匹配。在资源积累的基础上进行资源的遴选，分类为主干性资源和辅助性资源，让资源在课程教学的不同环节发挥不同作用。资源匹配最先考虑到的是教学内容和教学目标，此外还考虑到资源的时间性、与学生实际生活的相关性以及普遍可及性等因素，来决定资源的使用方式。

3. 过程与结果相结合的课程考核

"社会行政"课程的考核方式如表10-1所示，与一般课程的考核方式有较大差异，这主要体现在平时成绩与期末成绩的比例、平时成绩的构成和期末考试内容三个方面。第一，平时成绩占课程成绩的60%，期末考试成绩占课程成绩的40%，积极做到"过程评价为主，结果评价为辅"。第二，平时成绩由参加、参与和专项任务完成情况三部分构成。参加是对学生平时出勤情况的评价。参与是对学生课堂卷入程度的评价，通常按照学生的课堂参与率和发言频次两个维度进行评价。专项任务是课程章节中的主要任务，占平时成绩的50%。"社会行政"课程的专项任务包括五项：恳谈会副食采买、社会服务机构设计、社会服务项目计划书、自我介绍以及专题资源推荐分享，与课程模块结构相对应，考查学生不同方面的专业能力。第三，期末成绩仍然以考试的方式获取，但考试内容会涵盖知识再现、应用和综合三个方面。第四，课程评价原则的转换。为了配合参与式课堂的建设，课程考核标准的制定与具体成绩评定中遵循了下面三项原则：一是让学生参与课程考核标准的制定。课程考核方式在课程开始时即会公布给学生，以引导学生将精力投放在课程学习过程中，提升学生的参与动机。二是评价个人与评价小组兼顾。三是教师评价和同学评价兼顾。让学生站在自身、同学和教师等不同视角来评价学习的过程和结果。

表 10-1　　　　　　　　　"社会行政"课程思政考核方式

成绩构成		考查项目（比重）	具体内容（评价单位——在总分中的分值）	具体评分标准（要求）
课程成绩构成	平时成绩 100×60%	平时考勤 100×25%	请假（迟到早退同）与旷课（个人——25分）	（1）请假（以假条为准，迟到早退视同请假）：小于等于2次，获考勤成绩的80%～100%（A级）；大于2次小于等于4次，获得60%～80%（B级）；大于4次小于等于6次，获得40%～60%（C级）；大于6次小于等于8次，获得20%～40%（D级）；大于8次的，获得0%～20%（E级）。（2）旷课（旷课1次，折算为请假3次，并依上法计算）。
		课堂参与 100×25%	课程（课堂及网络）参与（个人——25分）	课堂参与率和发言频次评定：课堂参与度高，发言积极踊跃，获课堂参与成绩的80%～100%（A级）；课堂参与度中等，发言比较积极，获得60%～80%（B级）；课堂参与度一般，发言较少，获得成绩40%～60%（C级）；课堂参与度低，发言几乎没有，获得0%～40%（D级）。
		过程考察点 100×50%	1. 自我介绍（个人——5分）	主讲教师采取五级评分：非常好5分；很好4分；较好3分；好2分；未提交0分。
			2. 恳谈会副食采买（小组——10分）	竞标评分：第1、2、3、4、5、6、7、8名分别获得10、9、8、8、7、7、6分。
			3. 社会服务机构设计（小组——10分）	竞标评分：第1、2、3、4、5、6、7、8名分别获得10、9、8、8、7、7、6分。
			4. 社会服务项目计划书（小组——15分）	竞标得分：第1、2、3、4、5、6、7、8名分别获得15、14、13、12、11、10、9、8分。项目计划书应包含的要点：背景与理念、问题及理论基础、目标与人群界定、各项活动目标与活动安排、预算预案、评估安排等六项。
			5. 专题资源推荐分享（小组——10分）	主讲教师采取五级评分：非常好10分；很好8分；较好6分；好4分；不符合要求2分。根据分配的主题（领导与运行、人力资源管理、财务管理）推荐课程资源一项（学术资源、案例资源均可，文字、视频等形式不限），要求该资源能够增加学生对该主题的认知或引发学生对问题的思考。

续表

	成绩构成	考查项目（比重）	具体内容（评价单位——在总分中的分值）	具体评分标准（要求）
课程成绩构成	期末成绩 100×40%	期末成绩 100×100%	（开闭卷）考试（个人——100分）	主讲教师采取百分制评分： (1) 课程中的基本概念、基本原则与技巧的识记（名词解释与简答）。 (2) 课程中的基本概念、基本原则与技巧在案例资料中的应用（材料或案例分析）。 (3) 对课程教学与课程资源所提供信息的综合运用能力（论述说明题）。

五、"社会行政"课程思政教学设计

（一）教学大纲

"社会行政"课程是针对社会工作专业本科生于三年级下学期开设的专业主干课程之一，3学分，共计48课时。本课程共分为三大模块九章，具体如表10-2所示。

表10-2　　　　　　　　　"社会行政"课程思政教学大纲

课程模块	课程章分布	教学目标	思政目标
基本知识	第一章　社会行政概论	了解社会行政的含义以及与社会政策的关系；了解社会行政的构成要件。	让学生体会服务对象需求满足的过程中可能出现的问题，培养学生公平正义的社会观。
	第二章　社会行政的内容、功能与伦理	了解社会行政的内容；了解社会行政的功能；掌握社会行政中的伦理议题及其处理原则。	帮助学生领会处理伦理困境的决策过程，培养学生的服务能力和职业伦理。
	第三章　社会行政体制	了解社会行政体制的构成；了解社会行政体制的类型；了解中国的社会行政体制的发展。	让学生领会中国当前各类困难群体社会政策与社会福利的发展，清楚中国社会行政体制的发展脉络，坚定学生对中国特色社会主义的道路自信、理论自信、制度自信和文化自信。
机构与项目	第四章　社会服务机构	掌握社会服务机构的性质、类型；了解社会服务机构的宗旨、目标、结构、功能。	让学生领会社会服务机构应该以服务困难群体的需求、实现社会公平正义为宗旨，让学生在发现困难群体及其需求的过程中，去体验自我价值感。

续表

课程模块	课程章分布	教学目标	思政目标
机构与项目	第五章 社会服务项目	掌握社会服务项目中的问题界定与分析；掌握社会服务项目计划和评估。	让学生领会满足困难群体需求的方法与方案，培养并训练学生的责任心、服务能力和敬业精神。
	第九章 社会服务机构的发展	了解社会服务机构的发展与能力建设；了解社会服务机构发展的方法；了解社会服务机构中的专业主义与管理主义。	培养学生分析社会服务机构发展问题的能力，进一步培养学生的科学探索、求真务实的精神。
行政技巧	第六章 社会服务机构的领导	了解领导及领导理论；了解社会服务机构的领导模型；掌握在社会服务领域的领导技巧。	帮助学生觉察自身的领导特质，培养学生的领导能力、关怀能力和责任心。
	第七章 社会服务机构的人力资源管理	了解人力资源管理的基本概念；了解对社会服务机构中志愿者和员工的管理及其运用；了解社会工作督导的概要。	使学生有机会反思自身从事志愿服务的动机，反思自身在社会服务领域的能力、关心和维护社会公正的愿景。
	第八章 社会服务机构的筹资与营销	掌握社会服务中筹款理念的发展、构成、分析及其运用；了解社会服务中项目营销的核心、难点和特点及其运用。	帮助学生掌握初步的筹款与营销能力，培养其在社会服务领域的同理心、奉献精神、服务能力。

(二) 教学方法

本课程是以"参与式教学"方法为主，课程教学中运用线上线下多种教学资源，引导学生参与到课堂中，并成为"课堂的共建者"。参与式的课堂教学，一方面用多元复合的学习方式，引导学生掌握社会行政的主要知识、能力和技巧，另一方面让学生经历"创设具体情境—捕捉价值行为—显化价值行为—强化正向价值行为"的过程，使学生的思想品德与价值观摆脱功利性和唯分数论的挤压，迎接当前个体化与网络化社会的挑战，使学生的价值观从知识和形式走向思维和行动。具体的教学方法包括：

1. 课堂讲授法

注重理论联系实际，调动学生的积极性和参与性，让学生独立搜集相关资料，增进其社会行政相关的专业素养，增强学生对专业领域内的国家战略、社会福利立法和政策走向的理解和把握。

2. 案例分析法

根据课程内容安排，在相应章节安排案例分析环节，通过对案例的分析交流，培养学生对社会服务机构的认知，增进其对机构宗旨、目标、组织结构、类型、功能的架构能力的了解，初步设计社会服务机构去满足困难群体的需要，增强学生对困难群体的责任感和对社会公平正义理念的认同。

3. 游戏体验法

分组安排游戏任务，让学生在游戏中体验不同社会服务领域内的领导、人力资源管理、筹资技巧；运用相关工具进行引导，让学生感受不同技巧所带来的服务过程的变化，强化学生的专业精神和职业道德。

4. 小组任务法

组织学生分成不同人员组成的小组，设定相关主题任务，安排学生进行课外讨论和模拟，分组展示任务、提问答疑、争取支持，让学生沉浸在"准真实社会"中去锤炼自身。

5. 文献分析法

根据所学内容，安排项目与理论文献任务给学生。让学生通过理论与实际的关联，掌握目前社会服务面临的风险和挑战。

(三) 教学效果

课程应用价值主要体现在三个方面。首先，依托课程教师走出课堂，给社区、学校、社会服务机构等进行"社会服务项目：计划执行与评估""志愿者管理的主要程序与技巧""表达欣赏与表示批评"等主题讲座，累计达 15 次。其次，依托课程链接的资源，学生在"美丽中国"等 10 余家机构从事志愿服务、专业实习，累计达到 20 余人次。再次，依托本课程，课程教师团队完成了校级教学研究项目"服务学习理念下'社会行政'课程教学模式的优化研究"（2020 年结项）。依托本课程带领学生走出去，签订实习单位 30 家。最后，依托本课程，"社会行政"课程获得 2017 年度"本科教学创新奖"三等奖，课程负责人参与的"社会工作专业教学的场景化、国际化与信息化融合改革与实践"获校级"教学成果奖"二等奖，课程负责人撰写的论文《让学生成为课堂的共建者——〈社会行政〉参与式教学的策略、方法与成效》，收录于《信息化教学改革与创新：实践与反思》（彭南生主编，华中师范大学出版社 2017 年 10 月出版）。

本课程的效果主要是实现课程教学专业目标和思政目标。本课程的专业教学目标中蕴含着重要的思政元素，通过对这些元素的运用，达成以下三个方面的课程思政目标：
(1) 帮助学生从专业的角度思考中国社会发展脉络，尤其是认同在发展过程中困难群体福利水平稳步提升的事实与趋势。对这一专业和行业趋势的全面了解，使学生在道路自信、理论自信、制度自信、文化自信方面更坚定。（2）培育学生的专业理想、淬炼学生的专业技巧，涵化学生的专业责任心，培育学生经世济民的职业素养。（3）让学生参与真实的社会问题和学术问题探索，有助于培养学生的问题分析能力和科研探索能力，滋养学生的创新精神。课程的预期效果是促进学生思考社会的属性，思考自身的使命，具象化价值观念学习的环境，让价值教育从知识走向行动是"社会行政"课程的主要目的。

从本质上说实现课堂的两个转变：一方面，通过各种参与方式深入各个教学环节，让学生从课堂的静默者变为课堂的共建者；另一方面，让学生从价值行为的知晓者变成价值行为的行动者。

（四）教学章节点

第一章　社会行政概论（4 课时）

一、教学目标

【知识目标】

1. 社会行政的含义
2. 社会行政与社会政策的关系
3. 社会行政的构成要件

【能力目标】

通过对社会政策执行过程的体验，增进学生对服务对象/困难群体需求满足过程的了解。

【课程思政目标】

通过专题讨论、展示答辩、切身体验等参与环节，让学生体会服务对象需求满足的过程中可能出现的问题，培养学生公平正义的社会观。

二、教学重点难点与实践参与环节

【教学重点】

1. 行政与管理
2. 社会行政的含义
3. 社会行政的内容
4. 社会行政发展的条件

5. 社会行政发展的过程

6. 社会行政的构成要件

【教学难点】

1. 社会行政的含义

2. 社会行政与社会政策的关系

【实践参与环节】

（1）主题讨论：如何运用你的生活经验，介绍你了解的社会工作服务"项目"，并完成学术文献检索与阅读。

（2）实践环节：用给定的资金购买经小组讨论同意的副食，展示购买实物、汇报采购过程，评价采购行动。以此为例，组织学生探讨社会政策转化为社会服务的过程通常需要哪些环节，引领学生觉察依据自己的身份、立场和观点来提供社会服务的局限性。

第二章　社会行政的内容、功能与伦理（4 课时）

一、教学目标

【知识目标】

1. 社会行政的内容

2. 社会行政的功能

3. 社会行政中的伦理议题

【能力目标】

通过案例讨论、程序体验等教学环节，培养学生处理社会行政中伦理困境的能力。

【课程思政目标】

通过案例讨论、程序体验等教学过程，帮助学生领会处理伦理困境的决策过程，培养学生的服务能力和职业伦理。

二、教学重点难点与实践参与环节

【教学重点】

1. 宏观社会行政

2. 微观社会行政

3. 法约尔的行政管理理论

4. 韦伯的行政管理理论

5. 社会行政的过程模式

6. 社会行政的社会效果

7. 社会行政的一般功能

8. 社会行政中的伦理困境及处理原则

9. 伦理抉择的过程

【教学难点】

1. 社会行政的功能

2. 社会行政中伦理困境的抉择过程（根据案例阐释）

【实践参与环节】

（1）主题讨论：在你的生活环境中，有哪些困难群体？你知道哪些政策对改善其生活处境具有积极作用，这些政策具体是什么？

（2）案例分析：社会行政中伦理抉择的过程与原则是什么？（案例：熊老师是某大学学生资助中心的主任，该中心的目标是为贫困大学生提供经济与社会支持。两年来中心工作的一项突出成就是在校内开辟了 200 余个学生助理岗位，这不仅成了贫困大学生的经济支持，也成了促进他们发展的重要平台。今年，中心有一个勤工助学岗位，两个候选人情况如下：小华，家庭极度贫困，来自西部农村，是少数民族，形象一般，不善言辞，电脑操作水平较差。小虎，来自城市低保家庭，具有较好的形象，人际交往能力较强，电脑操作水平较高。请替熊老师决定谁将获得资助中心的勤工助学岗位，并陈述决定过程和决定依据。）

第三章 社会行政体制（4 课时）

一、教学目标

【知识目标】

1. 社会行政体制的构成

2. 社会行政体制的类型

3. 中国社会行政体制的发展

【能力目标】

通过文献阅读、课堂讲授等教学环节，培养学生对社会行政体制制约因素的正确认识。

【课程思政目标】

通过政策文献搜集整理、专题讨论、展示答辩等教学过程，让学生领会中国当前各类困难群体社会政策与社会福利的发展，清楚中国社会行政体制的发展脉络，坚定学生对中国特色社会主义的道路自信、理论自信、制度自信和文化自信。

二、教学重点难点与实践参与环节

【教学重点】

1. 社会行政体制的含义
2. 社会行政体制的影响因素
3. 维伦斯基和勒博：社会福利制度类型
4. 梯特马斯：社会福利模式
5. 艾斯平-安德森：社会福利体制
6. 计划经济条件下社会行政体制的特点
7. 当前中国的社会行政体制

【教学难点】

1. 社会行政体制建构的基本原则（联合国）
2. 依据文献理解中国社会服务提供中的"项目制"（检索文献）

【实践参与环节】

（1）政策梳理：分组查阅中国有关青少年儿童、妇女、残障人士、城市贫困人群、农村贫困人群的各项社会福利政策，谈谈目前中国社会行政体制的特点、成就与不足。

（2）学术讨论：根据第一章搜集的"项目"相关文献，整理关于中国社会工作服务提供中施行"项目制"的优点、缺陷与改进策略的主要观点。

第四章 社会服务机构（6课时）

一、教学目标

【知识目标】

1. 社会服务机构的性质
2. 社会服务机构的类型
3. 社会服务机构的宗旨、目标和结构
4. 社会服务机构的功能

【能力目标】

通过课堂讲授、案例分析等教学环节，培养学生通过社会服务机构的宗旨、目标和结构判断社会服务机构性质和类型的能力。

【课程思政目标】

通过专题讨论、案例展示、机构设计实践等教学过程，让学生领会社会服务机构应该以服务困难群体的需求、实现社会公平正义为宗旨，让学生在发现困难群体及其需求的过程中，去体验自我价值感。

二、教学重点难点与实践参与环节

【教学重点】

1. 非营利组织的概念与特征
2. 社会服务机构的定义
3. 社会服务机构的主要分类
4. 以院舍服务为主的社会服务机构
5. 以服务项目为主的社会服务机构
6. 社会服务机构宗旨陈述的要求
7. 社会服务机构目标陈述的要求
8. 社会服务机构的政治功能
9. 社会服务机构的经济功能

【教学难点】

1. 非营利组织的定义
2. 社会服务机构的定义
3. 社会服务机构的宗旨和目标及其关系

【实践参与环节】

（1）案例讨论：分组收集内地和香港（参照香港社会服务联会网站）各五家社会服务机构的资料，分享资料后，讨论两地社会服务机构存在的主要差异。

（2）实务任务：分组设计社会服务机构，介绍机构的宗旨、目标、服务人群和组织结构。在课堂上对机构进行分组展示，看看你能为此机构招募到多少专职的社会工作者？请有意向的应聘者谈谈为什么会选择你设计的机构。

第五章　社会服务项目（8课时）

一、教学目标

【知识目标】

1. 社会服务项目计划
2. 社会服务项目中的问题界定与分析

3. 社会服务项目的评估

【能力目标】

通过案例展示、小组展示、课堂讲授等教学环节，使学生掌握社会服务项目计划能力和评估能力。

【课程思政目标】

通过专题讨论、情景辩论、身心体验等教学过程，使学生领会满足困难群体需求的方法与方案，培养并训练学生的责任心、服务能力和敬业精神。

二、教学重点难点与实践参与环节

【教学重点】

1. 两种主要的社会服务计划模式的特点

2. 社会服务项目计划的原则

3. 社会服务项目计划的主要步骤

4. 如何界定问题

5. 需求群体的类别

6. 如何撰写项目计划书的理论部分

7. 社会工作评估的类型

8. 形成式评估的主要步骤

【教学难点】

1. 项目计划书主要包含的内容（材料）

2. 项目计划书的理论部分应包含的要点

3. 社会服务项目计划的原则

4. 社区层面项目目标的制定（特点）

5. 个人层面项目目标的制定（特点）

6. 举例说明在项目计划中需求群体的类别

7. 澄清问题焦点的益处

8. 形成式评估的主要任务

9. 社区层面的目标如何评估

10. 个人层面的目标如何评估

【实践参与环节】

（1）案例分析：请阅读"共创成长路——赛马会青少年培育计划"与"腾讯公益·五社联动·爱满荆楚"两份社会服务项目计划书的文本，并对项目计划书文本的优缺点进行比较。

（2）实践环节：分组撰写社会服务项目计划书，内容包括背景与理念、问题及理论基础、目标与人群界定、各项活动目标与活动安排、预算预案、评估安排等六部分，并在课堂中进行展示。看看项目能募集到多少资金，并反思筹资成功或失败的原因。

第六章　社会服务机构的领导（8课时）

一、教学目标

【知识目标】

1. 领导及领导理论
2. 社会服务机构的领导
3. 领导力训练

【能力目标】

通过情景模拟、无领导小组讨论等教学环节，培养学生在社会服务领域的领导能力。

【课程思政目标】

通过课堂讲授、情景模拟、无领导小组讨论等教学过程，帮助学生觉察自身领导特质，培养学生的领导能力、关怀能力和责任心。

二、教学重点难点与实践参与环节

【教学重点】

1. 领导与管理的异同
2. 领导理论
3. 激励的定义
4. 激励的理论
5. 沟通过程
6. 沟通的形式

【教学难点】

1. 领导及其要素
2. 菲德勒的权变领导模式
3. 社会服务机构的典型领导模型

【实践参与环节】

（1）实践环节：实践目标是探索自己的特质与领导模式，实践媒介为游戏"新时装模特队"和无领导小组讨论"遇险逃生"。

（2）案例分析：阅读网络资源《承担使命，并肩前行——吕朝谈恩派全新使命愿景及组织 & 产品演进》和文本资源《吕朝与恩派的裂变之魅》，分析恩派的领导具有哪些特质，并说出它属于哪种领导模型。

第七章　社会服务机构的人力资源管理（4课时）

一、教学目标

【知识目标】

1. 人力资源管理概述
2. 社会服务机构中的志愿者管理
3. 社会服务机构中的员工任用
4. 督导

【能力目标】

通过课堂讲授、案例展示、情景体验等教学环节，培养学生对社会服务机构中的志愿者和员工进行管理的初步能力。

【课程思政目标】

通过课堂讲授、案例展示和情景体验等教学过程，使学生有机会反思自身从事志愿服务的动机，反思自身在社会服务领域的能力、关心和维护社会公正的愿景。

二、教学重点难点与实践参与环节

【教学重点】

1. 人力资源管理的含义
2. 人力资源管理与人事管理的异同
3. 员工任用的主要步骤
4. 如何任命新员工
5. 督导的含义
6. 督导的模式
7. 督导的内容

【教学难点】

1. 人力资源管理的含义
2. 志愿者管理的过程
3. 社会工作者必备的素质
4. 社会工作督导的主要功能

【实践参与环节】

(1) 案例分析：在"中国发展简报"的网站中，找两则招聘启事，讨论在社会服务领域招聘方对应聘者的主要要求。

(2) 实践环节：请每位同学准备自己的简历，分组进行比较，了解优秀的社会工作者应聘简历需要传达自身哪些特质，以及简历中反映相应特质的证据如何展示。

第八章　社会服务机构的筹资与营销（4 课时）

一、教学目标

【知识目标】

1. 社会服务机构的资金募集
2. 社会服务机构的营销/推广

【能力目标】

通过课堂讲授、案例分析、案例展示等教学环节，帮助学生初步掌握社会服务中资金募集和项目营销的能力。

【课程思政目标】

通过专题讨论、情景辩论等教学过程，帮助学生掌握初步的筹款与营销能力，培养其在社会服务领域的同理心、奉献精神、服务能力。

二、教学重点难点与实践参与环节

【教学重点】

1. 筹款理念的发展
2. 筹款市场的构成
3. 筹款市场的分析
4. 营销的核心
5. 社会服务机构营销的难点和特点

【教学难点】

1. 筹款市场的构成

2. 公开募款对项目的要求

【实践参与环节】

（1）案例分析：依据支付宝中的"支付宝公益"提供的案例资料，推选优秀的筹款项目，并讨论好的筹款项目应具备哪些要素。

（2）主题讨论：观看"美丽中国"的宣传推广资料，比较其与商品宣传的主要差异有哪些，思考导致这些差异的原因。

第九章 社会服务机构的发展（6 课时）

一、教学目标

【知识目标】

1. 社会服务机构的发展与能力建设
2. 社会服务机构发展的方法
3. 管理主义与社会服务机构的发展

【能力目标】

通过文献阅读、案例分析等教学环节，培养学生对社会服务机构发展现状与面临挑战的分析能力。

【课程思政目标】

通过文献研读、个例分析、课堂讨论等教学过程，培养学生分析社会服务机构发展问题的能力，进一步培养学生科学探索、求真务实的精神。

二、教学重点难点与实践参与环节

【教学重点】

1. 社会服务机构发展的理论
2. 社会服务机构发展的基本框架
3. 以任务为中心管理的主要方法
4. 目标管理的主要组成部分
5. 全面质量管理对社会服务的贡献
6. 管理主义对社会服务的影响

【教学难点】

1. 社会服务机构发展的方法
2. 社会服务机构中的专业主义与管理主义

【实践参与环节】

（1）主题讨论：针对目前诸多高校教师为社会服务机构法人的现象，谈谈这一现象为社会服务机构的发展带来哪些机遇与挑战。

（2）实践环节：每个小组拜访三位机构管理人员，梳理目前的社会服务机构发展面临的主要难题有哪些。结合这些难题，谈谈管理主义给社会服务机构带来了哪些机遇与挑战。

参 考 文 献

曾文婕，柳熙．获得·参与·知识创造：论人类学习的三大隐喻［J］．教育研究，2013（7）：88 - 97.

彭南生．魂、体、用：高校教学改革的三个层面［J］．中国大学教学，2015（12）：7 - 10，21.

龚放，吕林海．中美研究型大学本科生学习参与差异的研究：基于南京大学和加州大学伯克利分校的问卷调查［J］．高等教育研究，2012（9）：90 - 100.

徐晓军，郑伦楚．"社会调查研究方法"课程参与式研究性教学模式［J］．中国大学教学，2010（2）：48 - 50.

张浩，吴秀娟，王静．深度学习的目标与评价体系构建［J］．中国电化教育，2014（7）：51 - 55.

阳辉．社会工作教育中价值行为培养的核心及路径［J］．东岳论丛，2022（1）：184 - 190.

"社会工作初级实务"课程思政课程设计

洪 佩

一、"社会工作初级实务"课程思政目标

"社会工作初级实务"课程是社会工作专业人才培养的重要组成部分，不仅需要着力提升学生开展实务工作和运用理论解决问题的经验与能力，还需要充分挖掘理论和实践当中蕴含的思政元素，真正做到"传道、授业、解惑"，培养一批不仅掌握专业知识和方法技巧，同时还能够扎根中国本土实践情境、具有专业价值观和使命感的学生。本课程推进课程思政的目标主要从以下三个方面进行阐述：

（一）素质目标

社会工作是一门具有较强实践属性的学科，培养的学生需要进入广泛的基层领域，面向社会困难群体开展服务。对学生进行社会价值观、专业价值观和个人价值观的塑造是他们能够顺利投入服务实践的核心抓手，在人才培养过程中起到关键引领作用。本课程在价值塑造维度上的目标具体包括：

第一，促进学生将课堂中学习积累的知识体系与实践经验中的感知体系相连接，形成对本土实践过程最真切具体的个人经验和深度理解，培养学生对社会问题的关注意识，激发他们的专业价值感和认同感，承担社会工作者的责任和使命。

第二，为学生参与师生之间、学生之间等不同主体的理性对话以及课程分组内部、所有选课学生、上下届学生等不同范围内的理性对话创建平台和空间，促进学生进行经验和观点的交流碰撞，培养相互协作和沟通的精神。

第三，协助学生对自己的性格特点、自身在实践中的角色定位和实践效能以及自我改变的潜能等进行重新审视与理解，并有意识地进行自我改变，为个人的未来发展提供重要的自我认知基础。

(二) 知识目标

"社会工作初级实务"是一门旨在令学生掌握系统理论知识和方法技巧，从而提升学生实践能力的课程。这些知识和方法技巧的学习与内化是社会工作专业人才培养的基础铺垫。本课程在知识传授维度上的目标具体包括：

第一，通过我国社会工作发展的制度脉络、社会工作实务通用过程与方法技巧以及对服务人群的理解与支持等三大板块课程内容的讲授，促进学生从整合视角考虑社会工作实务。

第二，通过理论与实践之间的对话以及教师与学生、学生与学生之间的多元化交流，帮助学生立足服务实践活动的开展过程与经验，在理论反思和理性对话的过程中形成有效的知识内化，构建属于个人的知识体系。

(三) 能力目标

大学生实践能力培养是我国高等教育的重点目标，同时也是提升人才培养质量以及回应经济社会发展对高质量人才需求的核心议题。社会工作专业教育长期以来面临理论与实践脱节的困境，导致课堂传授的理论知识难以转化为开展实务工作需要具备的实践能力。因此，本课程在能力培养维度上的目标具体包括：

第一，通过课程理论学习与服务实践开展的穿梭式互动，将担负真实任务的实践教学贯穿于课程学习的全过程，促进学生作为主体积极主动参与教学过程，并结合专业实践经验实现"做中学"。

第二，转变传统教学模式对知识的灌输式传授，运用小组活动、课堂讨论等多种形式开展教学，促进学生对教学内容不断反思、整合和内化，将学生培养为具有实践能力、创新能力的复合型人才。

二、"社会工作初级实务"课程思政理念

(一) 立足本土实践进行反思性学习是社会工作专业人才培养的重要途径

"重理论、轻实践"现象在社会工作专业的教学过程中普遍存在，所传授的理论知识基本上都源自西方，是基于西方社会处境对实践的反思以及对西方社会工作者实践智慧的总结，饱含着西方的社会文化和价值观念；而我国社会工作者的实践性知识却在一定程度上遭到了忽视，建基于本土现实处境对社会工作实践的总结与反思仍然相对缺乏。正是由于这种差异，造成了我国社会工作教育所传授的理论知识与社会工作者的实践性知识之间转化机制和指导机制不畅通，以致两者之间呈现出一种断裂的状态。

在上述背景之下，来自西方的社会工作专业理论体系和知识框架如何能够有效回应本土现实情境之中的问题，成为社会工作专业的学生在学习和进入实践的过程中都需要思考

的议题。目前学界针对这一议题所提出的不同发展路径背后，反映出有关于专业自信的问题，即我们有着尊重本国文化的历史性和肯定本国文化的特殊性，以及与西方进行平等交流的需求。如果一味地强调运用书本上的专业理论知识来评判本土实践经验，而忽视在我们的实践过程中可能已经存在的有效促进服务对象改变的实践模式，将会一步步地打击实务工作者的自信心，使他们陷入"自我否定-不专业"的恶性循环之中。对于社会工作专业的学生来讲，也常常困惑于课堂传授的理论知识如何能够在实务中发生转化及其如何与具体的实践情境产生有效联结。

因此，"社会工作初级实务"课程注重让学生对我国社会工作的发展脉络有所了解、对本土实践情境有所体验，并能够意识到实践当中存在的丰富实践智慧，立足实践进行总结和提炼，建构基于本土经验的社会工作实践性知识，进而与西方已有知识体系进行交流与对话，提升专业信心。

（二）增进学生对困难群体的理解并增强社会责任感是社会工作专业育人的核心议题

社会工作是一个面对个人、家庭、团体、组织和社区高度差异的工作，需要对服务人群及其生活和文化有基本的了解。[①] 除了通过文献资源、网络平台等方式获取相关信息进行间接了解，更为重要的是，通过与服务人群的接触和互动形成直接的感知和理解。尤其社会工作服务实践面向的主要是学生在日常学习生活中很难接触到的困难群体，这就需要在教学过程中协助学生对相关群体形成更加立体的认知。

同时，社会工作专业还有着协助社会困难群体应对生活困境的价值关怀，需要学生具备较强的社会责任感。但是，目前很多学生对进入基层领域、面向社会困难群体提供社会服务仍然存在诸多顾虑，其中一部分原因即在于对服务人群的认识和了解不够深入，进而不愿意或不知如何与服务人群沟通交流。

因此，"社会工作初级实务"课程通过协调多方资源，强调为学生提供深入认识和理解服务群体的机会，协助学生在解决实际问题和开展服务的过程中增进对这些群体的了解，同时思考社会工作专业可以为服务群体做什么，从而增强他们的社会责任感和投入于专业实践过程的专业使命感。

（三）高挑战并且高支持的学习环境有助于为中国式现代化建设培养高素质专业人才

人才是全面建设社会主义现代化国家的基础性、战略性支撑，也是高等教育的基本出发点。在中国式现代化高质量发展和新文科建设背景下，对社会工作专业人才培养质量提出了更高的要求，即社会工作专业教育需要向社会输送更加有能力解决人民生活困境与增进民生福祉的高质量社会工作专业人才。这就使得社会工作专业的教育教学不仅要注重理

---

① 库尔诺耶. 社会工作实务手册［M］. 万育维，译. 台北：新加坡圣智学习亚洲私人有限公司台湾分公司，2012.

论知识的传授，也应积极寻求推动学生参与实践的路径，使学生能够接触真实的实践情境，从而更好地实现理论知识在实务中的有效转化。

这种转化最有可能在高挑战并且高支持的学习环境中发生，而高挑战和低支持则会导致挫折。[①] 具体到社会工作实务课程的教学行动，让学生进入真实的实践场景开展实务活动能够为学生提供具有高度挑战性的学习环境，但同时也使教学过程充满了不确定性。在此基础上，安排符合学生知识储备和能力发展区域的实务活动、选择能够为学生提供足够自主空间和专业督导支持的实践场所、在实务活动开展的过程中给予学生持续的关注并进行多次沟通以及为学生营造平等轻松的对话交流氛围等，能够为学生提供面对挑战的高支持环境，使学生运用更加积极正向的态度对待实践，从而更加有效地突破实践中的迷惘困境并从中丰富自身的经验。

因此，"社会工作初级实务"课程主张通过学生在课堂与实践之间穿梭的形式，促使学生将课堂中所学的理论知识整合到实践情境之中，也进一步推动他们将实践场所的知识反馈到课堂中得到更加广泛深入的讨论和交流。以此为基础，培养既能够在"国际通则"基础上进行对话交流，也能够对本土实践和现实问题予以有效回应的高质量专业人才。

三、"社会工作初级实务"课程思政内容与融入点

（一）通过梳理中国社会工作的发展脉络，坚定学生对本土情境的理解和专业发展道路的自信

其一，讲述社会工作实务的整合观，引导学生立足本土实践情境理解我国社会工作的专业发展道路。这部分通过引入社会工作本质的建构观点，以《社区"三社联动"线上抗疫模式工作导引》的编写发布、修改完善过程，武汉市心理疏导社会工作服务项目的开展过程以及国务院印发《因新冠肺炎疫情影响造成监护缺失儿童救助保护工作方案》的背景历程等作为案例，引导学生讨论上述案例中呈现的政策脉络与社会工作服务实践、服务人群需求三者之间相互促进、不断完善的特征，领会我国文化与制度背景下社会工作本质建构的特征。

其二，讲述改革开放以来，我国专业社会工作得以重建的历程，以及转型时期对社会问题解决的现实需求如何推动社会工作专业的快速发展。这部分通过讲述社会工作与社会治理的契合性以及"社会工作"连续几年被写进政府工作报告等内容，展现国家对于推动社会工作快速发展的极大促进作用；通过讲述社会工作人才队伍、社会工作职业以及社会工作实务领域等方面的快速发展，促进学生理解我国社会工作制度顶层设计的重要考量及其赋予社会工作的专业使命，以及反过来社会工作实践的发展在制度不断完善过程中的推

---

① MEZIROW J. Transformative dimensions of adult learning [M]. San Francisco: Jossey-Bass Publishers, 1991.

进作用。例如，在社会工作人才队伍的快速发展方面，党的十六届六中全会审议通过的《中共中央关于构建社会主义和谐社会若干重大问题的决定》提出，"造就一支结构合理、素质优良的社会工作人才队伍，是构建社会主义和谐社会的迫切需要"，将发展社会工作与党和政府及社会的最高追求联系起来，对发展社会工作的意义给予了高度认可；《国家中长期人才发展规划纲要（2010—2020 年）》《关于加强社会工作专业人才队伍建设的意见》将社会工作人才作为国家重点发展的六类人才之一，确立了社会工作人才在国家人才发展大局中的重要地位；《关于加强社会工作专业人才队伍建设的意见》《社会工作专业人才队伍建设中长期规划（2011—2020 年）》等一系列政策文件的发布，都为我国专业社会工作的发展奠定了制度基础。在社会工作职业的快速发展方面，从 2004 年出台的《社会工作者职业标准》、2006 年开始的社会工作者职业水平考试到 2018 年出台的《高级社会工作师评价办法》，我国社会工作队伍不断迈向专业化、职业化的发展道路，也开始打通职业发展的全通道，对于拓展社会工作专业人才职业晋升空间、提升社会工作的职业地位、扩大社会工作的职业影响产生了重要作用。在社会工作实务领域的快速发展方面，不同社会工作实务领域不断拓展，《中华人民共和国反家庭暴力法》《中华人民共和国社区矫正法》《中华人民共和国未成年人保护法》《中华人民共和国预防未成年人犯罪法》《中华人民共和国家庭教育促进法》等更是将相关领域社会工作的发展纳入国家法律层面。通过这些脉络的梳理，引导学生从整体上理解社会工作的中国式发展道路，从实际情形出发探索和坚定符合中国实际的发展道路。

（二）通过让学生进入具体实践领域开展实务活动，为学生提供体验社会价值和专业价值以及扎根中国本土实践情境了解国情民情的平台

社会工作实务通用过程以及不同阶段的方法与技巧是社会工作实务课程的核心板块，对于这部分内容不仅要进行理论知识讲授，还要注重同步开展实践性教学。首先，在课程初期，各个课程学习小组需要分工合作完成国际社会工作日宣传活动，结合每年的宣传主题设计游园活动，借助游戏、情境体验等方式向校内师生和社区居民传递社会工作的相关理念与知识，提升社会工作专业的知晓度。其次，在课程中期，教师与社会服务机构进行联系，确定能为学生提供实地督导保障的社会工作服务项目点，各个课程学习小组则需要自主选取具体的服务人群，开展需求调研以及小组社会工作服务方案设计与实施等相关工作。此外，在活动和服务实践的开展过程之中和之后，学生都需要对活动进行评估和反思。

通过上述实践活动的开展，一方面能够为学生提供体验社会工作者身份角色的平台，提升他们与本土社会工作实践情境的联结感，并基于活动成效的激励以及服务人群的正向回馈获得丰富的价值体验，体会到给予他人帮助以及作为社会工作者的价值感，从而对专业发展更加认同和更具信心；另一方面也能够使学生在实践活动开展过程中接触到日常学习生活中较难有深入了解的困难群体，例如福利院老年人、行为偏差青少年、乡村初中生、智力障碍儿童及其家庭等等，同时通过生命历程访谈调研了解一个个鲜活的生命，增

进对社会工作服务人群更加细致和具象的认知，并在调研和服务的过程中学会扎根中国大地了解国情民情。

此外，基于价值体验所形成的专业认同还有助于促进学生以积极的态度投身专业实践，增强学生在实践中克服困难的决心和勇气，寻找解决困难的思路与方法，获得继续扎根本土情境参与专业实践的勇气与动力。

（三）引导学生深入社会实践，学会关注、观察、理解以及运用专业知识回应现实问题

对于学生而言，进入真实的实践场景是在运用理论知识的基础上实现"做中学"的机会。在这一过程中，教师需要在学生遇到实践难题时予以引导。一方面可以结合专业理论知识带领学生立足实践过程进行回顾反思活动，对实践难题及其解决措施展开探讨；另一方面可以将实践难题作为切入口，引导学生对存在于专业理论以及个人背后的基本假设和固有观点进行反思，重构对于理论以及自我的认识。通过实践过程中的专业知识运用以及反思性训练，加深学生对专业知识的了解和领悟，并增进学生对现实问题的关注、观察和理解。

同时，教师需要协助学生在不断应对实践难题的过程中，使得具有普遍性的理论知识透过实践过程中的历练与思考，成为学生真正理解知识的重要经验积累，使实践活动的开展成为学生不断学习、总结并从中得到锻炼和提升的过程。在此基础上，通过师生之间、学生之间的交流互动以及课堂分享等环节实现实践经验的推广与迁移应用，从而在更大范围内产生实用效益，积累成为日后回应实践难题的经验，提升学生解决实践中具体问题的能力。

四、"社会工作初级实务"课程思政步骤和措施

（一）增加实践教学环节

在社会工作专业的教学当中，课堂传授的理论知识通常是教师根据教材等书本内容设计的，相对忽视了知识与学习者个人经验之间的关联。因而，在知识传递过程中，学生主要扮演的是被动接受者的角色，课堂参与的主动性和参与程度都有待提升。此外，理论知识学习与实践活动开展通常也是在不同的时间和空间进行的，两者的脱节使学生缺乏进行理论反思和对话的机会，导致他们在实践过程中容易遭遇理论知识无法与实践情境有效适配等困惑，并且这类经历大多成为降低其专业认同或使其失去专业信心的负面事件，而无法成为促进学生实现知识转化和个人成长的契机。

因而，"社会工作初级实务"课程思政的首要步骤和措施是对课程内容进行改革创新，在理论知识讲解的基础上增加实践教学环节：一是借国际社会工作日的契机，结合年度主题在校内开展一场宣传活动；二是与社会服务机构合作，学生进入项目点开展小组社会工

作服务实践①；三是邀请具有丰富实践经验的一线社会工作者进入课堂分享，增加学生对具体实践情境的了解。课程实践性任务的完成十分注重真实场景的创造以及学生参与其中的真实体验，全部由学生组成实务工作团队自主完成，教师则以类似督导的角色从旁予以协助。以国际社会工作日宣传活动的开展为例，除了前期宣传、经费、志愿者招募等由学院团委、学生会予以支持之外，其他方面包括活动方案的设计与沟通整合、活动物资的采买、活动现场的布置和宣传物料的设计制作以及活动计划的实施等等，都是由本课程的学生自主负责的。教师主要在活动开展前带领各小组的学生进行沟通演练、活动开展中提供知识支持或协助处理突发情况、活动开展后组织活动复盘与思考。

（二）协助学生应对实践难题

在学生进入真实实践情境开展实务活动的过程中，基本上都会面临实践状况与理论讲述之间存在差异的张力，以及实践情境本身具有的复杂性所带来的冲击。尤其在进入实践情境的初期阶段，学生会面临更多发生于实践情境的各种难题，并且对于如何处理这些张力和冲击缺乏经验，从而为实践活动的开展造成了障碍。

因而，如何协助学生恰当处理实践过程中的难题以及由此导致的迷惘、困惑和无所适从，就成为关键的一步。具体来讲，社会工作实践过程中使学生感到困惑的触发事件是多种多样的，往往也是出乎意料和难以预测的。当学生在实践过程中遭遇到预期之外的触发事件时，教师如果没能做出及时的回应和处理并提供有效的支持，学生就很有可能无法走出触发事件所造成的迷惘困境。因此，教师需要在学生陷入迷惘困境时对负面情绪进行引导并协助他们应对困难问题，为他们提供具有高度挑战性实践环境的同时也能让他们拥有高度支持的学习环境。唯有如此，学生才有可能在陷入迷惘困境的同时产生对于问题本身、问题解决过程以及自身意义观点的反思，对所学理论知识与个人经验进行更加深入的剖析，质疑自身不合实际的观点，并结合实践所得经验对观点进行重新调整。

（三）增进理论教学与实践教学之间的穿梭式互动

一方面，理论教学为实践教学奠定知识基础。注重教学进度安排与学生开展服务实践的时间节点同步匹配，通过理论教学与实践教学之间的衔接为学生提供理论知识储备。同时，邀请具有丰富实践经验的一线社会工作者进入课堂分享，以及在学生进入真实实践情境之前邀请上一届学生进行经验分享，增加学生对具体实践情境的了解，为学生提供实践知识储备。

另一方面，实践教学的经验反馈到课堂中进行反思和对话。其一，充分运用周记、服务记录与总结报告以及专业实践反思报告等方式协助学生对实践经验进行反思，对问题是

---

① 之所以选择小组社会工作作为学生开展实践活动的形式，主要是基于其他专业方法所存在的条件限制之考量。具体来讲，实践教学只是社会工作实务课程的一个部分，没有充足的时间提供给学生开展个案社会工作服务，且易在如何结案与转介等方面存有伦理风险；而社区社会工作方法在现实的实践情境中很容易被理解为一场社区活动，项目化运作则难以在三个月的时间内进行需求调研和策划并得到落实。同时，个案和项目对于本科学生来讲也存在较大的挑战性。

什么、问题如何发生或如何解决以及问题产生背后有着怎样的个人假设或理论假设等进行思考。其二，注重学生在解决实务问题的同时对专业理论知识进行更为深入的检视与思考，并结合实务过程中的实际情况对所学知识进行重构，形成基于实践的个人知识体系与意义框架。其三，组织学生围绕进入实践情境后遭遇的冲击、实践中的具体情况与预期计划之间的差异、实践过程中面临的困难与挑战以及在实务活动开展过程中形成的新认识或经验进行讨论，将实践场所的知识反馈到课堂中得到更加广泛深入的讨论和交流，增强学生之间基于共同实践经验的对话交流。

五、"社会工作初级实务"课程思政教学设计

（一）教学大纲

"社会工作初级实务"课程是针对社会工作专业本科生于三年级下学期开设的专业主干课程之一，4 学分，共计 64 课时。本课程共分为三大模块十章，具体如表 11-1 所示。

表 11-1　　　　　　　　　　"社会工作初级实务"课程思政教学大纲

课程模块	课程章分布	教学目标	思政目标
我国社会工作发展的制度脉络	第一章　社会工作的本质	通过案例呈现社会脉络、专业力量、服务对象三者之间的互构。对我国社会工作发展的政策脉络进行梳理。了解社会工作的知识基础。	了解我国社会工作发展的本土情境。了解我国社会工作发展的路径以及政策对于专业行业发展的大力推动。对比中西社会工作者需储备知识或具备职业能力之间的差异。
社会工作实务通用过程与方法技巧	第二章　社会工作实务的通用过程模式	掌握通用过程模式及其理论基础和特征。分析通用过程模式的四个基本系统及其对社会工作实务的意义。	鼓励学生从更符合我国社会工作专业发展道路的整合角度看待社会工作实务，而不是一味地以西方专业为标杆。
	第三章　接案	掌握接案阶段的基本步骤、理念技巧和影响因素。	促使学生在理论学习的同时进入真实实践领域开展专业服务活动，既要掌握书本理论知识，更要在实践过程中提升回应本土现实议题的能力。同时，通过自我反思和课堂对话，促进学生将实务活动开展过程中的实践智慧进行总结提炼和分享，实现知识迁移。
	第四章　预估	掌握预估阶段的步骤和方法。	
	第五章　计划	掌握计划阶段的方法和过程。	
	第六章　介入	掌握介入阶段基本活动、技巧和冲突处理。	
	第七章　评估与结案	掌握评估与结案的方法、任务和对服务对象反应的处理。	

续表

课程模块	课程章分布	教学目标	思政目标
对服务人群的理解与支持	第八章 服务对象能力的发掘和运用	掌握需求评估的方式以及从不同层面对服务对象需求进行评估的方法技巧。	巩固学生在前期实务活动开展过程中对困难群体的实际感知，并基于实际感知与理论知识之间的结合进行学习，促使学生立足我国文化情境、日常生活情境等的独特性来思考社会工作专业如何通过服务参与社会治理。
	第九章 服务对象的调适和整合	掌握影响服务对象的策略以及从不同层面影响服务对象发生改变的方法技巧。	
	第十章 服务对象社会支持关系的建立和扩展	掌握维持服务对象改变的策略及其社会支持关系建立和扩展的方法技巧。	

（二）教学方法

若社会工作教育只关注教师向学生传授专业知识，那学生更有可能成为被动的教育接受者。在这种情形下，学生在课堂中学习积累的知识体系并没有与实践经验中的感知体系相连接，其回应实践问题的作用发挥将大打折扣。[①] 而当专业知识与实践经验之间产生联结时，知识对于学生而言就不再是死记硬背的，而是活学活用的。在此基础上，学生才能够反思性地对待所学知识，并在经验积累之上形成属于自己的知识系统。

因此，本课程主要采取"实践中学习"的方法：一方面，通过理论与实践之间的联结，旨在为学生提供参与实务活动的平台，让他们在学习和了解理论知识的同时能够亲身体验和探索理论知识在服务实践中的运用，从而实现"在实务过程中学习实务"。另一方面，教师也采取"用实务方式讲授实务"的理念，将社会工作实践的活动形式引入课堂，让学生身临其境地感受社会工作实践活动。同时，在授课过程中也强调持续思考和终身学习对于实务工作者的重要性，鼓励学生通过周记、实践反思报告等形式对理论知识和实务活动内容进行思考，并将其记录下来。

就具体方法而言，除了教师对理论知识的讲解之外，更为注重学生分组开展实践。在这一过程中，创建课堂中相互信任且轻松平等的对话交流十分重要：其一，在课程中，同一小组的学生通常对于彼此面临的共同问题有着比较直观的了解，能够产生对问题的共鸣，因此小组内部的团队会议是学生理性对话的主要形式。其二，教师设置世界咖啡馆、圆桌会议以及分组展示等对话交流环节，为师生之间、学生之间的理性对话创造平台。学生在这些环节中分享和讨论实践过程中的收获与感悟，并针对实践中遇到的问题与教师以及其他学生共同探讨。通过多元的交流形式以及不同主体之间的交流，旨在为学生参与理性对话创建平台和空间，促使学生将自己在理论知识学习以及实务活动开展过程中的疑惑

---

① 张威. "反思性专业性"：社会工作人才培养的核心目标与难点 [J]. 中国社会工作，2021（4）：28-29.

与思考进行分享，并在与其他学生对话的基础上充分吸收、听取他人的意见和建议。

（三）教学效果

一方面，促进课堂传授的理论知识在具体实务中实现有效转化，协助学生的理论知识学习与实践活动开展之间形成一种相互支撑、相互整合的关系。

第一，实现自我认知方面的转化。以往学生主要是在课堂中学习或者在课堂上进行角色演练和案例分析，更多的是与教师、其他学生进行互动；相较而言，真正进入实践情境之中面向有着真实需求的服务人群提供专业服务的经验较少。因此，通过学生自主完整地开展实践活动，增强他们对自己能够实现从理论学习转向服务实践的认知，相信自己除了从书本上学习知识之外还有开展服务实践的能力。

第二，实现经验获知方面的转化。促进学生在实践参与的亲身经历中领悟我们期望通过社会工作教育传递给学生的价值理念、理论知识和方法技巧等专业知识。对于社会工作专业的价值理念，大部分学生会认同甚至在个人性格和学习生活等方面受其影响。但认同理解是一回事，真正践行往往又是另一回事，学生在进入实践领域之后仍然会面临专业价值理念的操作化、内化以及价值冲突等困惑。实践活动的开展使学生有机会体验价值理念的书面表达与实际情形之间可能会出现的张力和冲突，进而获得对这些抽象化价值理念最真切具体的个人经验与理解。理论知识能够为社会工作实务的开展提供指引，提醒学生关注服务对象的需求及其与服务介入之间的联结，注重服务对象潜能的发挥和相互之间的互动关系，应该了解服务介入的过程以及不同阶段的特征与内容，等等。与价值理念一样，具有普遍性的理论知识借助实践过程中的历练与思考，成为学生真正理解知识的重要经验积累。此外，实务技能或方法技巧也可以在实务活动开展的过程中得以积累，成为一种关于特定情境的经验性知识。

第三，实现专业感知方面的转化。这包括服务群体感知和专业使命感知两个方面。实务活动的开展为学生提供了深入认识和理解服务群体的机会，并且在与服务群体互动交流中得到对方的积极反馈或者对社会工作专业的肯定时，反过来也会激发学生的专业价值感和认同感，更愿意承担社会工作者的专业使命。

另一方面，旨在协助学生在参与实践活动的过程中建构生成实践知识[①]，使其更加符合专业人才培养的需要。

第一，策略性知识的生成。策略性知识主要表现为在面临实践问题时，基于问题解决所形成的具体思路和方法，这类知识来源于两个方面：一是在专业价值与理论支持下形成的外生策略性知识。在学生遇到自身专业认知范围内的实践问题时，协助他们有意识地采用自己在专业学习过程中获取的专业理论或方法对实践问题进行解决；二是诉诸自身生活经验的内生策略性知识。当学生遇到自身专业认知范围外的问题，需要做出即时性的判断

---

① 具体参见洪佩，时浩宇. 实务中的转化学习：社会工作学生实践知识的生成机制研究［J］. 社会工作，2023（2）：57-72，109-110。

并采取相应措施加以解决时，协助他们调用自身以往的经验常识，在生活经验的指导下对实践问题进行处理。

第二，反思性知识的生成。协助学生在深入思考的基础上对专业议题、专业实践进行质疑与批判，避免学生成为程序化、机械化的学习者。一是理论反思性知识的生成。在以往的理论学习过程中，学生虽然接触了一些专业理论，但由于缺乏对理论进行评估与检验的具体实践情境，学生对于理论学习并没有结合实际展开进一步的反思。实践教学环节旨在为学生提供专业实践的契机，使学生能够结合实践对专业理论进行反思，并对理论内涵形成新的认识。二是实践反思性知识的生成。协助学生结合实践过程对所运用的技巧方法进行评估与思考，从而判断这些技巧方法的作用是否得到了有效发挥，以及实践环节还有哪些方面需要改进。同时，对实践环节中的不足进行反思，探讨造成这些不足的原因以及今后如何避免类似情况的发生，为自身的专业实践提供了经验借鉴。

第三，自我知识的生成。主要包括对自我的理解和定位、自我与实践的关系以及如何改进自我。在实践过程中，协助学生对过去并没有注意到的自我特点进行觉察，从而更加丰富和完善自我认知，更新对自我的理解。一方面，协助学生重新看待自身与实践之间的关系，寻找自身在实践中的适当角色定位，并据此调整自身的态度与行为，从而更加符合实践活动的需要，推动专业实践的顺利开展。另一方面，促使学生在解决实践问题的过程中发现自身在过去被忽视的优点，从而变得更加自信，并在此基础上探讨未来改进的方向与策略，以实现个人更好的成长与发展。

（四）教学章节点

第一章　社会工作的本质（14 课时）

一、教学目标

【知识目标】

1. 社会工作本质的建构
2. 社会工作发展的政策脉络
3. 社会工作专业的知识基础
4. 社会工作的服务对象

【能力目标】

通过社会工作本质建构观点的讲解和具体案例的引入，培养学生形成社会工作实践的整合观；通过对目标服务人群相关的政策和实务发展脉络进行梳理，提升学生运用政策资源提供服务的意识。

【课程思政目标】

增进学生对我国社会工作发展脉络的理解，从国家治理和社会治理体系与治理能力现代化发展的角度认识我国社会工作发展的定位，坚定专业发展的道路自信。

二、教学重点难点与实践参与环节

【教学重点】

1. 社会工作本质的建构
2. 社会工作发展的政策脉络

【教学难点】

1. 社会工作本质建构中各方力量的互动关系
2. 中国社会工作融合发展的探讨

【实践参与环节】

（1）主题讨论：围绕服务活动设计与成效评估模式的运用、国际社会工作日宣传活动的整合筹备、活动后总结与反思等进行课堂讨论。

（2）实践环节：以学习小组为单位，设计国际社会工作日宣传活动方案并实施。这些与课堂讨论联结起来，形成一个完整的实务活动开展流程。

（3）政策梳理：通过分析中共中央、国务院《关于加强和创新社会管理的意见》、《中共中央关于全面深化改革若干重大问题的决定》、党的十九大报告、《中共中央关于坚持和完善中国特色社会主义制度 推进国家治理体系和治理能力现代化若干重大问题的决定》以及党的二十大报告等重要文件内容，向学生阐释社会工作专业的发展离不开党和政府的大力支持以及相关的制度设计与安排；相应的是，社会工作服务的提供也需要承担起应对社会问题的专业使命，在创新社会治理格局、建设社会治理共同体和推动中国式现代化发展等方面发挥积极作用。

第二章　社会工作实务的通用过程模式（4课时）

一、教学目标

【知识目标】

1. 通用过程模式的基本内涵、理论基础和特征
2. 通用过程模式的四个基本系统及其对社会工作实务的意义

【能力目标】

在社会工作实务通用过程模式四个基本系统的基础上，促使学生从系统的观点来理解社会工作实务活动的开展，增强与不同系统进行合作的意识与能力。

【课程思政目标】

增进学生对于在本土情境中开展社会工作实务活动以及其中不同系统之间关系的理解，立足实际看待专业服务的提供。

二、教学重点难点与实践参与环节

【教学重点】

通用过程模式的基本内涵、理论基础和特征

【教学难点】

通用过程模式的四个基本系统及其对社会工作实务的意义

【实践参与环节】

（1）主题讨论：以准备考研为例，从通用过程模式的六个步骤来看每个阶段需要做什么。以一个不参与美术课堂的女孩小华的故事作为案例，讨论通用过程模式的运用。

（2）实践环节：结合实际，分析我国社会工作服务实践开展过程中所涉及的改变推动者系统、服务对象系统、目标系统和行动系统等四个基本系统及其特征，增进学生对本土实践情境的理解，引导学生对以西方为标杆的专业发展道路提出质疑，坚定探索契合中国实际的发展道路。

第三章 接案（4课时）

一、教学目标

【知识目标】

1. 接案阶段社会工作者的主要任务
2. 接案的步骤与核心技巧
3. 影响接案成功的因素和注意事项

【能力目标】

培养学生识别服务对象来源以及与不同类型服务对象建立关系的能力；促进学生

掌握接案会谈、资料收集与初步分析等方面的技巧。

【课程思政目标】

通过中西方"你找我"与"我找你"的实务逻辑差异，增进学生对社会工作"中国道路"的理解。

二、教学重点难点与实践参与环节

【教学重点】

接案的步骤与核心技巧

【教学难点】

1. 如何向非自愿个案开展服务
2. 同理心的理解与运用

【实践参与环节】

（1）主题讨论：回想一下你曾经尝试让他人做出改变或他人让你做出改变的经历，讨论不愿做出改变的原因可能是什么，被要求做出改变的一方会在言行上有何回应，而且在什么情况下容易接受并做出改变。

（2）实践环节：通过角色扮演，理解建立专业关系过程中同理心的运用。

（3）案例分析：社会工作的服务对象有不同来源和类型，但我们在具体实践过程中通常面对的主要是经由社区、教师、家长等重要他人转介而来的非自愿服务对象。结合实际情况和相关文献阅读，引导学生思考这背后所体现的中西社会工作发展道路及其专业合法性逻辑的差异。

第四章　预估（4课时）

一、教学目标

【知识目标】

1. 预估的目的、任务、特点及原则
2. 预估的基本步骤和方法

【能力目标】

通过课程理论知识讲解和实践练习，提升学生开展社会调查的能力，学会如何对服务群体的问题和需求做出专业判断。

【课程思政目标】

通过对服务群体生活状况及其面临困境的了解，增进学生对困难群体的直接感知。

二、教学重点难点与实践参与环节

【教学重点】

1. 预估的特点和原则
2. 预估的几种主要方法

【教学难点】

如何在立足资料和事实对服务对象面临的问题有所呈现的基础上，对服务对象面临的问题及其原因和改变的可能性做出专业判断。

【实践参与环节】

（1）实践环节：以学习小组为单位确定服务群体，开展需求调研，并对问题和需求做出预估和专业判断（课外实践活动）。

（2）实践环节：组织学生根据社会工作服务项目点的服务方向及落地社区的具体情况选定服务群体并开展需求调研活动，真正接触社区中陷入困境的困难群体，了解他们的日常生活经历，对他们的需求进行预估，进一步增强学生对弱势群体的关注和理解，提升学生的专业使命感。

第五章　计划（8课时）

一、教学目标

【知识目标】

1. 服务计划的构成以及制订服务计划的原则与方法
2. 社会工作专业服务策划的过程
3. 服务活动策划中运用理论和进行游戏设计

【能力目标】

以小组社会工作方法为媒介，使学生学会如何进行社会工作专业服务的策划工作。

【课程思政目标】

培养学生将理论知识与实际需求联结起来，增进对困难群体及其需求的关怀，增强实操能力和相应的专业责任承担。

二、教学重点难点与实践参与环节

【教学重点】

服务活动策划过程及各阶段涉及的方法技巧

【教学难点】

服务活动策划中运用理论和进行游戏设计

【实践参与环节】

(1) 主题讨论：运用世界咖啡馆的方式对服务方案设计进行完善；邀请实务工作者进课堂或进入社会工作服务项目点，讨论交流社会工作服务项目的设计。

(2) 实践环节：以学习小组为单位，基于对服务群体问题和需求的界定设计服务方案（课外实践活动）。

(3) 实践环节：结合与服务计划有关的知识点以及前期需求调研的成果，带领学生设计、讨论、完善服务方案。通过这一实际操作过程，使学生领会社会工作服务以人及其需求的回应为中心的专业理念，思考其与以人民为中心的发展思想和价值取向的契合性。

第六章 介入（10 课时）

一、教学目标

【知识目标】

1. 介入的各个阶段及相关活动

2. 介入各个阶段的带领技巧

3. 介入过程中的困难和冲突处理

【能力目标】

锻炼学生开展专业服务实践的能力。

【课程思政目标】

培养学生扎根中国本土实践，运用专业知识解决现实问题的意识和能力。

二、教学重点难点与实践参与环节

【教学重点】

1. 不同介入阶段的任务和活动安排

2. 介入过程中的困难与冲突处理

【教学难点】

1. 介入各个阶段的带领技巧

2. 与活动参加者互动以及对活动进行解说的技巧

【实践参与环节】

（1）主题讨论：邀请上一届学生围绕服务实践的介入进行经验分享；通过圆桌会议展开服务介入实践活动的中期交流与督导；讨论如何基于实践开展社会工作研究。

（2）实践环节：以学习小组为单位，对服务方案予以实施（课外实践活动）。

（3）实践环节：根据前期需求调研和服务方案设计，学生在对接的社会工作服务项目点开展服务实践活动；教师组织学生围绕实践活动的开展过程展开师生之间，尤其是学生之间的对话交流，为服务实践活动的顺利开展提供支持和督导。在这一过程中，注重引导学生立足实际情形思考理论知识在我国本土实践情境中的适用性，并结合实践经验有意识地调整服务方案。在此基础上，使学生意识到服务实践活动的开展需要跳出以西方为标杆的专业桎梏，进而紧密联系实际，对服务群体的需求做出切实回应。

第七章　评估与结案（8课时）

一、教学目标

【知识目标】

1. 掌握评估的含义、目的、类型与方法

2. 掌握结案的类型与任务以及服务对象的可能反应和处理方法

【能力目标】

锻炼学生判断服务开展情况并对服务成效进行评估的能力。

【课程思政目标】

培养学生注重本土经验积累以及推动本土服务实践不断完善的意识。

二、教学重点难点与实践参与环节

【教学重点】

1. 评估的类型与方法

2. 结案的主要任务

3. 结案时的回应方式

【教学难点】

评估的方法与技巧

【实践参与环节】

(1) 主题讨论：对服务实践的实施情况进行分组总结汇报。

(2) 实践环节：对服务实践的开展过程进行回顾，基于实践进行集体创作。

(3) 知识反思：在评估与结案的知识基础上，凸显社会工作具有强烈实践属性的学科特色，需要考虑所提供的专业服务对现实问题的回应及其功能效果。同时强调，通过社会工作研究对实践效能进行评估，并积累实践的知识和经验，是发展本土社会工作理论和方法的有效途径，从而促使学生树立为了推进服务实践不断完善和本土知识积累而开展研究的意识。

第八章　服务对象能力的发掘和运用（4课时）

一、教学目标

【知识目标】

1. 两种需求评估方式及其差异

2. 以服务对象为中心的需求评估方式及相应的技巧

【能力目标】

增进学生从能力视角而不是问题视角对服务对象问题进行需求评估的意识和能力。

【课程思政目标】

培养学生从能力建构的角度感知服务群体并对其需求进行把握。

二、教学重点难点与实践参与环节

【教学重点】

1. 以服务对象为中心的需求评估方式及其基本逻辑

2. "问题"中能力寻找的方法技巧

3. 优势中能力发挥的方法技巧

4. 日常生活中能力发掘的方法技巧

【教学难点】

两种需求评估方式的差异比较

【实践参与环节】

（1）主题讨论：关于发掘和运用服务对象的能力，你知道哪些方式？结合相关知识点，进行案例分析研讨。

（2）案例分析：围绕《社会工作实务基础：专业服务技巧的综合与运用》（第二版）一书中相关案例的分析研讨，引导学生思考本土实践情境中走进服务对象日常生活场景之中提供服务的需求评估的关注点和特征及其与西方在机构内部提供服务的需求评估方式之间的差异。

第九章　服务对象的调适和整合（4课时）

一、教学目标

【知识目标】

1. 两种影响服务对象的策略
2. "人与情境交融"的服务介入策略及相应的方法技巧

【能力目标】

增进学生将服务对象与外部环境之间的关系视为互动交流过程的意识和能力。

【课程思政目标】

培养学生从人与情境互动的角度开展社会服务。

二、教学重点难点与实践参与环节

【教学重点】

1. "人与情境交融"的服务介入策略及其基本逻辑
2. 信仰价值层面介入的方法技巧
3. 意识层面介入的方法技巧
4. 无意识层面介入的方法技巧

【教学难点】

两种影响服务对象策略的差异性比较

【实践参与环节】

（1）主题讨论：结合相关知识点，进行案例分析研讨。

（2）案例分析：围绕《社会工作实务基础：专业服务技巧的综合与运用》（第二版）一书中相关案例的分析研讨，为学生呈现如何立足服务对象的日常生活提供服务，以及从整体角度理解他们与外部环境之间的互动交流，并看到这种服务提供逻辑与西方抽离日常生活的服务提供逻辑之间的区别。

第十章　服务对象社会支持关系的建立和扩展（4 课时）

一、教学目标

【知识目标】

1. 两种维持服务对象改变的策略
2. 维持服务对象改变的循环服务策略的方法技巧

【能力目标】

增进学生将服务对象的改变与周围他人的改变联系起来的意识和能力。

【课程思政目标】

培养学生从系统的观点理解人的改变，以及从改变维持的角度重新思考社会服务的提供。

二、教学重点难点与实践参与环节

【教学重点】

1. 循环服务策略及其基本逻辑
2. 社会支持关系建立的方法技巧
3. 社会支持关系扩展的方法技巧

【教学难点】

两种维持服务对象改变的策略的差异性比较

【实践参与环节】

（1）主题讨论：结合相关知识点，进行案例分析研讨。

（2）案例分析：围绕《社会工作实务基础：专业服务技巧的综合与运用》（第二版）一书中相关案例的分析研讨，促进学生体会服务对象的改变需要与周围他人的改变联系起来，同时考虑如何在契合我国民众日常生活的互动习惯中促进并维持服务对象的改变。

参 考 文 献

陈树强. 社会工作实践四个基本系统的实践意义再认识 [J]. 东岳论丛, 2022 (1): 176 - 183.

库尔诺耶. 社会工作实务手册 [M]. 万育维, 译. 台北: 新加坡圣智学习亚洲私人有限公司台湾分公司, 2012.

佩恩. 现代社会工作理论 [M]. 何雪松, 张宇莲, 程福财, 等译. 上海: 华东理工大学出版社, 2005.

史柏年. 中国文化与制度背景下社会工作本质的建构 [J]. 江苏社会科学, 2011 (1): 18 - 25.

童敏. 社会工作实务基础: 专业服务技巧的综合与运用 [M]. 2 版. 北京: 社会科学文献出版社, 2019.

张威. "反思性专业性": 社会工作人才培养的核心目标与难点 [J]. 中国社会工作, 2021 (4): 28 - 29.

MEZIROW J. Transformative dimensions of adult learning [M]. San Francisco: Jossey-Bass Publishers, 1991.

"家庭社会工作实务"课程思政课程设计

顾永红

一、"家庭社会工作实务"课程思政目标

(一) 总目标

习近平总书记在论述家庭家教家风时,强调"注重家庭"是家庭建设的前提,"不论时代发生多大变化,不论生活格局发生多大变化,我们都要重视家庭建设"。这一重要论断彰显了我们党一贯重视家庭建设的优良传统,清晰指明了新时代推进家庭建设的重大意义与实践要求。

结合教育部《高等学校课程思政建设指导纲要》,"家庭社会工作实务"作为社会工作专业特色课程之一,积极响应党的号召及高校教学改革,深化课程思政改革的思路,目的是在向学生传授课程知识的同时树立正确的价值观,从家庭出发,本着"以人为本"的价值理念,注重家庭建设,将家庭德育与智育相结合,知识传授与价值塑造、显性教育与隐性教育相结合。

"家庭社会工作实务"课程致力于运用专业的方法和技巧,帮助家庭成员之间建立一种相互支持的关系,从而建构一个人与人之间相互关怀的社会,这在某种程度上直接或间接地发挥着促进社会和谐的功能与作用。基于此,本课程不仅仅要教学生会"做事",更重要的是培养学生会"做人"。

(二) 分目标

1. 自我的改变

了解自己、悦纳自己,拥有积极健康的人生态度,不断拓展自己的潜能,从而提升自我认知与价值。同时,将这种能力运用到家庭及与他人和谐相处过程中,培养学生的孝德之心、仁爱之心、感恩之心和责任之心。

2. 专业的发展

帮助学生提升觉察能力，学习家庭治疗中的助人方法，丰富处理家庭问题的技巧和经验，提升家庭社会工作服务能力。

3. 情感的提升

运用家庭治疗的专业方法，帮助学生化解内心矛盾和冲突，舒缓压力，改善心理环境，拥有成熟而愉快的情感体验，并将这种愉悦传递给服务对象，真正做到"用生命影响生命"。

4. 关系的转化

掌握畅通无阻的一致性沟通模式，有效深入地帮助自我以及服务对象解决关系中的问题及促进自我成长，建立健康的人际网络，做一个有孝德之心、仁爱之心、感恩之心和责任之心的合格建设者和接班人。

二、"家庭社会工作实务"课程思政理念

本课程围绕专业课程人才培养目标、当前家庭问题及学生需求，从家庭出发挖掘课程蕴含的家国情怀专业价值理念，通过寓道、寓德、寓爱"三寓"的结合，实现课程内化于"心"外化于"形"的"四心"培养。课程知识点的传授，采用画龙点睛式、专题嵌入式、情感体验式、元素化合式、隐形渗透式"五式"线上线下混合教学方法，将"四心"的家国情怀价值理念穿插于各个知识点，提升个体自我价值感、厘清与他人的关系并有效缓解情境压力，达成专业课程知识传授、通识课程价值塑造、课程思政立德树人三者融合的课程目标，实现社会工作"用生命影响生命"的高度。"家庭社会工作实务"的"三寓-四心-五式"课程思政教学模式，如图 12-1 所示。

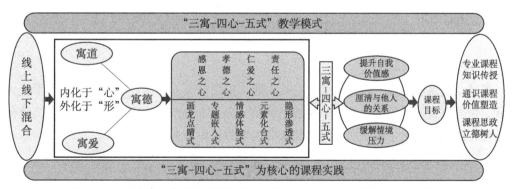

图 12-1　"家庭社会工作实务"的"三寓-四心-五式"课程思政教学模式

三、"家庭社会工作实务"课程思政内容与融入点

本课程充分挖掘课程服务于家庭的价值意蕴，在教学的过程中将寓道于教、寓德于教、寓爱于教三者有机结合，实现寓教于心的专业能力提升与家国情怀培育，做到专业知识与家国情怀内化于心、外化于行的引领。

（一）寓道于教

本课程采用家庭系统理论和人本主义理论。首先，强调家庭是一个系统，个体来源于家庭，家庭对个体有着重要的影响，两者紧密相连。个体是家庭的"细胞"，家庭是国家的"细胞"，即家是最小国，国是千万家。其次，通过以人为本的价值理念，引导学生了解人与人之间的差异，学会理解、尊重、包容和接纳，提升自我价值感，培育"四心"，实现人的全面发展，建立专业使命感与专业责任感，服务有需要的家庭。

（二）寓德于教

本课程的内容通过提升个体自我价值感、厘清与他人关系、缓解情境压力三大能力，将"四心"家国情怀融入课程专业知识体系，实现专业课程知识传授、通识课程价值塑造、课程思政立德树人的目标。"家庭社会工作实务"课程寓德于教的"四心"专业价值理念与家国情怀融入，如图 12-2 所示。

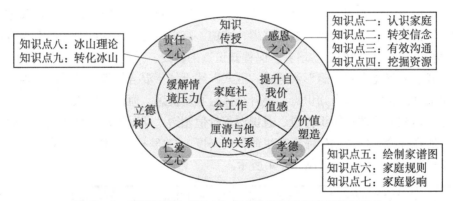

图 12-2　寓德于教的"四心"专业价值理念与家国情怀融入

1. 提升自我价值感

通过绘制认识家庭、转变信念、有效沟通、挖掘资源等知识点的学习，帮助学生认识自我、悦纳自我，引导学生求真、从善、感恩，从"自我"层面培育"四心"，提升自我价值感，进而引导学生深层次地洞察和探究人生的目的和意义。

2. 厘清与他人的关系

通过绘制家谱图、家庭规则、家庭影响等相关知识的学习，让学生了解家庭历史，更清楚"我是谁""从哪里来"。回顾的目的不是批判、指责他人，而是以新的视角看待过去，联结内在力量，学习爱自己、爱父母、爱他人、爱国家，从"他人"层面培育"四心"，厘清与他人的关系，做出个体和社会利益与共的价值选择，实现专业价值的认同及专业忠诚度的提升。

3. 缓解情境压力

透过家庭问题，采用冰山理论及冰山转化，学习历程性地处理家庭问题，从积极心理学的角度，引导学生辩证地看待事物的多样性，从"情境"层面培育"四心"，缓解情境压力，将家庭社会工作价值内化于心外化于形，真正去帮助有需要的人。

（三）寓爱于教

本课程在教学过程中强调用"心"引导。课程以落实"四个一"为目标开展系列"爱"的教学活动，将所学知识转化为具体的行动指导。用心读一本家庭建设原著，在阅读经典的过程中，启发学生感悟中华优秀传统文化，坚定理想信念。用心写一封家书，学会感恩生活，珍惜当下。用心给家人打一个电话，与家人进行一次深层次对话，引导学生学会理解、尊重、接纳与包容等专业价值理念。用心绘制一个家谱图，寻找和继承家中传承的精神内涵与价值，引导学生爱家爱他人的仁爱情怀。用爱体验"四心"，营造良好的家庭氛围与和谐的人际关系。"家庭社会工作实务"寓爱于教的"四心"专业价值理念与家国情怀体验，如图12-3所示。

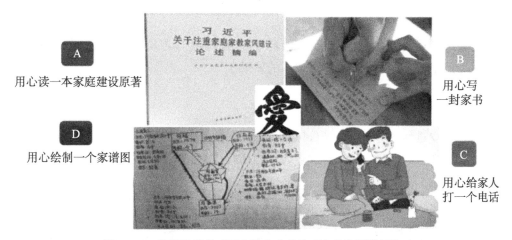

用心读一本家庭建设原著

用心写一封家书

用心绘制一个家谱图

用心给家人打一个电话

图 12-3 寓爱于教的"四心"专业价值理念与家国情怀体验

四、"家庭社会工作实务"课程思政步骤和措施

（一）课程思政的实施步骤

1. 重组教学方法，引导学生全方位参与

本课程采用线上线下"五式"混合教学方法，将课程知识点迁移到课前学习、课后巩固阶段，弥补课堂教学时间的不足；通过课中画龙点睛式总结、引入专题讲座、增强学生情感体验等，引导学生全方位参与。

2. 设置菜单式作业，促进学生知行合一

设置菜单式作业促进学生将所学知识转化为能力，使学习从课内延伸到课外服务，实现元素的化合。指导学生把有限的时间与精力用于提升自我价值感、厘清与他人的关系、缓解情境压力三大能力中。将三大能力测试设置为闯关游戏，学生根据课程作业情况，选择是否开始闯关。闯关通过则进入下一环节的作业或测试，所有环节通过后则进入课后服务助人环节；若测试没有通过，则重新做该作业直至过关为止。菜单式作业采用线上游戏形式，创新了知识转化为能力的途径，以学生喜闻乐见的方式促成学生的知行合一。

3. 创新实践路线，实现学生学以致用

对于通过三大能力测试的学生，以学生兴趣与优势为出发点，进行针对性服务分组，提升学生运用能力，提高服务质量。

一是服务大学生。督导学生开展新生适应小组、进行有效人际沟通、展开资源挖掘等知识普及活动，提高新生适应大学生活的能力。

二是服务社区。带领学生开设讲座、开展亲子沙龙，把学生三人一组与家长对接，让学生协助家长解决家庭教育困扰；开展青少年认知小组，促进青少年健康成长；开展老年人"银色鸿沟"小组，帮助老年人舒缓情绪压力。学生通过将所学知识应用于实践，在助人过程中提升自我价值感及专业认同感。

三是线上答疑。通过线上讨论与案例辅导，增强学生学习动机以及助人的幸福感与成就感，线上线下相互促进，达到学以致用的效果。

(二) 课程思政的主要措施

本课程建立过程性与终结性评价体系，深化教学的参与度与感染力，达到提升课程专业能力、价值塑造、立德树人的育人成效。"家庭社会工作实务"课程思政具体实施步骤，如图 12 - 4 所示。

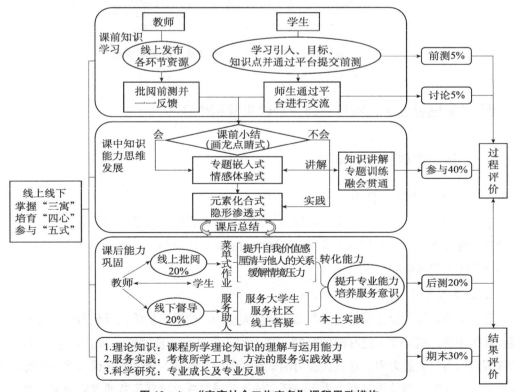

图 12 - 4 "家庭社会工作实务"课程思政措施

五、"家庭社会工作实务"课程思政教学设计

(一) 教学大纲

"家庭社会工作实务"课程是针对社会工作专业本科生于三年级上学期开设的专业特色课程之一，2学分，共计32课时。本课程共分为五大模块八章，具体如表12-1所示。

表12-1 　　　　　　　　　"家庭社会工作实务"课程思政教学大纲

课程模块	课程章分布	教学目标	思政目标
认识家庭	导论	掌握问题家庭与和谐家庭的基本概念与表现及如何塑造和谐家庭。掌握如何实现自我价值的三个系统。掌握信念对人的影响。	对比中西家庭发展，提升学生辩证思维能力，引导学生学习中国"孝"文化，培养不畏艰难的精神。全面分析自我，引导学生树立正确的自我觉知，发展正确的世界观、人生观、价值观，做到爱自己、爱他人、爱国家。提升自信心，培养学生的感恩之心，学会崇德向善、遵纪守法。
找到资源	第一章　找到个人力量的源泉	掌握个人价值感对人的影响。学会看到特质，将缺点转化为优点，实现内在和谐。学习爱自己、爱他人、爱国家，理解影响"自我"的几大维度。	激励学生自我感恩，以积极乐观的人生态度面对生活提出的挑战，增强对自我价值的肯定、对自我生命的珍惜和对自我幸福的把握。鼓励学生心怀仁爱之心，懂得照顾自己、体谅他人、忠于国家，实现一颗仁爱的心，一个仁爱的家，一个仁爱的社会。
沟通模式及一致性沟通	第二章　沟通模式	掌握基本的求生存沟通模式及其表现。	了解沟通背后的真实含义，学会包容、接纳、理解，培育学生的责任意识与使命感，为把我国建成富强民主文明和谐美丽的社会主义现代化强国而奋斗。
	第三章　沟通艺术	掌握一致性沟通的具体运用及表现，了解其特点，做到有效沟通。	培养学生社会意识，提升学生与人相处的能力、积极主动参与社会的能力，培育学生的理想信念。
冰山模型	第四章　冰山隐喻	掌握冰山理论的基本内容与思想。	提升洞察与探索能力，引导学生求真、向善、力行。
	第五章　冰山历程性的转变	转化内在不合理的观点、感受、期待。	培养学生辩证地看待事物的多样性，应用积极心理学引导学生对行为负责，提升自我价值感，与自我、他人、环境和谐相处。

续表

课程模块	课程章分布	教学目标	思政目标
原生家庭与新家庭	第六章 原生家庭	学习原生家庭对个人的影响，明确家庭中的界限，掌握家庭规条的基本概念。掌握家庭是如何影响人以及家庭中的几种关系。	发扬中华民族孝亲敬老的传统美德，引导学生自觉承担家庭责任、树立良好家风。坚持以社会主义核心价值观为统领，引导学生既要爱"小家"，也要爱"大家"。
	第七章 新家庭	了解何为婚姻，如何去维系婚姻，采取家庭社会工作专业方法处理婚姻家庭中的冲突。	引导学生抵制歪风邪气，弘扬清风正气，将个人利益与国家利益相结合，自觉承担社会责任与使命，加强责任意识。

（二）教学方法

1. 画龙点睛式

课前学生通过线上资源、参与讨论、前测等环节进行学习，教师针对课前学习进行小结，对重点、难点进行讲解，并运用社会主义核心价值观、马克思主义唯物辩证法对课程知识进行画龙点睛式总结。

2. 专题嵌入式

课中引入国外"家庭暴力"课程、邀请国内同行做"家庭·婚姻"讲座以及一线社会工作者分享社区青少年矫正案例等，开阔学生视野，引导学生学习处理家庭问题的方法技巧，并对孝敬父母、感恩生命、仁爱待人等价值观产生共鸣。

3. 情感体验式

课中针对家庭具体问题，采用雕塑法、小组讨论、个案分享等，使学生在情景式的教学中受到潜移默化的影响，引导学生从课堂知识学习到家庭情景体验，再回归课堂分享，提升学生的专业能力及家庭责任意识，升华学生对家庭的情感，引导学生爱家人、爱家庭的统一。

4. 元素化合式

引导学生将课堂所学专业知识运用于生活、服务于他人，在实践中获得真知，感知"四心"，实现元素的化合，将其思想精华内化于心、外化于行，提升品德修养。

5. 隐形渗透式

通过学习-服务-学习的过程，将课程专业知识及"四心"专业价值理念与家国情怀交织穿插于各个知识点和服务过程中，使学生在学习和服务过程中确证、巩固，达成专业课程知识传授、通识课程价值塑造、课程思政立德树人三者融合的课程目标，实现社会工作"用生命影响生命"的高度。

（三）教学效果

课程聚焦"三寓-四心-五式"课程思政教学模式实践探索，自 2018 年开始教学改革以来，实现了课程建设、教学研究、人才培养的质的飞跃，取得了较高的教学评价。

1. 教学效果显著

一是课程建设显成效，课程获评首批国家级一流本科课程、省级高校教师教学创新大赛二等奖及优秀思政课程，授课教师获评校优秀思政教师等，并开设大学 MOOC 课程等。二是教学研究成果丰硕，依托课程主持全国教育科学规划基金项目、民政部项目、省级教研项目 8 项，撰写教研论文 10 余篇。三是学生培养质量提升，依托课程主讲教师连续四年指导学生获得中国社会工作大学生论坛一等奖，并获得多项二、三等奖；主讲教师指导学生获湖北省调研大赛一等奖，并获湖北省社会学会优秀指导教师，指导学生撰写并发表论文多篇。

2. 学生评价满意度高

（1）学生对课程教学满意度高。近三年教务数据显示，学生对课程评价均分达 93.28 分，位居本院教学质量评价前茅。

（2）学生专业认可度及家庭满意度显著提高。表 12-2 数据显示，近三年学生专业认可度和家庭满意度后测分数显著高于前测分数。这表明学习本课程后，学生对本课程的专业认可度和家庭满意度明显提高。

表 12-2　　　　　　学生专业认可度与家庭满意度前后测配对样本 t 检验

	前测 ($N=126$) M±SD	后测 ($N=126$) M±SD	t
专业认可度	71.98±16.503	82.34±11.37	−3.135**
家庭满意度	2.80±0.505	3.15±0.34	−2.185**

** $p<0.01$

（3）学生三大能力前后测变化显著。表 12-3 数据显示，在提升自我价值感能力方面，前后测差异显著，多数学生反映对课程的学习能有效提升自信心、提高自我责任意识；在厘清与他人的关系方面，前测中学生普遍认为无法"同理"他人，后测中则能够理解、包容和接纳他人；在缓解情境压力方面，前后测差异同样显著，学生反映他们能更加积极正向地缓解生活中所面临的情境压力，同时也更有信心和能力帮助他人。

表 12-3　　　　　　学生学习课程"三大能力"前后测配对样本 t 检验

	前测 ($N=126$) M±SD	后测 ($N=126$) M±SD	t
自我价值感提升	21.68±2.238	24.425±3.257	−2.783**
厘清与他人的关系	20.33±2.149	25.621±3.335	−2.206**
缓解情境压力	75.36±11.215	85.15±9.451	−2.231**

** $p<0.01$

（四）教学章节点

导论（4课时）

一、教学目标

【知识目标】

1. 家庭的含义及其具体表现
2. 理解何为重要他人
3. 认识互动系统
4. 体验并获得幸福、解决深层次的问题、改善人际关系
5. 人际互动中积极正向的信念

【能力目标】

通过专题嵌入、情感体验等，培养学生对家庭问题的正确认识、理解生命中何为重要他人，认识原生家庭系统、个人内在系统，并解决生活中的问题，改善人际关系，体验幸福。

【课程思政目标】

通过家庭问题专题讨论、信念的情景辩论、重要他人的身心体验等教学过程，领会家庭在不同状态下的不同问题，认识三个互动系统，并学习解决生活中的问题，改善人际关系。培养学生孝德之心、感恩之心、责任之心、仁爱之心。

二、教学重点难点与实践参与环节

【教学重点】

1. 不同类型家庭的表现
2. 何为重要他人
3. 原生家庭系统、个人内在系统、人际互动系统的基本内涵
4. 体验幸福并区分快乐与喜悦
5. 如何解决深层次的问题
6. 重新认识新的信念

【教学难点】

1. 问题家庭与和谐家庭的区分

2. 人的世界是什么、什么是爱、重要他人的具体内涵

3. 三个系统的内在联系

4. 认识家庭塑造对人的影响

5. 如何让新的信念在生活中影响学生

【实践参与环节】

（1）案例分析：一个被父母遗弃的大学生，读大学期间因对原生家庭不满，有反社会行为。通过案例分析，引导学生对所学的信念、三个系统等知识进行运用，看到自我成长并学会应用积极正向的信念。

（2）实践环节：通过角色扮演，雕塑家庭中的情景对话，引导学生觉察家庭中的问题。学生分享并讨论如何看到爱、人的世界什么是重要的，以及信念对我们行为有怎样的影响。培养学生积极正向的价值理念和感恩之心。

第一章　找到个人力量的源泉（4课时）

一、教学目标

【知识目标】

1. 价值感对人的影响

2. 个人特质、自我资源、自身价值

3. 将缺点转化为优点，实现内在和谐

4. 认识生命力，感受一致性带来的不一样体验，并激发正能量

5. 如何爱自己以及从"自我"的几大维度正视自己

【能力目标】

通过画龙点睛、情感体验、专题嵌入、元素化合等，引导学生认识自我价值、体验一致性、正视自己、实现内在和谐。

【课程思政目标】

通过对特质的画龙点睛式总结、情感体验将缺点转化为优点的过程、专题嵌入认识生命力的案例，引导学生学习如何爱自己，以爱自己的维度正视自己，认识自我价值对个体的影响，看到自身资源，培养学生感恩之心、责任之心。

二、教学重点难点与实践参与环节

【教学重点】

1. 价值感的内涵及获得

2. 个人的特质及将缺点转化为优点

3. 生命力的基本概念，如何找回生命力、激发正能量

4. 爱自己的基本表现，如何学会爱自己

【教学难点】

1. 价值感的影响

2. 有效运用资源

3. 激发并保持生命能量

4. 爱自己的表现及学会爱自己

【实践参与环节】

(1) 主题讨论：在你的生活环境中，哪些方面可以较好地体现自我价值感？生活中如何获得自我价值感？学会看到自己、照顾自己，做一个有责任的人。

(2) 主题讨论：你有哪些特质？你喜欢你身上的哪些特质或你不喜欢你身上的哪些特质？具体体现在哪些方面？请大家分享并辩证讨论，学会看到特质并感恩生命。

第二章 沟通模式（4课时）

一、教学目标

【知识目标】

1. 一致性沟通的表现、特点

2. 不一致性沟通的基本概念与表现及出现不一致性沟通的深层次原因

3. 基本的求生存沟通模式及其表现

【能力目标】

通过画龙点睛、情感体验、专题嵌入等，认识一致性沟通，掌握一致性沟通的技巧。

【课程思政目标】

通过沟通姿态的表现及求生存沟通姿态模式的学习，引用家庭沟通的具体案例，引导学生看到一致性沟通在沟通中的影响，培养学生仁爱之心、责任之心、感恩之心。

二、教学重点难点与实践参与环节

【教学重点】

1. 一致性沟通的基本概念

2. 一致性沟通的特点

3. 如何做到一致性沟通

4. 不一致性沟通的基本概念

5. 出现不一致性沟通的原因

6. 沟通姿态的说明

【教学难点】

1. 一致性沟通的运用

2. 不一致性沟通在哪些方面容易发生

3. 停止不一致性沟通

【实践参与环节】

(1) 实践环节：针对学生在寝室中可能会遇到的室友关系不和谐问题，请学生分别扮演不一致性沟通和一致性沟通角色，体验在不同沟通姿态中身体与心理层面的感受，并分享体验。

(2) 案例分析：观看"父母与孩子在就业和考研选择中发生冲突"的视频资料，学生观察资料中不同角色采用了哪些不一致性沟通姿态，并讨论不同角色不一致性沟通姿态下的资源，引导学生站在不同的视角看问题，学会一致性沟通，学会感恩父母、勇于承担责任。

第三章 沟通艺术（4课时）

一、教学目标

【知识目标】

1. 人的自由涉及的维度、探索失去自由的原因

2. 互动过程的内容、互动过程发生的转化

3. 天气报告技术的运用

【能力目标】

通过画龙点睛、情感体验、专题嵌入、元素化合、隐形渗透等，体验生活中我们如何失去了沟通的自由；学习用天气报告技术，实现沟通自由。

【课程思政目标】

通过角色扮演，引导学生看到沟通过程受哪些因素的影响以致说话不自由。学

习互动是内在转化的过程，通过内在转化，实现内外的一致性，培养学生的责任之心。体验天气报告技术对组员的影响，培养学生的感恩之心、仁爱之心。

二、教学重点难点与实践参与环节

【教学重点】

1. 人的自由、我们怎么失去自由

2. 互动的成分、互动的过程、互动过程的转化

3. 天气报告技术的作用及使用方法

【教学难点】

1. 自由在沟通中的重要性

2. 互动过程的转化内涵

3. 天气报告技术使用的步骤及使用原则

【实践参与环节】

（1）案例分析：通过室友之间发生的争吵，探索互动过程发生的内在机制及运行逻辑，请小组讨论互动发生时内在发生了什么，对个体行为的影响，以及行为出现差异的原因。

（2）实践环节：天气报告技术的运用。以小组的形式请每个同学根据天气报告的不同内容，展开天气报告环节，并就天气报告环节后个体内在的体验做分享。通过天气报告技术，引导学生打开封闭的系统，形成与他人产生连接的氛围，鼓励个人的独特性，充分参与小组活动，引导学生的仁爱之心、责任之心。

第四章　冰山隐喻（4课时）

一、教学目标

【知识目标】

1. 冰山理论的内容、思想

2. 冰山的各个层次

3. 改变前的冰山日记

【能力目标】

通过画龙点睛、情感体验、专题嵌入、元素化合、隐形渗透等，引导学生学习冰山理论、绘制冰山日记。

【课程思政目标】

通过一个具体情景，引导学生体验冰山的不同内容，并在冰山的不同层次觉察和反思，培养学生的责任之心、仁爱之心、感恩之心。

二、教学重点难点与实践参与环节

【教学重点】

1. 冰山理论的内容
2. 冰山理论的作用
3. 冰山的各个层次
4. 改变前的冰山日记

【教学难点】

1. 冰山理论在日常生活中的应用
2. 冰山日记的探索

【实践参与环节】

（1）案例分析：围绕"很多家长对于孩子做事拖拉、不认真而生气"的事件，运用萨提亚冰山模型，清晰呈现妈妈在应对姿态、感受、观点、期待、渴望、自我层面的内容，引导学生学会理清冰山的各个层次。

（2）实践环节：绘制改变前的冰山。请学生就当前所发生的一件有压力的事件作为冰山的事件，根据冰山的不同层次，绘制冰山的内容。通过对改变前冰山内容的呈现，探寻冰山内在的症结所在。

第五章　冰山历程性的转变（4 课时）

一、教学目标

【知识目标】

1. 对情绪的认识和管理
2. 观点与非理性观点的相关概念
3. 对未完成期待的转化
4. 实现渴望与期待一致

【能力目标】

通过画龙点睛、情感体验、专题嵌入、元素化合、隐形渗透等，引导学生认识情绪的发生、转化未完成的期待以及实现渴望与期待的一致性。

【课程思政目标】

通过管理情绪、理性观点的学习，引导学生正确对待情绪，对待不同观点时将其作为成长助力，合理应对期待，并为自己的期待做出努力，照顾好自己的渴望，而不向外界索取。培养学生的感恩之心、仁爱之心、责任之心。

二、教学重点难点与实践参与环节

【教学重点】

1. 感受与情绪的关系

3. 变不同观点为成长助力

4. 对期待的处理

5. 满足渴望的探索

【教学难点】

1. 对感受与情绪的有效处理

2. 对不同观点的接纳和区分

3. 区分出自己的期待并为之负责

4. 理解并看到渴望是人类的共性和需要

【实践参与环节】

实践环节：绘制改变后的冰山。根据所学冰山历程性转变的知识，探讨冰山的每一个层次，画出冰山；选择一个容易转化的层次入手，并对整个冰山做出转化，以可以接受的方式进入现在的生活。完成转化后，个体是趋向于一致的，能够为冰山的各个层次负责。

第六章 原生家庭（4课时）

一、教学目标

【知识目标】

1. 家庭对人以及家庭中几种关系的影响

2. 家庭规条的相关概念及内容

3. 重要他人的概念及其对个人成长的影响，以及影响轮的具体内容

4. 家谱图的绘制和探讨

【能力目标】

通过画龙点睛、情感体验、专题嵌入等，引导学生学会划清关系中的边界、看到规条促进自我成长及约束成长的地方，看到重要他人在我们成长中的影响，鼓励学生通过绘制家谱图的过程对家庭进行探索。

【课程思政目标】

通过体验不恰当的三角关系对家庭成员的影响，不合适的规条对人的束缚及关系的影响，引导学生体验关系中重要他人的重要性、体验和探索家谱图中的事件，培养学生的感恩之心、责任之心、孝德之心、仁爱之心。

二、教学重点难点与实践参与环节

【教学重点】

1. 家庭中的共生与自我分化及保持界限
2. 家庭规条的转化
3. 影响轮、重要他人的影响
4. 原生家庭图的绘画方法与步骤
5. 原生家庭图的探索

【教学难点】

1. 家庭中的共生与自我分化及保持界限
2. 家庭规条的约束及有效转化
3. 重要他人对个人成长的影响
4. 家谱图绘制及对家谱图中信息的探索

【实践参与环节】

（1）主题讨论：请每位学生举出生活中对自己影响较大的三个家庭规条，并就规条在成长中带来的好处和付出的代价举例，学会辩证地看待规条，而不是束缚自我成长。

（2）实践环节：请每位学生绘制影响轮，看到成长中重要他人如何影响自己，并寻找资源，看到自我价值。

（3）实践环节：请每位学生绘制自己事实层面和观点层面的家谱图，并对原生家庭进行探索。理解原生家庭，发掘原生家庭对人的影响，挖掘出未完成的事件和资源，改变个体消极体验的影响，引导学生爱父母、爱家人、爱自己。

第七章　新家庭（4课时）

一、教学目标

【知识目标】

1. 婚姻的内涵
2. 婚姻中的各种家庭关系
3. 婚姻关系维护
4. 婚姻中的差异处理

【能力目标】

引导学生认识婚姻中的不同关系，了解婚姻关系的维护方式，思考如何维护婚姻的稳定和谐。

【课程思政目标】

通过探索婚姻中不同关系处理的基本要素，引导学生思考如何有效维护婚姻，如何有效面对婚姻中的差异与冲突，培养学生的感恩之心、责任之心、感受之心。

二、教学重点难点与实践参与环节

【教学重点】

1. 婚姻的内涵
2. 婚姻中的不同关系处理
3. 婚姻中不同层面的交流及情感账户的储存
4. 处理差异的方式及找到合适的方法应对差异

【教学难点】

1. 婚姻中的关系
2. 婚姻中不同关系的处理
3. 婚姻中情感层面交流的维度
4. 婚姻中有效面对差异与冲突的方法

【实践参与环节】

（1）实践环节：在督导的指导下，组织学生到社区开展家庭服务小组，选择家庭不同的主体，根据服务对象的需求，开展相关小组工作活动，形成一个单次的完整小组工作案例。

（2）案例分析：根据开展的小组工作案例，请学生到课堂上展示小组工作内容，以获得家庭服务小组工作的启示并进行反思。

参 考 文 献

顾永红，王心雨．新文科背景下的"以本为本"专业课程教学模式探索：基于《家庭社会工作》课程分析 [J]．社会工作，2020（4）：87-96，112.

王桂平．萨提亚家庭教育与咨询模式 [J]．教育评论，2010（3）：165-168.

陈佑清．对学习中心教学有关问题的再思考：关于《对学习中心教学论的质疑与批判》一文的回应 [J]．教育学报，2022（6）：40-51.

罗祖兵，韩雪童．信息技术对知识教学的僭越之思与破解之道 [J]．中国电化教育，2022（2）：60-68.

朱红，马莉萍，熊煜．"大班授课、小班研讨"教学模式效果研究 [J]．中国高教研究，2016（1）：42-47.

冯建军，尚致远．走向类主体：当代社会人的转型与教育变革 [J]．教育研究，2005（1）：23-29，47.

后　记

近年来，华中师范大学社会学院围绕"立德树人"根本任务，持续深化课程思政教学改革。学院领导带头抓课程思政建设，在专业人才培养方案和课程标准中融入思政要求，结合课程、专业及学科实际，挖掘其所蕴含的思政教育元素，增强课程的育人功能。

《社会工作专业课程思政教学设计与实践》是基于社会工作专业本科生课程思政教学实践撰写的专业课程思政教学设计与课程思政实践案例。本书从课程思政目标、课程思政理念、课程思政内容与融入点、课程思政步骤和措施、课程思政教学设计五个方面对社会工作专业课程思政建设的具体实施做出设计，供社会工作专业教师参阅和社会工作专业学生学习。

本书是集体劳动的成果，顾永红负责搭建全书的主要结构和框架，并完成统稿工作，社会学院教师分别撰写主讲课程思政实践部分，具体编写人员如下：

社会工作专业课程思政概要：顾永红

专题一：黄君

专题二：刘飞

专题三：程玲

专题四：杨生勇

专题五：李琳

专题六：李雪萍

专题七：陈琦

专题八：顾永红

专题九：刘杰

专题十：高玉玲

专题十一：洪佩

专题十二：顾永红

本书由华中师范大学社会学院资助出版，中国社会工作教育协会副会长兼秘书长马凤芝教授为本书撰写序言，中国青年政治学院陈树强教授对本书的修订和完善提出了宝贵意见。本书的出版得到中国人民大学出版社人文分社的大力支持，潘宇社长和策划编辑盛杰、责任编辑汤慧芸给予诸多关心和帮助，在此一并致谢！

本书编写组

2023 年 6 月 8 日

图书在版编目（CIP）数据

社会工作专业课程思政教学设计与实践 / 顾永红等
编著 . -- 北京：中国人民大学出版社，2023.12
ISBN 978-7-300-32371-8

Ⅰ.①社…　Ⅱ.①顾…　Ⅲ.①高等学校－思想政治教
育－教学设计－中国　Ⅳ.①G641

中国国家版本馆 CIP 数据核字（2023）第 229225 号

社会工作专业课程思政教学设计与实践
顾永红 等　编著
Shehui Gongzuo Zhuanye Kecheng Sizheng Jiaoxue Sheji yu Shijian

出版发行	中国人民大学出版社			
社　　址	北京中关村大街 31 号		**邮政编码**	100080
电　　话	010 - 62511242（总编室）			010 - 62511770（质管部）
	010 - 82501766（邮购部）			010 - 62514148（门市部）
	010 - 62515195（发行公司）			010 - 62515275（盗版举报）
网　　址	http://www.crup.com.cn			
经　　销	新华书店			
印　　刷	天津鑫丰华印务有限公司			
开　　本	787 mm×1092 mm　1/16		**版　　次**	2023 年 12 月第 1 版
印　　张	17.5 插页 1		**印　　次**	2024 年 12 月第 2 次印刷
字　　数	386 000		**定　　价**	69.00 元